Am - La prima collana di management in Italia

Testi advanced, approfonditi e originali, sulle esperienze più innovative in tutte le aree della consulenza manageriale, organizzativa, strategica, di marketing, di comunicazione, per la pubblica amministrazione, il non profit...

A cura di
Roberto Reale

DIMENSIONI dello SMART WORKING

Sfide ed esperienze per una transizione sostenibile

Presentazione di Antonio Naddeo
Prefazione di Mariano Corso
Postfazione di Marco Carlomagno

Scritti di: **Andrea Emanuele Apostolo, Associazione EquALL, Alberto Bortolotti, Massimo Canducci, Marco Carlomagno, Diego Dimalta, Flavia Gamberale, Edoardo Limone, Gaia Morelli, Mara Mucci, Roberto Reale.**

FrancoAngeli

Progetto grafico della copertina: Elena Pellegrini

Ristampa	Anno
0 1 2 3 4 5 6 7 8 9	2022 2023 2024 2025 2026 2027 2028 2029 2030

Stampa: Geca Industrie Grafiche, Via Monferrato 54, 20098 San Giuliano Milanese

Indice

Presentazione

*di Antonio Naddeo**

Con molto piacere presento questo volume dal titolo significativo: *Dimensioni dello smart working*. Un bel lavoro realizzato a più mani, con una visione molto ampia che spazia tra le varie dimensioni, economiche, tecnologiche, sociali e politiche, tenendo conto delle esperienze sia nel settore privato sia in quello pubblico.

"Smart working", questa è stata la parola più utilizzata negli ultimi due anni, dopo pandemia e lockdown.

Finalmente, però, dopo l'euforia mediatica e l'ampio dibattito che ne è venuto fuori, si è tornati a una dimensione ordinaria e si può tranquillamente ragionare su una tipologia di lavoro così importante per l'organizzazione delle aziende, comprese le pubbliche amministrazioni.

"Un modo innovativo di lavorare" viene definito lo smart working nel volume, e trovo questa definizione appropriata: siamo all'interno di un'epoca di grande e generale trasformazione del lavoro.

Questa trasformazione necessita non solo di nuove regole, ma anche di una riprogettazione organizzativa per disegnare nuove strutture e nuovi processi. Il periodo del lockdown non può essere preso come modello di lavoro agile, perché quello a cui si è fatto ricorso è stata una forma ibrida di home working e soprattutto, per molti lavoratori, in modalità obbligatoria. È indubbio però che in tale periodo si siano apprezzati molti aspetti positivi di questa forma di lavoro: non si esce più da casa alla stessa ora, meno traffico, meno caos, maggiore disponibilità di tempo, equilibrio psichico. Quindi, occorre sfruttare l'esperienza fatta per introdurre questo nuovo modo di lavorare all'interno delle organizzazioni.

Questo volume è di grande interesse e di agevole lettura e prova ad analizzare lo smart working nelle sue varie sfaccettature. Si parte da quella or-

* Presidente Aran.

ganizzativa che, come ho avuto modo di anticipare, considero la dimensione principale, che passa attraverso l'innovazione tecnologica (applicare tecnologie digitali a processi esistenti), ma si sviluppa quando i processi vengono completamente ridisegnati considerando i benefici che possono portare alla produttività e all'efficienza.

Interessante poi l'analisi fatta nei capitoli sulla sostenibilità e sul ruolo delle città e dell'ufficio come luoghi di permanenza urbana della transizione digitale. L'ufficio continua a essere il luogo principale dell'attività lavorativa, per quanto si presuppone vi sarà, in prospettiva, una maggiore dotazione di sale riunioni attrezzate con infrastrutture digitali per le quotidiane riunioni online, strumento già ampiamente utilizzato soprattutto dalle corporation con sedi territoriali multiple in vari settori aziendali. In altre parole, nonostante l'implementazione strutturale delle piattaforme digitali del lavoro, l'ufficio rimane il perno dell'organizzazione aziendale anche nella transizione digitale.

Nel volume si approfondisce anche il tema del lavoro agile nella pubblica amministrazione. Il problema più grande per il nostro Paese, nell'ambito del più generale tema dell'innovazione tecnologica, è il ritardo della diffusione della digitalizzazione. In Italia molte zone sono ancora alle prese con infrastrutture tecnologiche arcaiche e il "digital divide" spezza in due, se non in tre aree, il nostro Paese. Dobbiamo colmare il gap che abbiamo nei confronti degli altri Paesi industrializzati, in questo molto più avanti di noi.

Per questo abbiamo un'occasione unica, il PNRR. Dobbiamo utilizzare al meglio le ingenti risorse che ci offre il Piano. Allo stesso tempo è indispensabile affiancare allo sviluppo tecnologico un importante piano di formazione.

Dobbiamo accompagnare le organizzazioni e i lavoratori nell'utilizzo dello smart working, al fine di impedire che lo stesso sia considerato elemento a sé stante, utile o all'azienda o ai lavoratori.

Ci sono poi nel volume altre dimensioni non meno interessanti di quelle che ho già citato: la dimensione politica (anche questa fondamentale), quella di genere, della sicurezza informatica, della comunicazione, della privacy e della responsabilità.

Un lavoro, quindi, che pur trattando temi diversi, con approcci pluridisciplinari, riesce a dare al fenomeno una descrizione completa e approfondita.

Prefazione

*di Mariano Corso**

Sebbene legato a grandi trend globali come quello del *Flexible working* e del *Working-from-Home*, lo smart working è un concetto usato prevalentemente in Italia e definito nel 2012 dall'omonimo Osservatorio del Politecnico di Milano come "un modello organizzativo basato sulla restituzione alle persone di autonomia e flessibilità nella scelta di luoghi, orari e strumenti per lavorare, a fronte di una responsabilizzazione sui risultati". Dal 2017 lo smart working ha nel nostro Paese una cornice normativa avanzata, la Legge n. 81/2017, che, usando anche la dizione "lavoro agile", lo definisce come una "modalità di esecuzione del rapporto di lavoro subordinato" stabilita mediante un "accordo individuale", libero e reversibile tra datore di lavoro e singolo lavoratore in base al quale le parti convengono su un'organizzazione del lavoro per obiettivi "senza precisi vincoli di orario o di luogo di lavoro, con il possibile utilizzo di strumenti tecnologici".

Spesso questo concetto è stato confuso con il concetto di telelavoro o ricondotto riduttivamente a politiche di welfare e conciliazione. L'innovazione che deriva dallo smart working, tuttavia, è ben più profonda e multidisciplinare. A livello di organizzazione del lavoro si tratta di mettere in discussione non soltanto il nesso spazio-temporale tra il lavorare e l'essere sul posto di lavoro, ma i principi stessi su cui l'organizzazione del lavoro si fonda: si tratta di passare da un management orientato al presenzialismo e al controllo di orari e comportamenti a uno orientato alla fiducia, alla collaborazione e alla meritocrazia.

A inizio 2020 lo smart working in Italia riguardava direttamente appena 600.000 lavoratori, l'emergenza da Covid-19 ha costituito un radicale punto

* Professore ordinario di Leadership & Innovation Politecnico di Milano, Responsabile Scientifico degli Osservatori Smart Working e Cloud Transformation Polimi.

di svolta: sin dai primi decreti governativi l'adozione dello smart working è stata spinta attraverso una semplificazione della procedura di attivazione e la definizione di strette misure di sicurezza e protocolli per scoraggiare il lavoro in presenza. Ovunque possibile, sia nel settore privato sia in quello pubblico, esso è stato promosso come modalità preferibile quando non addirittura obbligatoria di lavoro. Il numero di lavoratori "da remoto" è di conseguenza aumentato, e in termini di persone coinvolte, tra lockdown e successiva ripartenza, si può stimare aver oltrepassato i 6 milioni e mezzo, oltre un terzo dei lavoratori dipendenti in Italia.

Quello che in molti si sono trovati a sperimentare, spesso in maniera improvvisata, non è però il "vero" smart working, ma una forma di lavoro da remoto estremo e vincolato, nella quale sono venuti a mancare quei presupposti di volontarietà e flessibilità che sono alla base dello scambio tra autonomia nella scelta delle modalità di lavoro e responsabilizzazione sui risultati su cui si dovrebbe fondare ogni accordo di smart working. Anche nelle successive fasi di ripartenza sono mancate quelle condizioni di autonomia ed empowerment la cui costruzione richiede tempo e maturità organizzativa. Questa situazione ha portato con sé alcune criticità come senso di isolamento, difficoltà a disconnettersi e a mantenere un equilibrio tra vita privata e professionale che difficilmente si riscontrano in un modello di smart working più bilanciato e accompagnato. Al netto di queste forzature, tuttavia, la sua applicazione in emergenza ha non soltanto il merito di avere ridotto i danni economici e sanitari della pandemia, ma di aver abbattuto barriere e pregiudizi, segnando un punto irreversibile di svolta nell'organizzazione del lavoro. Nonostante questi innegabili benefici, e il fatto che l'86% dei lavoratori che l'hanno sperimentato non intendano tornare alla precedente organizzazione del lavoro, non mancano i pareri contrari di chi, sottolineando le potenziali criticità legate a un uso massivo del lavoro da remoto, chiede un ritorno a forme di lavoro più tradizionali.

La sfida oggi è uscire da un dibattito ideologico quanto sterile tra opposte tifoserie e prendere atto che il mondo del lavoro è cambiato per sempre, cercando di valorizzare quanto appreso negli anni dell'emergenza sanitaria per costruire nuovi modi di lavorare più sostenibili e intelligenti. La posta in gioco è assai elevata perché, come l'esperienza della pandemia ci ha insegnato, il cambiamento nei modi di lavorare trascende l'organizzazione del lavoro e finisce per influenzare le città, i territori e, in ultima analisi, ogni aspetto della nostra vita e della società in cui viviamo.

Da questo punto di vista va letto il contributo di questo testo che, analizzando il fenomeno da molteplici dimensioni, alcune delle quali spesso trascurate nel dibattito scientifico e pubblico, ne arricchisce la comprensione.

Proprio dall'accettazione della complessità e dalla multidisciplinarità del fenomeno dello smart working occorre oggi partire per riprogettare il lavoro e affrontare così le tante "emergenze" del nostro tempo: l'inquinamento, il traffico, le discriminazioni e, soprattutto, l'arretratezza manageriale e culturale di un'economia da rilanciare per il bene del nostro Paese.

Introduzione

di Roberto Reale

L’idea da cui nasce questo libro è dare anzitutto un inquadramento multidisciplinare sul tema dello smart working e sui suoi impatti economici, sociali, politici, tecnologici, ma provare poi ad andare oltre, a leggere lo smart working come fenomeno globale della società e non limitato al solo mondo del lavoro o, peggio ancora, a determinati settori. Il rischio, infatti, di specializzare o parcellizzare eccessivamente l’analisi è la perdita della prospettiva di medio-lungo termine e la riduzione del dibattito a una lista di ragioni pro e contro o addirittura a coppie di opposti (pubblica amministrazione/privati, lavoro da remoto/lavoro in sede, sostenibilità/spreco, città/borghi, e così via) che finiscono per essere funzionali soltanto a una dialettica politica che continua ad alimentare la contrapposizione dei pur legittimi *particulari*.

Poiché, comunque, non possiamo prescindere da una chiave di lettura, abbiamo voluto cercarla, ovviamente in chiave critica, nel concetto largo di “innovazione”, inteso come superamento anche sofferto di un paradigma precedentemente accettato da tutti. In quest’ottica, anche la scelta dell’espressione “smart working”, che per alcuni sarebbe uno pseudoanglicismo perché si tratterebbe soltanto di lavorare da remoto o nella migliore delle ipotesi “in modo agile”, è un riconoscimento della “rottura”. Nello stesso tempo, tuttavia, anche il punto di vista che pretende di inscrivere lo smart working interamente all’interno dell’organizational design, della misurazione delle performance, dell’ottimizzazione dei processi, in altre parole “aziendalista”, non risulta adeguato.

In questa rottura o crisi, accelerata dalla pandemia ma preparata da anni di esperimenti “silenziosi”, l’interfaccia pubblico/privato è probabilmente il nodo più complesso. Impresa e pubblica amministrazione sono ovviamente mondi mossi da logiche differenti, ma sempre più interconnessi: pensiamo agli inviti alla co-progettazione e co-creazione (in ottica di sostenibilità), alle leve di politica industriale azionate anche attraverso il gigantesco tema degli appalti, o ai modelli di innovazione mission-oriented che caratterizzano l'azione della Commissione europea[1]. Parte della dialettica politica di questi ultimi mesi si è giocata sulla contrapposizione tra un privato in grado di far propri i nuovi modelli e un settore pubblico che, invece, sull'onda anche di posizionamenti ideologici, non riesce a innovare.

Pensando agli strumenti "abilitanti" dello smart working, è pacifico che la trasformazione digitale ne sia il presupposto (e lo divenga ancor più in futuro). Tuttavia, l'enfasi più che sulle "magnifiche sorti e progressive" del soluzionismo tecnologico va messa su temi assai più problematici: privacy e sicurezza, la sfida di una digital literacy di massa, l'impatto dell'intelligenza artificiale e delle decisioni automatizzate, la gig economy, l'accesso a uguali opportunità per tutti.

Insomma, in una prospettiva più ampia, ci interessa gettare uno sguardo sul futuro: del lavoro, dell'abitare, della comunicazione, della società nel suo insieme, provando anche a immaginare soluzioni adeguate per accompagnare attraverso il "transito" non soltanto la minoranza privilegiata ma, idealmente, tutti noi.

[1] Mazzucato M. (2019), *Governing Missions: Governing Missions in the European Union*, European Commission.

1 La dimensione dell'innovazione

di Massimo Canducci

Innovazione e lavoro

Una delle tante definizioni che si possono dare di smart working è "un modo innovativo di lavorare", dove con il termine "innovativo" ci si riferisce contemporaneamente a tre aspetti: la qualità e produttività del lavoro che viene svolto, la qualità della vita del lavoratore, l'impatto sull'ambiente di tutto il processo che consente al lavoratore di svolgere il suo compito.

Quando invece si parla di "innovazione" si corre spesso il rischio di confondere questo termine con altri concetti apparentemente simili, ma che in realtà hanno significati profondamente diversi. Si tratta dei termini "digitalizzazione" e "trasformazione digitale".

Il termine "digitalizzazione" viene di solito utilizzato per tradurre in lingua italiana due diverse parole inglesi: *digitization* e *digitalization*.

Nel primo caso il termine viene utilizzato per identificare il processo che trasforma in formato digitale un'informazione non digitale: si pensi per esempio a un oggetto fisico che viene analizzato con uno scanner 3D con l'obiettivo di ottenerne una versione digitale che possa poi essere lavorata con appositi software di modellazione tridimensionale.

Nel secondo caso, invece, il termine "digitalizzazione" serve a identificare l'applicazione di tecnologie digitali a un processo industriale o di business, con l'obiettivo di ottenere un miglioramento del processo stesso dal punto di vista dell'efficienza o dell'efficacia. L'utilizzo di robot o macchine automatiche all'interno di una linea di produzione industriale è un buon esempio di digitalizzazione, in quanto, grazie all'applicazione della tecnologia, possono essere migliorati i costi di produzione e la qualità del prodotto.

Il vero salto di qualità, tuttavia, avviene quando non ci si limita soltanto ad applicare tecnologie digitali a processi esistenti, ma quando quegli stessi processi vengono completamente ridisegnati considerando i benefici che possono essere procurati dall'applicazione delle tecnologie e quando non si considera esclusivamente un singolo processo di produzione, ma, al contrario, un ecosistema completo di processi, di dati e di relazioni con partner e stakeholder.

In questo caso, le cose si fanno molto più interessanti e si può davvero parlare di "trasformazione digitale".

Per quanto riguarda il concetto di "innovazione" va detto che in letteratura esistono centinaia di definizioni, molte delle quali anche ragionevoli e interessanti. Tra le tante disponibili, quella che preferisco è senza dubbio questa: "l'innovazione è il processo che genera valore partendo dalle idee", contenuta nello splendido libro *Managing Innovation: Integrating Technological, Market and Organizational Change*[1] di Joe Tidd e John Bessant.

In questa breve definizione ci sono ben tre concetti importantissimi per comprendere il complesso mondo dell'innovazione.

Il primo è il concetto di *processo*: l'innovazione è un processo, non è un evento che accade improvvisamente e che deve essere semplicemente gestito. Al contrario è un processo che può raggiungere complessità molto elevate, che ha bisogno di professionalità specialistiche, che deve essere governato anche attraverso l'utilizzo di metodologie e strumenti ad alta complessità.

Il processo di innovazione solitamente viene attivato quando sono state raccolte un certo numero di *idee*, ed eccoci al secondo dei concetti importanti nella definizione di innovazione, attraverso varie tecniche di creatività. Si tratta di metodologie complete in grado di produrre, se ben organizzate e orchestrate, numeri elevatissimi di idee che poi, adeguatamente selezionate, costituiranno una straordinaria base di partenza per ottenere del "valore" concreto al termine del processo.

Quando si parla di *valore*, che è il terzo dei concetti importanti contenuti nella definizione di innovazione, tuttavia, non bisogna fare l'errore di considerare questo termine nella sua accezione puramente economica. Partire dalle idee e attivare un processo di innovazione lungo e laborioso con l'obiettivo di produrre "valore" ha una connotazione molto più alta e nobile rispetto al semplice miglioramento del conto economico dell'organizzazione. L'innovazione che conta davvero, infatti, è quella che ha un concreto impatto sul mondo, quella che ha una ricaduta sociale positiva sulla vita delle persone o sull'ambiente, quella che genera un cambiamento significativo migliorando il mondo intorno a noi.

Quando si ragiona quindi sulla dimensione dell'innovazione all'interno del contesto dello smart working bisogna domandarsi quali siano le im-

[1] Tidd J., Bessant J. (2001), *Managing Innovation: Integrating Technological, Market and Organizational Change*, John Wiley & Sons Inc, Hoboken (NJ).

plicazioni di queste nuove modalità di lavoro, che devono essere abilitate dalla tecnologia, ma, soprattutto, devono essere governate da una struttura organizzativa non tradizionale e basata su strumenti moderni di gestione del personale, sui processi di innovazione che sono presenti all'interno delle organizzazioni più illuminate.

Mentre per attività tradizionali di produzione è necessario un cambio di passo del management per gestire la forza lavoro in modi e tempi non prestabiliti, per assegnare correttamente i task ai collaboratori, per poterne verificare nel tempo l'andamento e i risultati e, soprattutto, per comprendere quali siano le migliori modalità di remotizzazione, per le attività che hanno a che fare con i processi di innovazione le cose si complicano ulteriormente. Se è vero, infatti, che il lavoro totalmente in ufficio in orari predefiniti e uguali per tutti non si può definire smart working, è anche vero che raramente il modello diametralmente opposto, che prevede gruppi di lavoro che non si incontrano mai, raramente riesce a esprimere il massimo dell'efficienza e della produttività e questo vale ancor di più quando le attività non sono quelle classiche legate alla produzione, ma hanno bisogno di particolari stimoli alla creatività e di strumenti e metodologie che non possono essere limitati da costrizioni geografiche e organizzative.

Servono quindi nuovi strumenti gestionali, non soltanto per la normale attività lavorativa personale, ma anche nella gestione di gruppi di lavoro più o meno grandi e che siano costruiti dando per scontato che non si debbano incontrare quasi mai di persona. Certamente non bastano le piattaforme di videoconferenza, ma è necessario dotarsi di adeguati strumenti di gestione dei team, di una solida cultura aziendale basata sulla fiducia reciproca e sugli obiettivi da raggiungere insieme e di veri e propri social network professionali in grado, tra l'altro, di creare un minimo di spirito di gruppo in team che si incontrano raramente.

Ragionando all'interno del perimetro dello smart working, è necessario quindi introdurre nuove modalità con cui affrontare le varie fasi dei processi di innovazione che vengono attivati all'interno delle organizzazioni, per fare in modo di godere dei vantaggi dello smart working e, contemporaneamente, di limitare le eventuali inefficienze che si possono generare da quelle situazioni in cui si scelga comunque di avere i team geograficamente distanti quando magari sarebbe più comodo ed efficiente avere tutti i componenti in un unico luogo a lavorare nella realizzazione di un nuovo prodotto, di un servizio innovativo o di un nuovo modello di business per l'organizzazione.

La prima cosa da fare, tuttavia, è ragionare sulla dimensione del cambiamento che il nostro processo di innovazione andrà a introdurre nel business dell'organizzazione.

La dimensione del cambiamento

Su Internet si trova facilmente un'immagine contenente tutti i modelli di iPhone che siano mai stati prodotti, dal primissimo esemplare presentato da Steve Jobs durante la conferenza di apertura del Macworld, il 9 gennaio 2007, fino all'ultima versione che viene presentata ogni anno durante i classici eventi Apple. È un'immagine che ormai contiene una ventina di prodotti, e guardandola è possibile fare un viaggio nel tempo, a partire da quella scatoletta di plastica del 2007 fino ai modelli più recenti in metallo e vetro, sempre più grandi e sofisticati e dotati di straordinarie caratteristiche tecnologiche difficili da immaginare quando il prodotto capostipite venne presentato sul mercato.

Tuttavia, al di là dell'iconicità in grado di stimolare vera e propria emozione negli appassionati del brand o del prodotto in sé, quel che è più rilevante in quell'immagine è che contiene al suo interno due grandi tipologie di innovazione: quella radicale e quella incrementale.

Il modello del 2007 rappresenta l'innovazione radicale, quella più dirompente, quella che ha cambiato per sempre il rapporto tra esseri umani e tecnologia mettendoci nelle mani un dispositivo che oggi è una vera e propria appendice del nostro corpo, che offre una quantità enorme di contenuti e servizi e che è stato successivamente preso a modello da tutta la concorrenza, sia dal punto di vista delle forme sia da quello del software messo a disposizione degli utenti. Una svolta epocale.

L'innovazione radicale è questo: cambiare completamente lo scenario di riferimento attraverso un prodotto, un servizio, un modello di business talmente dirompente da poter tracciare una chiarissima linea nel tempo e poter dividere il mondo in quel che era prima e quel che è stato dopo.

In questo caso, naturalmente, la dimensione del cambiamento introdotto nel sistema di riferimento è stata enorme.

Tutti gli altri modelli, indubbiamente migliori dal punto di vista tecnico, dotati di caratteristiche e capacità sempre maggiori, non hanno avuto lo stesso impatto, perché si sono limitati a migliorare qualcosa di già esistente, di straordinario certo, ma di già presente sul mercato e già conosciuto dagli utenti.

In questo caso si parla di innovazione incrementale, un processo completamente diverso rispetto all'innovazione radicale, un processo che mira a rendere migliore un prodotto già esistente, aggiungendovi caratteristiche che siano sempre un gradino, e solo uno, sopra il prodotto del periodo precedente e, possibilmente, anche della concorrenza.

Perché un solo gradino quando potrebbe essere fatto di più? Perché tutto quello che non viene presentato nella versione attuale di un prodotto può essere presentato nella sua versione successiva, allungando di un ciclo la vita complessiva dell'intera famiglia di prodotti.

La dimensione del cambiamento indotto da un'iniziativa di innovazione si misura, quindi, in numerose sfumature intermedie all'interno di uno spettro che va dal concetto di "completamente incrementale", a cui afferisce la classica innovazione di prodotto senza infamia e senza lode in cui si realizza una nuova versione leggermente migliore di uno dei soliti prodotti a catalogo, fino al concetto di "straordinariamente radicale", che riguarda le vere innovazioni che cambiano il mondo.

Avere team in smart working che operano su tematiche di innovazione incrementale è sicuramente più agevole rispetto alla necessità di utilizzare quegli stessi team su tematiche di innovazione radicale. In primo luogo perché l'innovazione radicale è molto più difficile in sé, richiede tempi più lunghi e una miscela di abnegazione, notti insonni, riservatezza, dedizione e creatività che spesso è più facile ritrovare in team ristretti che condividono gli stessi spazi vitali per molto tempo invece che tra team distribuiti che operano su task predeterminati e meccanici. In secondo luogo, perché, nel caso dell'innovazione radicale, la componente creativa ha un'importanza di gran lunga superiore rispetto ai tradizionali processi di innovazione incrementale e la creatività è proprio quella componente fortemente influenzata dall'avere gruppi di lavoro affiatati, uniti, in uno stesso luogo, con tanto tempo a disposizione e con la disponibilità di materiali e tecniche adeguati a stimolarla.

Le quattro P dell'innovazione

Oltre a ragionare sulla dimensione del cambiamento apportato dalle nostre iniziative di innovazione, cioè sul "quanto si innova", e le relative relazioni con lo smart working, è anche interessante comprendere come questo riesca ad avere un impatto anche sulle diverse applicazioni dei processi di innovazione alle varie anime delle organizzazioni, cioè sul "che cosa si innova".

Quando si parla di innovazione viene spesso in mente quella legata al prodotto, questo è abbastanza naturale perché nell'immaginario collettivo le grandi innovazioni vengono abilitate da grandi prodotti, si pensi alla lampadina di Edison, al telefono di Meucci o alla radio di Marconi.

Questo modo di vedere il fenomeno, tuttavia, è estremamente limitato, perché la P di "prodotto" è soltanto una dalle quattro P in cui può essere classificata l'innovazione dal punto di vista del "che cosa innovare" all'interno di un'organizzazione per avere un migliore impatto sul mercato o, in alcuni casi, addirittura sul mondo intero.

La seconda P è quella legata ai processi.

Mentre innovare un prodotto ha il significato di cambiare, in modo più o meno radicale, l'offerta che l'organizzazione si appresta a rendere disponibile nei confronti del suo mercato, al contrario innovare i processi interni serve a cambiare, possibilmente in meglio, le modalità con cui le organizzazioni operano e, tra le altre cose, realizzano i prodotti che poi vanno sul mercato.

L'adozione di robot in una linea di produzione industriale o di algoritmi di intelligenza artificiale per migliorare la qualità della produzione, il design, il packaging, l'efficienza, sono a tutti gli effetti logiche di innovazione che poi, al termine del processo, avranno effetti sulla produzione e, di conseguenza, sul conto economico dell'organizzazione.

In questo contesto lo smart working ha delle potenzialità straordinarie perché è oggetto dell'innovazione quando si passa dalla logica di lavoro più tradizionale a quella, indubbiamente migliorativa, dello smart working, ma è anche soggetto che innova, in quanto, quando si parla di processi di innovazione, i gruppi di lavoro che si occupano di innovazione possono trarre enormi vantaggi dallo smart working. Un gruppo di lavoro tradizionale che operi nelle tematiche dell'innovazione, che si ritrovi a ridefinire alcuni processi interni e a stabilire, con le evidenze e il rigore del metodo, che per migliorare ulteriormente la performance dei processi di innovazione si debba passare dalla logica di lavoro più tradizionale a quella dello smart working, rappresenta uno straordinario cortocircuito concettuale dalle incredibili potenzialità. D'altra parte anche l'innovazione deve essere innovata.

La terza P è quella del posizionamento.

Quando un'azienda decide di ampliare o cambiare il mercato in cui opera per collocare al meglio i propri prodotti o servizi, sta facendo un'innovazione di posizionamento. L'esempio tipico è rappresentato da un'azienda di giocattoli che decida di affiancare al suo target di riferimento, che solitamente è composto da bambini, il nuovo target degli adulti alto-spendenti e inizi a proporre sul mercato delle versioni dei suoi prodotti dedicate al nuovo target.

Si tratta a tutti gli effetti di innovazione che ha impatti anche sulla struttura organizzativa e sui prodotti resi disponibili per il nuovo target.

I risultati di queste politiche di innovazione possono dipendere dalla qualità e dall'accuratezza dei processi di innovazione che avranno portato l'organizzazione a decidere di cambiare o ampliare il proprio target di riferimento, ma a volte le cose sono molto più semplici e si tratta di intuizioni e scelte manageriali attuate senza scomodare interi team di lavoro, se non nella realizzazione concreta dei prodotti che poi andranno a essere proposti al nuovo target di clienti potenziali.

In questi casi, quindi, il fatto che i team operino in smart working o meno fa davvero poca differenza, almeno nelle fasi più canoniche di ideazione e decisione operativa.

La quarta e ultima P è quella del paradigma.

A volte è necessario che un'organizzazione riveda i modelli mentali e culturali che determinano che cosa l'azienda stessa sia e che cosa renda disponibile sul mercato. Quando questo accade è perché si è deciso, con lungimiranza oppure costretti dagli eventi, di cambiare radicalmente non soltanto il proprio posizionamento sul mercato, ma anche le fondamenta culturali che rappresentano il fatto stesso di essere sul mercato, con una missione chiara e con obiettivi ben definiti in grado di convincere gli azionisti ad aver fiducia nella nuova organizzazione.

Si tratta di scelte strategiche di alto livello, che poco hanno a che fare con i processi di innovazione, se non in modo molto marginale.

Quello che conta, tuttavia, è che in questi casi lo smart working può diventare un formidabile alleato nelle dinamiche della nuova organizzazione, perché quando si attua un cambiamento così profondo è bene utilizzare tutti gli strumenti che il nostro tempo mette a disposizione e lo smart working, come sappiamo, è uno dei più rilevanti nell'epoca che stiamo vivendo.

Il processo di innovazione

Un processo è, per definizione, una sequenza più o meno articolata di fasi, ciascuna con delle informazioni in ingresso, degli obiettivi da raggiungere e una lista attesa di risultati, il tutto corredato da una matrice di ruoli e di responsabilità che determina chi ha il compito di verificare che le singole fasi procedano nel migliore dei modi raggiungendo gli obiettivi attesi.

Il processo di innovazione non fa eccezione e, anche se in letteratura ne esistono numerose versioni in funzione delle singole esigenze organizzative, possiamo dire che le fasi principali, indicativamente, sono sempre le stesse.

Una volta identificato l'obiettivo del processo di innovazione, che può essere la realizzazione di un nuovo prodotto, il miglioramento delle caratteristiche di un prodotto esistente oppure, come abbiamo visto in precedenza, un'azione organizzativa in grado di cambiare i processi di produzione, il posizionamento sul mercato o la stessa essenza dell'organizzazione, si entra immediatamente nel vivo con la fase di assessment.

Durante questa fase, i membri del team hanno il compito di analizzare con precisione tutti gli aspetti rilevanti del contesto, a cominciare dal mercato di riferimento, passando per le tecnologie coinvolte e i diversi approcci della concorrenza, per arrivare ai trend del futuro e a quelli che, sempre in futuro, saranno i bisogni di innovazione che, in quel mercato, l'organizzazione vorrà sfruttare.

Come si può vedere, si tratta di un'attività consulenziale estremamente specialistica che viene svolta individualmente o in team molto ristretti; l'interazione tra i membri del team non è particolarmente creativa, anche se solitamente il risultato complessivo prevede grande capacità di analisi, di visione e di immaginazione. Di conseguenza, impiegare su questa attività dei team in smart working, con persone che operino per task e scadenze, senza preoccuparsi di luoghi e tempi di lavoro, e con occasioni di confronto pianificate e abilitate da piattaforme tecnologiche dedicate, è una concreta possibilità che va adeguatamente sfruttata.

Subito dopo la fase di assessment occorre mettere ordine tra i bisogni di innovazione che sono stati individuati, affinarli, raggrupparli in cluster e trasformarli in obiettivi di innovazione che l'organizzazione vorrà darsi in futuro all'interno di quel mercato.

Si tratta di una fase che deve essere svolta dal team nella sua interezza, è un'azione collettiva che viene solitamente abilitata da strumenti dedicati come i canvas o da specifiche tecniche di facilitazione che prevedono l'utilizzo di svariati strumenti. Il miglior risultato si ottiene quando il team, nella sua interezza, è in un unico luogo, nelle condizioni migliori di attenzione e concentrazione e viene seguito in tutti i task da un facilitatore preparato.

È chiaro, quindi, che questa fase è impossibile da svolgere come unione di più azioni individuali svolte in modi e tempi diversi, a meno che non si accetti un sensibile decadimento della qualità complessiva espressa dal gruppo di lavoro. Quello che si può gestire, con qualche compromesso, è la remotizzazione, appoggiandosi a strumenti online di condivisione delle informazioni e di costruzione di valore, ma sfortunatamente non si può rinunciare alla necessità di avere tutto il team presente online nello stesso momento.

Una volta identificati gli obiettivi di innovazione, è necessario farsi venire qualche buona idea per tentare di raggiungerli. Questo viene fatto all'interno della fase Inspiration & Ideation che, come si può immaginare, coinvolge nuovamente l'intero team di lavoro in specifiche e delicate attività di immaginazione e creatività. A complicare ulteriormente la situazione c'è il fatto che in questa fase solitamente si cerca di coinvolgere, all'interno delle varie attività, anche altre figure professionali inizialmente non previste, ma la cui presenza diviene necessaria per dare spessore alla generazione, e successivamente alla selezione, di idee di qualità. Si tratta di esperti verticali in ambito tecnologico e metodologico, il cui contributo è fondamentale per dare concretezza alle idee che dovranno occuparsi di soddisfare i bisogni di innovazione individuati nelle fasi precedenti.

Anche in questa fase, essendoci la necessità di utilizzare strumenti e tecniche di creatività che prevedono la presenza contemporanea di tutti i componenti del team allargato, è essenziale che si lavori tutti insieme e, preferibilmente, in uno stesso luogo opportunamente strutturato per garantire al meglio il corretto svolgimento delle attività previste.

Quando le idee saranno state prodotte, affinate e selezionate si arriverà a decidere quali e quante trasformare in veri e propri progetti di innovazione, si passerà dalla teoria alla pratica, identificando per ciascuna idea una roadmap completa di cose da fare per trasformarla in un proof of concept, un prototipo, e successivamente un progetto di innovazione industriale.

In questa fase saranno altri gruppi di lavoro a occuparsi di concretizzare le idee e trasformarle in qualcosa di reale. Tendenzialmente si tratta di gruppi di lavoro molto eterogenei, con professionalità diversificate, ciascuna con compiti specifici verticali che andranno poi orchestrati da una sapiente gestione progettuale.

La facilità con cui si gestiscono questi gruppi di lavoro è inversamente proporzionale all'impatto che ci aspettiamo dall'intera iniziativa di innovazione. Iniziative che introducono un'innovazione radicale avranno ovviamente complessità superiori e viaggeranno più facilmente nell'incertezza, mentre altre iniziative meno ambiziose e più conservative saranno gestibili come la maggior parte dei progetti di innovazione industriale.

In tutti questi casi lo smart working può dare una grossa mano, soprattutto in tutte quelle fasi in cui sia possibile delegare ai collaboratori compiti specifici, misurabili e integrabili con il lavoro degli altri, facendo in modo, tuttavia, che esistano sempre momenti istituzionali di confronto che prevedano il coinvolgimento di tutti.

Sia che si produca innovazione attraverso scelte strategiche manageriali, sia che lo si faccia attraverso l'utilizzo di processi di innovazione in grado di migliorare prodotti, servizi o modelli di business, lo smart working è un formidabile alleato, da usare sempre con equilibrio e sapendo ben bilanciare gli incontri fisici con le attività a distanza, i task che possono essere svolti dai singoli con le attività che invece devono essere svolte da gruppi di lavoro affiatati. Il tutto con una gestione sapiente dei gruppi di lavoro: una gestione aperta, collaborativa, basata sulla fiducia, sui risultati e sulla condivisione di informazioni e idee.

2 La dimensione della trasformazione digitale

di Roberto Reale

Ansia da tecnologia

La cultura del lavoro è l'insieme di valori, norme e convinzioni che definiscono il comportamento dei lavoratori all'interno di un'azienda o nei confronti dei clienti. Include concetti come la mission e i valori aziendali, la struttura e la gestione del lavoro e l'interazione con i collaboratori. [...] È stato allora [nel corso della Rivoluzione industriale] che le macchine hanno cominciato a rimpiazzare il lavoro umano in diverse industrie, il che ha portato a una diminuzione della domanda di lavoratori non qualificati e un aumento della richiesta di operai specializzati in grado di manovrare i nuovi macchinari. Questo cambiamento ha avuto un profondo impatto sulla cultura del lavoro, con i mestieri che transitavano sempre più dallo sforzo fisico a quello mentale. Ciò che oggi sta avvenendo con l'avvento dell'Intelligenza Artificiale non è diverso, come principio. Gli effetti dell'IA sulla cultura del lavoro contemporanea, però, potrebbero essere ancora più drastici e diversificati.

Questo estratto di un articolo apparso il 21 giugno 2022 su *Senza Filtro*[1] non è stato scritto da un essere umano, ma da GPT-3[2], un'intelligenza artificiale (per gli specialisti: un modello linguistico autoregressivo) in grado di sviluppare testi scritti partendo dall'analisi di 17 miliardi di pagine web, utilizzando 175 miliardi di parametri.

Le tecnologie digitali sono i fattori abilitanti di qualsiasi forma di lavoro in cui, almeno in parte, la prestazione lavorativa sia erogata "da remoto". Dai sistemi di videoconferenza agli strumenti di office automation, di gestione di progetti, di sviluppo distribuito di software, gli strumenti digitali sono il

[1] GPT-3 (2022), "Questo articolo è stato scritto da un robot, GPT-3: il primo su un giornale italiano", *Senza Filtro*, 21 giugno.

[2] https://github.com/openai/gpt-3.

"filo" che tiene insieme persone e cose nella fabbrica o nell'ufficio globale, e sono anche, in senso marxiano, i fattori stessi della produzione.

A ben guardare, lo scambio di informazioni, dall'invenzione dell'alfabeto a quella della stampa e del telegrafo e poi di Internet, ha reso possibile un modello distribuito di lavoro fin dall'antichità: un modello che poi era necessariamente già anche "per obiettivi", perché la latenza intrinseca dei canali di comunicazione disponibili rendeva necessaria una certa dose di autonomia negli esecutori, di fronte a decisioni che richiedevano una risposta rapida, o perché la conoscenza specialistica necessaria per far fronte a uno specifico problema era appannaggio dei collaboratori e non dell'autorità centrale.

Un avamposto militare attaccato di sorpresa doveva essere in grado di difendersi senza attendere la risposta di un messo a cavallo inviato al quartier generale[3]; esattamente come un bug in una porzione di codice open source deve essere oggi corretto in autonomia dallo sviluppatore che collabora al progetto e solo successivamente la "patch" viene inviata a chi gestisce centralmente il progetto stesso.

L'aspetto cruciale dell'apporto tecnologico allo smart working è la tensione tra macchine e persone: tensione che non si può risolvere, ma che si può certamente gestire. Da un lato, abbiamo l'antico sogno dell'umanità di costruire entità antropomorfe in grado di obbedire ai comandi di un capo investito di poteri magici o di potenza economica; dall'altro, la paura quasi altrettanto antica che le macchine possano avere il sopravvento, distruggendo posti di lavoro e generando povertà anziché crescita.

L'ansia da tecnologia è sorprendentemente antica e può prendere, scrivono Joel Mokyr, Chris Vickers e Nicolas L. Ziebarth in un paper[4] diventato celebre, essenzialmente tre forme. In primo luogo, "una delle preoccupazioni più comuni è che il progresso tecnologico provocherà una sostituzione del lavoro con le macchine", il che a sua volta potrebbe portare alla disoccupazione e a un ulteriore aumento della disuguaglianza nel breve periodo, "anche se gli effetti a lungo termine sono benefici". In secondo luogo, c'è l'ansia per le implicazioni morali del processo tecnologico per il benessere umano, in senso lato: nel caso della Rivoluzione industriale, per esempio, per

[3] Viene in mente il racconto *I sette messaggeri* di Buzzati, in cui si narra che i messi inviati alla capitale dal figlio del re in viaggio verso il confine del regno impiegano sempre più tempo per raggiungere la città e tornare con lettere e notizie, dilatando tanto la "latenza" della comunicazione che l'ultimo messaggero non avrebbe potuto ripartire perché "non farebbe più in tempo a tornare".

[4] Mokyr J., Vickers C., Ziebarth N.L. (2015), "The History of Technological Anxiety and the Future of Economic Growth: Is This Time Different?", *Journal of Economic Perspectives*, Vol. 29, n. 3, Summer, pp. 31-50.

gli effetti alienanti del lavoro alla catena di montaggio, così come oggi per le implicazioni etiche dell'impiego degli algoritmi.

In terzo luogo, c'è chi ritiene che l'apice della crescita economica e tecnologica sia ormai alle spalle e che bisogna preoccuparsi di un progresso troppo lento, non di uno troppo veloce. Questo timore è forse meno espresso ma in forme sottili serpeggia comunque nell'età digitale: pensiamo per esempio al paventato rischio di un nuovo "inverno dell'intelligenza artificiale".

Ricostruendo la storia del pensiero economico sul tema a partire dal XVIII secolo, gli autori del paper dimostrano che tutte e tre le paure sono molto antiche, ma hanno dato vita a reazioni diverse. Per esempio, James Steuart, precursore di Adam Smith, scrisse che avrebbe criticato l'impiego delle macchine solo nei casi in cui tale impiego "avesse costretto un uomo all'ozio", precludendogli ogni possibilità di impiego[5].

Stuart Mill, pur ipotizzando che il progresso tecnologico potesse essere *temporaneamente* dannoso per i lavoratori, ammise poi di non credere "che i miglioramenti nella produzione siano spesso (se non mai) dannosi, anche temporaneamente, per le classi lavoratrici nel loro insieme"[6]. Per Marx il miglioramento tecnologico "faceva parte di un processo sociale e politico che avrebbe portato alla fine a una prosperità diffusa".

In generale, le preoccupazioni per l'impatto radicale che la tecnologia ha sul mercato del lavoro, e in particolare sui livelli di occupazione e sui salari, ma anche sul benessere psicologico e fisico dei lavoratori, tendono storicamente a crescere nei momenti di crisi o di transizione di paradigma (pensiamo alla Rivoluzione industriale o alla Grande Depressione).

Peraltro, come vedremo, il progresso tecnologico sta reintroducendo modelli di organizzazione del lavoro preindustriali, per esempio permettendo (e in larga misura imponendo) una maggiore flessibilità, determinando "la rottura della separazione tra lavoro e vita domestica", o favorendo l'emergere di un vero e proprio nuovo mercato, quello dei *matchmakers*, intermediari che gestiscono l'outsourcing di attività per conto delle imprese.

Quello che è certo è che le tecnologie hanno sempre un impatto trasformativo sul mercato del lavoro: creano nuove professioni, ne distruggono altre, ma soprattutto cambiano, spesso irreversibilmente, il modo di lavorare, e quindi le competenze richieste ai lavoratori. E tuttavia, come amava ripetere

[5] Steuart J. (1767), *An Inquiry into the Principles of Political Economy*, Printed for A. Millar, and T. Cadell, London.

[6] Mill J.S. (1848 [1929]), *Principles of Political Economy*, edited by W.J. Ashley, Longmans, Green and Co., London.

Roy Amara, "tendiamo a sopravvalutare l'effetto delle tecnologie nel breve periodo e a sottovalutarne l'effetto nel lungo periodo". Se è quasi certo che la robotica e l'intelligenza artificiale non altereranno il bilancio netto dell'occupazione[7], è anche vero che la transizione potrebbe colpire alcune categorie di lavoratori: l'adozione di un modello più flessibile, basato sul raggiungimento di obiettivi anziché sulla prestazione oraria, aiuterà a governare meglio il cambiamento.

Una questione di design

La gestione del rapporto tra umani e macchine è in ultima analisi un problema di design. Gli studi di ergonomia che hanno dominato l'era fordista e postfordista lasciano il posto a (o, meglio, si evolvono in) ricerche su come assicurare che quel rapporto sia di collaborazione e non di opposizione. Diventano fondamentali concetti quali il "redress by design", introdotto, come scrive Stefano Quintarelli, per "stabilire, fin dalla fase di progettazione, meccanismi per garantire la ridondanza, sistemi alternativi, procedure alternative ecc. per poter efficacemente individuare, verificare, correggere le decisioni sbagliate prese da un sistema [di intelligenza artificiale] perfettamente funzionante"[8].

L'oggetto del progettare diventa così il sistema duale umano-macchina, considerato sempre più come un tutt'uno organico in cui la somma delle due parti, prese singolarmente, è minore del tutto. Pensiamo al sistema medico-intelligenza artificiale, in grado di eseguire una diagnosi con velocità e precisione maggiori di quanto il professionista da solo non sarebbe mai in grado di fare. Lo strumento digitale (l'algoritmo) non è più un semplice utensile e non è neppure soltanto un artefatto in grado di mediare significati, come voleva Vygotskij: esso è ormai parte inscindibile di una diade, di un "sìnolo" umano-macchina. Il lavoratore non è più, quindi, l'umano insidiato dalla macchina, ma è l'umano *insieme* alla macchina.

[7] La letteratura sul tema, anche considerando solo quella in lingua italiana, è ovviamente sterminata. Per un primo approccio: Quintarelli S. (2019), *Capitalismo immateriale. Le tecnologie digitali e il nuovo conflitto sociale*, Bollati Boringhieri, Torino; Floridi L., Cabitza F. (2021), *L'intelligenza artificiale. L'uso delle nuove macchine*, Bompiani, Milano; Chiriatti M. (2021), *Incoscienza artificiale*, Luiss University Press, Roma; Bentivogli M. (2019), *Contrordine compagni. Manuale di resistenza alla tecnofobia per la riscossa del lavoro e dell'Italia*, Rizzoli, Milano.

[8] Quintarelli S. (2019), "Direttiva copyright, ecco perché serve un meccanismo di 'redress by design' per l'AI", *Agenda Digitale*, 6 maggio.

È chiaro che la sfida è tutta qui. Perché non soltanto dobbiamo imparare a progettare non più semplicemente l'interfaccia tra l'umano e la macchina, ma l'insieme armonico delle due "metà", ma queste ultime, la macchina e l'umano, a loro volta devono imparare a convivere, a lavorare insieme, trovando ragion d'essere nel completarsi a vicenda in una unità superiore.

Insomma, l'esatto contrario di quanto ha deciso di fare la Corte di Cassazione nel 2021: avendo sviluppato un software "che consente il salvataggio automatico degli atti processuali inviati via PEC dai difensori delle parti in formato PDF in apposite cartelle relative a ciascuna adunanza/udienza da celebrarsi"[9], la dirigenza amministrativa della Corte ha disposto il *presidio quotidiano* (da parte di un operatore umano) della postazione su cui il software in questione era stato installato!

Naturalmente, una progettazione efficace deve garantire il rispetto dei principi di privacy e security by design, anche (anzi soprattutto) in uno scenario in cui i grandi player tecnologici operano su scala globale e hanno a disposizione una leva negoziale molto forte anche rispetto agli Stati. Lo sviluppo di *capabilities* tecnologiche europee competitive potrebbe essere una *condicio sine qua non* per la costruzione di uno spazio digitale che incorpori i principi su cui si fonda lo stato di diritto in Europa, e in particolare che garantisca le tutele di legge ai lavoratori e alle imprese.

Nello stesso tempo, è fondamentale accompagnare i lavoratori in un processo di riappropriazione del proprio ruolo nell'organizzazione di cui fanno parte, dotandoli sia degli strumenti tecnologici sia (soprattutto) di quelli culturali e cognitivi necessari per operare in modo adeguato in un modello smart e per obiettivi.

Industrial smart working

Maurizio Ferraris scrive in *Post-Coronial Studies*[10] che lo scopo di un'umanità "degna di questo nome" è far scomparire tutti i lavori automatizzabili, cominciando da quelli manuali. Questi ultimi dovrebbero essere completamente delegati alle macchine ("ovviamente garantendo occupazioni alternative a chi li esercitava"), mentre resterebbe intrinsecamente umana la capacità di consumare.

[9] Curzio P. (2021), *Relazione sull'amministrazione della giustizia nell'anno 2021*, Corte Suprema di Cassazione.

[10] Ferraris M. (2021), *Post-Coronial Studies*, Einaudi, Torino.

"Unici fra tutti gli altri organismi, gli umani hanno dispiegato un numero impressionante di tecnologie, dal fuoco alla scrittura alla cultura in generale, e questo proprio perché spinti dal consumo [...]". E ancora: "Inutili come appendici di vanghe, di torni, di macchine per scrivere, gli umani sono insostituibili come appendici di coltelli e forchette, di cinema, di concerti, di romanzi [...]". In altri termini, per Ferraris non sarà mai possibile delegare alle macchine il consumo ed è su questa base che va costruita una "economia del valore".

Ma in realtà anche le professioni che la cosiddetta economia della conoscenza lascia ai margini, quelle professioni che l'antica Grecia trattava da *banausìa* (il lavoro meccanico, ripetitivo e parcellizzato), non escludono a priori l'applicazione dello smart working. Attraverso tecnologie come le Connected Worker Platform, che consentono lo scambio continuo di informazioni e comandi operativi tra gli operatori e il ciclo di produzione, il lavoratore è infatti in grado di svincolarsi dai tempi e dai luoghi fisici della fabbrica.

Rendere lo smart working vantaggioso e praticabile da tutti, piuttosto che un privilegio dei "colletti bianchi", diventa così possibile grazie all'avvento delle suppy chain 4.0 e dei sistemi cyber-fisici, in grado di rendere più permeabili le frontiere tradizionali tra fisico e digitale (*onlife*)[11].

L'industrial smart working consente al lavoratore di accrescere la consapevolezza del proprio ruolo all'interno del ciclo di produzione e di svilupparne le competenze, contribuendo anche a colmare lo skill gap, cioè la distanza tra domanda e offerta di competenze. Facendo convergere operation technology e information technology, l'industrial smart working permette inoltre alle aziende di ridurre i costi e di aumentare la sicurezza dei lavoratori, ottimizzando nel contempo l'allocazione delle risorse.

Nascono così le figure del *connected worker*[12] e dell'*augmented worker*[13]. Il primo utilizza tecnologie connettive per scambiare in tempo reale dati con altri dispositivi o macchine nella filiera di produzione, integrando il lavoratore stesso, in quanto componente attivo, in un ecosistema altamente digitalizzato, riducendone i margini di errore operativo pur permettendogli di prendere decisioni in autonomia grazie all'accesso a dati real-time, IoT, sensoristica e strumenti di analytics.

L'augmented worker si avvale a sua volta di un'ampia gamma di "tecnologie aumentative" in grado di accrescerne le capacità sia fisiche sia cogni-

[11] Floridi L., ed. (2014), *The Onlife Manifesto. Being Human in a Hyperconnected Era*, Springer, Cham.

[12] Tulip (*s.d.*), *The Connected Worker. A Guide to Connected Worker Platforms.*

[13] Tulip (*s.d.*), *Augmented Worker. How Digital Technology Can Power Your Workforce.*

tive: pensiamo per esempio alla realtà aumentata, capace di "sovrapporre" tutta una serie di "artefatti informativi" al campo visivo dell'operatore, per esempio monitorando le condizioni ambientali e la salute dei lavoratori in tempo reale e avvisandoli in caso di potenziale pericolo.

La fabbrica, luogo di lavoro per eccellenza, diventa così "remotizzabile" e quindi "globalizzabile", permettendo di svincolare i lavoratori dal tradizionale presidio alla catena di montaggio e favorendone la piena integrazione nell'economia della conoscenza.

Talent-as-a-Service

Oggi i paradigmi tipici dell'ingegneria dell'informazione vengono estesi all'organizzazione del lavoro, dando vita a modelli come il TaaS (Talent/Team-as-a-Service), in cui addirittura lavoratori e team sono "istanziabili", scalabili a piacere e integrabili nel proprio workflow tramite interfacce programmabili (API), esattamente come se fossero risorse computazionali nel cloud.

Ed esattamente come per il cloud, si tratta di una forma di organizzazione delle risorse umane molto vantaggiosa per chi ha bisogno di far fronte a un profilo di "carico" molto dinamico e preferisce trasferire al "provider" il rischio connesso alla gestione di team di grandi dimensioni da allocare in maniera elastica su diversi progetti contemporaneamente, in modo da ottimizzarne la produttività.

Chiaramente, dal momento che stiamo parlando di persone e non di "macchine virtuali" in un datacenter, ci sono aspetti di carattere psicologico, sociale e culturale che non possono essere trascurati. E tuttavia il trend dell'"orchestrazione" delle risorse umane (altro termine mutuato dal cloud computing) costituisce ormai la frontiera dell'innovazione del mercato del lavoro.

Un recentissimo report del MIT Sloan Management Review in collaborazione con Deloitte[14] fa riferimento all'espressione "workforce ecosystem" come a una "struttura che cattura l'impegno di un'organizzazione con un'ampia gamma di lavoratori interdipendenti, inclusi liberi professionisti, gig worker, appaltatori a lungo termine, terze parti e organizzazioni di servizi professionali, oltre ai dipendenti tradizionali", e al termine "orchestration" come al "coordinamento di partecipanti discreti per creare

[14] Altman E.J., Kiron D., Jones R., Schwartz J. (2022), *Orchestrating Workforce Ecosystems: Strategically Managing Work Across and Beyond Organizational Boundaries*, MIT Sloan Management Review and Deloitte.

uno sforzo allineato verso il raggiungimento degli obiettivi organizzativi (e individuali)".

In questo quadro la rigidità della contrattazione tradizionale mal si coniuga con le esigenze di aziende ed executive di disporre di una forza lavoro agile e dinamica, costituita da una variegata galassia di soggetti per i quali l'azienda è più un cliente che un datore di lavoro (il report del MIT Sloan cita espressamente il libro *L'unica regola è che non ci sono regole* del co-fondatore di Netflix Reed Hastings, il che per inciso è indicativo di quanto persino in ambienti contigui all'accademia i bestseller facciano breccia più profondamente che la letteratura scientifica).

Assumono quindi importanza crescente i broker, le piattaforme, i provider di Talent-as-a-Service, in grado non soltanto di farsi carico degli aspetti contrattuali per conto del cliente e spesso delle complessità legate alla gestione di una forza lavoro in un ambito globale, ma anche di fornire al cliente un'integrazione *out of the box* con i propri processi.

Siamo ben oltre il Mechanical Turk, quello "schema ibrido di computazione" brevettato nel 2001 da Venky Harinarayan, Anand Rajaraman e Anand Ranganathan, che coinvolge "vantaggiosamente gli esseri umani per aiutare un computer a risolvere compiti particolari, consentendo al computer di risolvere i compiti in modo più efficiente"[15] e che è stato poi trasformato da Amazon in un servizio di intelligenza artificiale artificiale (*sic!*), cioè di intelligenza artificiale *finta* in cui dietro l'interfaccia utente ci sono lavoratori in carne e ossa, low-cost e a disposizione 24×7[16].

In questo servizio, ispirato al celebre automa giocatore di scacchi ideato e costruito nel XVIII secolo da Wolfgang von Kempelen (il trucco era un uomo nascosto dietro gli ingranaggi), un server di coordinamento centrale scompone un dato compito, come, per esempio, il confronto di immagini o testi, in sottotask da assegnare a operatori umani. Questi ultimi eseguono i sottotask a loro assegnati e forniscono i risultati al server, il quale assembla le risposte e genera un risultato per il compito iniziale "basato almeno in parte sui risultati delle prestazioni umane". Per inciso, parecchie applicazioni dell'intelligenza artificiale propriamente detta (per esempio, l'apprendimento supervisionato) richiedono un lavoro preliminare di preparazione dei dataset che ha un costo altissimo in termini di tempo umano.

Oggi le organizzazioni (tutte private) che provano a ragionare in termini di "talent-as-code" trattano il lavoratore alla stregua di un "oggetto software" da incorporare in un flusso di lavoro programmabile e dinamico. Piattaforme

[15] Harinarayan V. *et al.* (1971), *Hybrid machine/human computing arrangement (U.S. Patent No. 7,197,459 B1)*, U.S. Patent and Trademark Office

[16] https://www.mturk.com/.

come Remote, Deel, Upwork e altre si offrono come marketplace di talenti, in grado di offrire al cliente un approccio "full stack" alla gestione delle risorse umane su scala globale.

Qualcuno si spinge fino a proporre l'impiego di "umani sintetici", simulacri digitali che abitano ambienti virtuali di varia estrazione e che, "alimentati dall'intelligenza artificiale, possono vedere, ascoltare e comprendere te, il tuo personale, i pazienti o i clienti, il che significa che possono ricreare conversazioni umane 'reali'", com'è spiegato nell'opuscolo illustrativo del progetto *UneeQ Digital Humans*[17]. Una risposta nativamente *onlife* al sogno antichissimo dell'umanità di creare artificialmente creature simili a sé (dal Golem all'*homunculus* degli alchimisti, dal Frankenstein "moderno Prometeo" ai robot di Čapek[18]), che persegue però l'obiettivo squisitamente orientato al business di un'efficienza illimitatamente scalabile.

La metafora computazionale è esplicitata anche in un libro dal titolo inequivocabile: *The Human Cloud*[19]. Gli stessi autori però non colgono l'intera portata di un cambio di paradigma così radicale quando descrivono la nuova organizzazione del lavoro soltanto in termini di rapporto con gli strumenti digitali: "[...] il cloud umano è proprio il modo in cui lavoriamo nel cloud. Non è un singolo strumento o prodotto. Piuttosto, è una raccolta di strumenti e applicazioni che trasformano il modo in cui lavoriamo, da un lavoro con un ufficio fisico a un mondo digitale, remoto e basato sui risultati".

Un buon design organizzativo e tecnologico non dimentica i rischi. Per il progetto *Curriculum Veto*[20] al Teatro Nazionale dell'Aia dedicato all'analisi dell'"incorporazione della vita nel lavoro", Silvio Lorusso ha descritto efficacemente il proprio "microcalendario": "Imposta più allarmi, scansiona un codice QR, attendi che qualcuno si unisca alla chiamata, riempi le disponibilità per una riunione, recupera e/o modifica le password, accetta di leggere (a malapena) i termini di servizio, risolvi una serie di captcha, digita mentalmente delle e-mail e dimentica di inviarle... Un pulviscolo di microattività e minipassività finisce per mangiare una parte sostanziosa della tua giornata"[21].

[17] https://digitalhumans.com/.

[18] Precedenti letterari che trovano spazio nella *Risoluzione del Parlamento europeo del 16 febbraio 2017* recante raccomandazioni alla Commissione concernenti norme di diritto civile sulla robotica.

[19] Mottola M., Coatney M.D. (2021), *The Human Cloud. How Today's Changemakers Use Artificial Intelligence and the Freelance Economy to Transform Work*, HarperCollins, New York.

[20] Het Nationale Theater (2022), *Curriculum Veto*, Den Haag.

[21] Lorusso S. (2022), *What did I do all day?!?*, https://www.instagram.com/p/CfTVEl-pI_as/ (trad. nostra).

Dietro l'efficienza del paradigma Talent-as-a-Service, ma anche nella vita quotidiana del lavoratore *in smart*, troviamo quella "collisione di microinterazioni digitali", quella "esplosione di microlavorazioni" che per Bogost sono i sintomi dell'"iperoccupazione"[22]. La cooperazione umano-macchina, o meglio la cooperazione mediata dalla macchina all'interno di team i cui membri sono umani e macchine, finisce per frammentarsi in un "pulviscolo" di microcompetizioni.

E torna così, sottilmente, l'angoscia. Prendiamo l'e-mail: per Bogost l'e-mail è "una pentola in costante ebollizione. Come Sisifo che spinge il suo masso, leggiamo, rispondiamo, cancelliamo, cancelliamo, cancelliamo, solo per scoprire che nel frattempo sono arrivati ancora più messaggi. Un'intera industria del *time management* è esplosa attorno alla posta elettronica [...]. L'idea che gestire la comunicazione per un lavoro ora richieda una letteratura specializzata di auto-aiuto ha in sé il germe di una nuova angoscia"[23].

Se anche il rischio di una "uberizzazione", di una trasformazione del rapporto di lavoro in una serie di prestazioni puramente "on demand" e mediate da piattaforme e algoritmi, è concreto, dall'altra parte queste forme avanzate di smart working, in cui il lavoratore presta la sua opera a una pluralità di soggetti datoriali operando rigorosamente per obiettivi e modulando il proprio impegno all'interno di team in continua evoluzione, sulla base di un carico di lavoro estremamente dinamico, costituiscono un'indubbia opportunità per i grandi bacini globali di forza lavoro qualificata e a basso costo.

Richard Baldwin chiama *globotics*[24] la combinazione di questa forza lavoro e delle tecnologie digitali che, riducendo i costi di transazione sul capitale umano, le consentono di penetrare in mercati che prima le erano preclusi, con un impatto disruptive su moltissimi settori. Le tecnologie digitali, scrive Baldwin, semplificano l'inserimento dei lavoratori remoti nei team locali, con il risultato "inevitabile" che i lavoratori domestici dovranno affrontare la nuova concorrenza di "stranieri di talento che lavorano dall'estero" a basso prezzo. Non è un segreto, del resto, che anche i modelli di business di molte società di consulenza consistano, in ultima analisi, nell'impiego di team off-shore o near-shore coordinati da un punto di contatto "locale" con il cliente.

[22] Bogost I. (2013), "Hyperemployment, or the Exhausting Work of the Technology User", *The Atlantic*, 8 novembre.

[23] Trad. nostra.

[24] Baldwin R. (2019), *The Globotics Upheaval. Globalisation, Robotics and the Future of Work*, Weidenfeld & Nicolson, London.

La sfida qui non è tanto, come sostiene semplicisticamente Baldwin, puntare sui lavori ad alto contenuto di soft skill o di intelligenza emotiva perché sarebbero quelli più difficilmente aggredibili dall'automazione, ma far leva sull'accesso al mercato del lavoro globale grazie allo smart working e al remote working per migliorare le condizioni dei lavoratori a ogni latitudine.

E se il capo fosse un algoritmo?

"Le tecnologie digitali", scrive Francesco Nasi[25], "hanno sicuramente il pregio di consentire una comunicazione più rapida, ma è proprio questa rapidità che deve essere vista con occhio critico. Spesso, infatti, la velocità della comunicazione va di pari passo alla richiesta di essere costantemente disponibili e reperibili, a volte anche fuori dall'orario di lavoro".

Nel sostenere la tesi che "non solo diventiamo più dipendenti dagli strumenti tecnologici in sé [...] ma diventiamo anche più dipendenti da chi esercita di fatto il controllo di questi mezzi", Nasi cita naturalmente *La società della stanchezza*[26] di Byung-Chul Han, ma anche *Il tuo capo è un algoritmo. Contro il lavoro disumano*[27] di Antonio Aloisi e Valerio De Stefano. Questi ultimi nel loro saggio, pur riconoscendo che la tecnologia può essere utilizzata "per cambiare in positivo la vita e il lavoro, a patto di non lasciare che il settore del *tech* si autoregolamenti pretendendo di governare le decisioni pubbliche quale unico arbitro del nostro destino", si sforzano "di mettere in guardia su come alcune applicazioni tecnologiche possano essere usate per sottoporre tutti a regimi di sorveglianza invasiva e continua, anche sul lavoro (accrescendo il livello di stress e annullando gli spazi più intimi di riservatezza)". Uno sguardo critico che correttamente individua nel diritto "un alleato dell'innovazione autentica" perché "consente parità di condizioni tra operatori in competizione, abilita le sperimentazioni più rischiose e ne protegge i risultati, media tra posizioni dissonanti e interessi in conflitto, amministra i costi di transazione, assicura certezza e programmabilità, riequilibra gli scompensi e sanziona le posizioni dominanti".

[25] Nasi F. (2022), "La tecnologia doveva farci lavorare 3 ore al giorno e invece siamo ormai tutti schiavi del lavoro", *The Vision*, 15 giugno.

[26] Byung-Chul H. (2015), *The Burnout Society*, Stanford University Press, Stanford (trad. it.: *La società della stanchezza*, Nottetempo, Roma, 2020)

[27] Aloisi A., De Stefano V. (2020), *Il tuo capo è un algoritmo. Contro il lavoro disumano*, Laterza, Roma-Bari.

Qui però vorrei ribaltare i termini della questione. Se è vero che lo smart working sostituisce la prestazione legata alla presenza presso il luogo di lavoro con una prestazione (o addirittura con la costruzione di una leadership) basata sul raggiungimento di obiettivi, parte delle prerogative tradizionalmente costitutive della figura del capo vengono "diffuse" nell'organizzazione e interiorizzate dai singoli lavoratori. Ciò che resta, e in particolare l'attività di ottimizzazione delle risorse e la capacità decisionale, non potrebbe essere delegato a una macchina, a un algoritmo?

In altri termini, possiamo immaginare un futuro senza capi? Diverse voci[28], specialmente nel mondo anglosassone, si sono levate per proporre di sostituire i CEO (considerato anche il loro costo) con un'intelligenza artificiale, in particolare con quella che IBM chiama *decision intelligence*[29].

Molto più realisticamente, il successo di un'organizzazione sarà correlato sempre più fortemente alla capacità di sviluppare una collaborazione più efficace tra i suoi talenti umani e i suoi asset digitali, e questo a ogni livello, vertici inclusi. Il bravo manager, nel privato come nella pubblica amministrazione, saprà coniugare qualità e competenze squisitamente umane, non trasferibili a una macchina, con una padronanza profonda degli strumenti digitali a supporto del suo ruolo.

[28] Dunn W. (2021), "CEOs are hugely expensive – why not automate them?", *New Statesman*, 26 aprile.

[29] Kuttappa S. (2020), "The rise of decision intelligence: AI that optimizes decision-making", *Journey to AI Blog*, 7 giugno, IBM.

3 La dimensione organizzativa

di Andrea Emanuele Apostolo

I processi di sviluppo organizzativo a supporto dello smart working

L'avvento dello smart working su vasta scala, imposto e accelerato dall'emergenza Covid-19, ha dato impulso a un rapido cambiamento dei sistemi organizzativi, offrendo spazio a nuove soluzioni per il coordinamento delle attività lavorative e inducendo così un ripensamento complessivo dei modelli operativi adottati da aziende grandi e piccole, pubbliche amministrazioni, enti del terzo settore e agenzie internazionali.

La dimensione organizzativa riveste pertanto un ruolo importante, sia nelle capacità di adattamento degli ambiti del lavoro alle nuove esigenze (nella fase contingente e di transizione) sia nei processi di settaggio a tendere degli ambiti del lavoro (nella fase di stabilizzazione).

L'impatto della pandemia nel mondo della produzione dei beni e dell'offerta dei servizi ha comportato, tra le sue conseguenze più impattanti, la necessità di definire approcci di business continuity estremamente sofisticati per far fronte a livelli crescenti di gestione delle contingenze. Al contempo si è fatta largo l'esigenza di delineare percorsi di trasformazione non più eludibili, per consentire il pieno dispiegamento delle tecnologie digitali da tempo ormai già applicabili (digitalizzazione dei flussi informativi e dei meccanismi decisionali, dematerializzazione dei documenti, automazione dei processi, gestione evoluta delle comunicazioni da remoto, superamento delle interazioni human per i contesti ad alto potenziale di virtualizzazione).

L'osservazione dei movimenti che hanno condizionato le comunità produttive e professionali nei passaggi più acuti della pandemia e nei piani di ripresa non può non aver considerato la centralità della coesione sociale, nelle iniziative di gestione dell'emergenza e di graduale ripristino della normalità.

A prescindere dalle inevitabili e drammatiche contraddizioni che possono sorgere in una siffatta crisi, le capacità di tenuta e di rilancio emerse sostanzialmente a tutti i livelli della società hanno innescato un circolo virtuoso sulla fiducia nelle abilità di coordinamento delle attività umane.

Alle potenzialità tecnologiche si sono dunque affiancate le competenze relazionali. Il mix delle due componenti ha rappresentato quindi uno dei principali abilitatori per l'affermazione dello smart working. E la combinazione di questi macrofattori è stata inevitabilmente guidata anche da scelte di natura organizzativa.

Lo studio della dimensione organizzativa si inserisce pertanto nelle analisi riguardanti i metodi di applicazione delle tecnologie di smart working alle attività umane, a partire dagli ambiti coinvolti (a livello sia macro sia micro dei ruoli lavorativi) passando per la progettazione multidisciplinare del cambiamento (a breve, medio e lungo termine) e la sua conseguente realizzazione, per arrivare fino alla misurazione tecnica dei risultati dell'implementazione delle iniziative di trasformazione.

La maturazione delle considerazioni finali sulle performance attualmente registrate, con l'insieme delle possibili azioni correttive, richiede naturalmente un approccio modulare, da calibrare in funzione delle peculiarità di contesto e della straordinarietà del livello di sfide che i diversi ambiti lavorativi hanno affrontato e stanno tuttora affrontando per adeguarsi alle nuove realtà tecnologiche e sociali.

Le aree di applicazione dello smart working

La scelta di ricorrere allo smart working è stata, per svariato tempo, materia di dibattito, con posizioni spesso distanti, vuoi per ragioni tecniche e normative, vuoi per decisioni deliberate di chi ricopre posizioni di guida delle organizzazioni.

L'arrivo della pandemia ha dimostrato che sono superabili gran parte delle esitazioni tecniche e normative, portando così al centro della discussione le opportunità di questo nuovo scenario dello smart working "di massa", in contrapposizione ai pareri di coloro che prediligono il lavoro in presenza, senza se e senza ma. Pareri, questi ultimi, il più delle volte orientati a esaltare il valore del controllo e della disponibilità immediata dei propri collaboratori.

Una volta venuti meno i vari elementi di obbligatorietà legati alle misure sanitarie, i commenti più diffusi sulle decisioni di proseguire o meno sulla strada dello smart working assumono i contorni di un confronto culturale, se non proprio di un'arena politica.

Ma al di là delle contrapposizioni tra fazioni, c'è un terreno di dialogo scientifico che da tempo si va affermando, con molteplici studi sugli ambiti di attività che possono prestarsi o meno alla modalità dello smart working. Questo dialogo è iniziato anni or sono, ben prima dell'emergenza da Covid-19 e della conseguente necessità di evitare in tutti i modi gli assembramenti in ambito lavorativo per scongiurare i rischi di contagio. Con l'avvento della pandemia, i responsabili di aziende e strutture pubbliche hanno quindi potuto beneficiare degli approfondimenti scientifici avviati nel passato e le soluzioni già studiate hanno quindi consentito un passaggio non troppo doloroso al nuovo paradigma.

Le direzioni delle società e degli enti pubblici, insieme ai consulenti e ai centri di ricerca chiamati a consigliare le vie migliori, hanno attinto a piene mani da questi studi, riuscendo a non farsi trovare troppo impreparati rispetto a una sfida di proporzioni davvero storiche.

Le misure governative di contenimento del contagio hanno fatto poi la loro parte, sostituendosi ai decisori delle organizzazioni e fissando regole tassative cui allinearsi. Inutile aggiungere che nelle fasi di maggiori restrizioni le possibilità interpretative non potevano che essere ben poche; dunque, la scelta obbligata dello smart working ha tolto dall'imbarazzo chi è tenuto a prendere questo genere di decisioni nelle direzioni aziendali e nei vertici degli apparati pubblici.

Nelle fasi di normalità (o di normalizzazione, che possono immediatamente seguire a quelle di restrizione sanitaria), l'approfondimento sull'opportunità di ricorrere alle soluzioni di smart working rappresenta ormai un momento di riflessione ineludibile, su cui non si può più genericamente sorvolare facendo leva sulle possibili difficoltà di natura tecnica e normativa.

Le leadership delle organizzazioni non possono pertanto più sottrarsi dal rendere conto ai propri stakeholder delle convenienze (economiche per le realtà profit e di utilità sociale per quelle non profit) generate dalle opportunità offerte dallo smart working. La convenienza è divenuta infatti uno dei principali razionali che guida l'analisi delle scelte riguardanti i settori da ricondurre al nuovo paradigma dello smart working.

Nel prosieguo di questa sezione vengono riportati i principali ambiti tipicamente presenti in una comunità lavorativa e per ciascuno di essi vengono trattate le possibili applicazioni dello smart working.

Attività on field

Le professioni che più tipicamente richiedono la gestione in presenza sono tutte quelle che necessitano di una serie di dinamiche di natura fisica e contestuale, con l'apporto di beni e strumentazioni da utilizzare in collegamento con altri soggetti e/o con l'impiego di macchinari e sistemi da adoperare attraverso azioni combinate con altri elementi del processo di lavorazione.

Si tratta di operatività prolungate nel tempo, caratterizzate sia da un elevato tasso di interazione con le infrastrutture funzionali alla realizzazione del bene o del servizio sia da un intenso interscambio di materiali con i fornitori e i fruitori del processo.

In questa gamma di attività rientrano svariate tipologie di professioni, quali a titolo indicativo: le maestranze nei campi agricoli, i tecnici di una catena produttiva per specifiche lavorazioni che richiedono attività in presenza, la manodopera di un cantiere o di una filiera distributiva, i tecnici che debbono intervenire manualmente su infrastrutture informatiche e hardware, gli operatori dei trasporti, gli addetti alle pulizie e alla hospitality, il personale di un locale commerciale e di ristorazione, gli attori e i tecnici del settore teatrale e audiovisivo, gli artisti che necessitano dei propri strumenti di laboratorio, gli operatori delle professioni sanitarie e di aiuto/cura della persona, i parlamentari, i giornalisti e i rappresentanti delle cariche pubbliche chiamati a seguire attività istituzionali, nonché i componenti delle forze armate e di polizia.

Rientrano in questo ambito, ma con un minore tasso di interazione diretta con le strumentazioni dei processi lavorativi e con i corrispondenti fruitori, anche quelle professioni legate principalmente alle attività di assistenza di clienti e utenti. Il minore tasso di interazione diretta con gli stakeholder ha consentito in molteplici casi di remotizzare l'attività, permettendo per esempio a un operatore di call center di rispondere da casa alle telefonate dei clienti oppure a un dipendente pubblico addetto al front end di fissare un meeting da remoto con l'utente che ha richiesto la prenotazione di un appuntamento. Quest'ultima casistica è in realtà molto disomogenea, in quanto il suo fattore abilitante dipende dal livello di dematerializzazione degli atti, di digitalizzazione dei processi e di interconnessione delle banche dati della pubblica amministrazione.

Simile alla situazione precedente per le modalità organizzative, ma diverso per le ragioni sottostanti, è il caso dei processi basati su transazioni di natura immateriale (per esempio, le operazioni di natura finanziaria), per i quali non è il fornitore del servizio a caldeggiare il lavoro in presenza, quanto piuttosto il consumatore o l'utente, che continua a privilegiare il contatto diretto con l'operatore, principalmente per motivi ascrivibili a un basso livello di alfabetizzazione informatica oppure per ragioni legate al grado di confidenzialità della transazione.

Questa fattispecie è comunque sempre più protesa verso la transizione in smart working, grazie ai numerosi investimenti degli operatori di settore (si pensi ai progressi osservati nel fintech e nelle banche senza sportello) e alle iniziative delle cosiddette palestre digitali che stanno consentendo di recuperare i gap di consumatori e utenti.

Attività di supporto ai processi on field

Gli ambiti lavorativi che necessitano inesorabilmente di presenza fisica sono stati progressivamente perimetrati durante l'esperienza pandemica e ormai ci sono sempre meno dubbi sulle classificazioni che ne sono derivate.

Un ragionamento a parte merita quella sfera di mestieri che gravitano intorno a quelli la cui presenza fisica è ritenuta indispensabile. Si tratta di quella fascia di attività immediatamente adiacente ai processi gestiti necessariamente in sede, per la quale la scelta di ricorrere o meno allo smart working può essere legata a motivi di natura tecnica (anche se talvolta vi può essere anche una valutazione più discrezionale, connessa all'esigenza di avere la rassicurazione di un rapporto diretto e costante con la risorsa).

Le ragioni tecniche dell'impossibilità o impraticabilità dello smart working sono riconducibili a quelle tipologie di mestiere a sostegno delle attività in sede, la cui non presenza può generare perdite di sincronicità e tempi di setup che allungano la durata dei processi, aumentando i costi e diminuendo l'efficienza.

Per ovviare a queste limitazioni, sono comunque da approfondire nuovi meccanismi di interazione ibridi, che garantiscano un collegamento in continuità tra risorse in sede e risorse in remoto. È pensabile ipotizzare forme di video o audioconferenza in modalità prolungata (ovviamente nel rispetto delle normative vigenti), allo scopo di gestire in tempo reale scambi informativi e confronti "faccia a faccia" tra colleghi. Si pensi all'esempio delle sale operative delle forze dell'ordine, in costante contatto con gli operatori di sicurezza dislocati per strada: i meccanismi di interazione peer-to-peer e continuativa tra l'operatore su strada e quello in centrale (dunque in remoto/remotizzabile) consentono di mettere a fattor comune informazioni utili che mirano a massimizzare l'impiego delle risorse.

Un altro esempio interessante è quello dei servizi di segreteria: il ricorso ad assistenti di direzione che operano da remoto costituisce un modello di funzionamento rodato da tempo, ben prima del Covid. Le grandi organizzazioni hanno varato modalità di gestione delle attività di segreteria in formato pool, cioè tramite squadre di assistenti – coordinati da un focal point unico – non applicati su un singolo settore, bensì polifunzionali e dunque a supporto di molteplici settori. In taluni casi si è fatto un ulteriore passo verso l'esternalizzazione di tale attività, tramite fornitori esterni specializzati nella gestione di impegni/meeting professionali e delle operatività a supporto dell'organizzazione delle agende.

Attività di istruzione, ricerca e sviluppo, centri di consulenza

I processi riguardanti la produzione di elaborazioni concettuali e di nuovo sapere umano possono essere gestiti da remoto fintanto che non è necessario l'utilizzo di sofisticate apparecchiature di analisi e misurazione (dunque non installabili presso il domicilio dei lavoratori) e/o fintanto che non occorre la consultazione di elementi tecnici e documentazioni non dematerializzabili (anche per ragioni legate al segreto industriale). Può dunque farsi strada anche un modello di presidio ibrido, da applicare a tutti quei poli di sviluppo e gestione delle conoscenze, umanistiche, tecnologiche, ambientali e ovviamente artistiche (si pensi per esempio a un esperto di moda che può studiare le grafiche da software di design sul proprio PC di casa, ma ha la necessità di valutare la consistenza di stoffe e tessuti presso i fornitori o nei propri laboratori); fattore abilitante di questo modello ibrido è la possibilità di differenziare momenti di concettualizzazione remotizzabili da fasi di studio e lavorazione in cui la gestione in presenza è ineludibile.

Alla produzione del sapere segue la sua divulgazione, nelle sue diverse forme. È ormai di uso comune l'espressione "didattica a distanza", una soluzione tecnologica ormai affermata come conseguenza della stagione pandemica.

È bene ricordare, tuttavia, che le piattaforme di e-learning esistono ormai da molto tempo, ben prima della diffusione del Covid-19; si pensi alle università telematiche e ai webinar, due casi tra tutti, che hanno formato e aggiornato negli ultimi dieci anni schiere di professionisti dei più svariati campi. Si tratta dunque di un nuovo paradigma di istruzione diffuso, con una valenza ormai comprovata, focalizzato su un target di fruitori che mira essenzialmente ad acquisire – da questi contenuti formativi – skill utili per la propria vita professionale.

Vi è a ogni modo un altro modello di istruzione diffuso, per certi versi più tradizionale e irrinunciabile per il suo ruolo educativo e non solo didattico, che è rappresentato da scuole, istituti superiori e università. Il suo focus è combinare la trasmissione del sapere culturale con quello della relazione e della socialità. Per questo paradigma di istruzione si può ovviamente auspicare un'integrazione dell'offerta formativa che passi tramite il canale di interazione digitale e aumenti ulteriormente il livello di servizio reso.

Al tempo stesso è bene salvaguardare l'istruzione in presenza, pena il rischio di un arretramento del concetto stesso di sistema diffuso, a vantaggio di modelli ormai anacronistici e legati alle differenze di censo (per esempio, il ruolo del precettore, mestiere ritenuto ormai estinto, ma che è stato in qualche modo rievocato durante i periodi di applicazione massiva della didattica a distanza, da chi persegue l'idea di un modello di accesso al sapere esclusivo, correlato alle disponibilità economiche della famiglia).

Attività di staff

Le attività amministrative delle compagnie aziendali, delle strutture pubbliche e non profit tendono a riguardare di norma operatività che attengono a processi non "core" e svolti tipicamente in osservanza di procedure formali e adempimenti normativi.

Generalmente a queste attività afferiscono la selezione e l'ingaggio dei fornitori, la direzione finanziaria, la gestione del personale, il settore legale e dei controlli interni (audit e compliance), il coordinamento dei supporti per information technology, real estate e facility. Per tali perimetri può essere molto agevole e percorribile il ricorso allo smart working, non essendovi generalmente vincoli di collegamento diretto con i processi di gestione delle attività in presenza.

L'eccezione può riguardare quelle situazioni connesse con la gestione degli stessi ambienti di lavoro (si pensi alle operatività legate al funzionamento tecnico delle sedi, quali gli accessi agli immobili, la manutenzione delle postazioni e delle dotazioni di lavoro, il riordino delle sedi ecc.). Per questi casi, il lavoro in presenza rimane elemento imprescindibile, sebbene ottimizzabile tramite gli strumenti delle videosorveglianze e delle funzionalità attivabili da remoto (per esempio, strumentazioni per gestire a distanza le utenze e gli accessi).

Attività executive

I contesti lavorativi più legati alle leadership delle organizzazioni sono caratterizzati da fasi di relazione con una valenza particolarmente complessa, che richiede momenti di analisi e di confronto diretti, molto spesso basati su dialoghi *vis-à-vis*. Queste dinamiche sono infatti legate a interazioni che necessitano inevitabilmente di un'elevata dose di empatia in quanto i soggetti in questione hanno la necessità di misurare personalmente il grado di fiducia degli interlocutori. Tale circostanza è tanto più enfatizzata quanto più è grande la scala dimensionale dell'organizzazione.

Si pensi a un executive meeting, in cui l'amministratore delegato deve chiedere conto a un suo top manager di risultati particolarmente negativi e discutere le contromosse. In queste fattispecie possono rientrare anche le trattative di business riservate, in particolare il culmine di quelle fasi di sviluppo commerciale che impongono un confronto in presenza tra i massimi esponenti delle parti negoziali.

Un altro esempio di rilievo può riguardare le riunioni degli organi sociali (consigli di amministrazione, collegi sindacali). Questo tipo di meeting può essere ovviamente svolto da remoto, specie perché ordini del giorno e relativi documenti in discussione vengono spesso fatti circolare in anticipo. Vi può essere tuttavia l'esigenza di trattare di questioni estremamente strategiche, per le quali il confronto in presenza diviene essenziale.

L'adeguamento dei ruoli e delle competenze ai nuovi modelli di lavoro

L'evoluzione delle competenze decisionali e relazionali nei diversi livelli degli ambiti lavorativi è da tempo passata per una progressiva degerarchizzazione dei rapporti professionali. È una tendenza nota da tempo che ha sostanzialmente riposizionato le capacità di leadership, dall'impartizione di istruzioni precise, unita a una concezione gerarchico-militare dell'approccio capo-collaboratore (basato sull'alternanza dei registri "severo" *vs* "bonario"), alla gestione della coesione e dell'integrazione, in combinazione con una sofisticata capacità di ascolto. In questo ambito si inserisce il concetto di Leadership Gentile, promosso in particolare da Guido Stratta[1], che contribuisce a favorire un nuovo paradigma culturale della managerialità, volto ad adeguare i meccanismi direzionali orientandoli sempre più verso una dinamica capo-collaboratore più evoluta e più in sintonia con le nuove forme di interazione sociale.

La nuova managerialità ha pertanto già abilitato modelli di lavoro più *lean*, dove il coordinatore non deve promulgare editti o dare ordini, ma con empatia e intelligenza sociale guida i propri team. Questa evoluzione del sistema di guida e coordinamento delle organizzazioni ha di certo rappresentato un elemento chiave per l'affermazione dello smart working.

[1] Straniero Sergio B., Stratta G. (2021), *RI-eVOLUZIONE. Il potere della leadership gentile*, FrancoAngeli, Milano.

Inevitabilmente, capi più legati ai vecchi modelli hanno fatto e fanno più fatica a cementare i nuovi rapporti di lavoro in modalità a distanza. Non è ovviamente solo una questione di tecnicalità e di padronanza degli strumenti informatici. Tale complessità è molto legata alle capacità di interazione in una modalità nuova, dove viene meno lo scambio visivo diretto, il linguaggio metaverbale; si tratta di fattori che hanno sempre rappresentato le basi del carisma dei capi, sostenendoli nella loro azione di coordinamento di colleghi e collaboratori.

Stare davanti a un monitor, magari in call e non in video, può comportare per i capi serie difficoltà nel raccogliere consenso tra i componenti del team. Spesso il cenno di intesa è molto più efficace di tante parole; è dunque inevitabile il dover constatare che la capacità del capo di ottenere la condivisione della propria linea attraverso lo sguardo di approvazione espresso – in silenzio – dai collaboratori in presenza ha rischiato di incepparsi di fronte al fondo indistinto di una riunione via Skype o Teams.

Qualche dipendente ha usato e usa lo schermo del proprio monitor come schermo della propria autonomia professionale, travisandone la funzionalità. La sostituzione della comunicazione in presenza con quella virtuale, con la conseguente possibilità di fare anche ricorso alla messaggistica dei social aziendali e ai relativi scambi asincroni, ha infatti consentito a una certa parte del personale, incline a posizioni di contrasto verso il proprio coordinatore, di farsi forte grazie alla distanza spaziale offerta dallo smart working e di rendersi più resistente rispetto alle capacità di persuasione che il capo solitamente mette in atto tramite la comunicazione non verbale e paraverbale.

L'incisività del rapporto capo-collaboratore fa sempre più perno sulle soft skill del manager e sulla sua capacità di coinvolgere tutta la squadra, inclusi i soggetti che posti dietro a un monitor ritengono di poter intavolare una dialettica di contrasto. Lo status symbol professionale è in realtà un retaggio del passato e ormai la stragrande maggioranza dei manager non si serve più degli strumenti della gerarchia per affermare il proprio ruolo.

In un ambiente virtuale in cui scompaiono gli status symbol, quali la possibilità di ricevere nel proprio ufficio di rappresentanza o nella sala riunioni corporate, di far attendere all'ingresso della propria porta, l'arrivare in auto aziendale, il manager ancorato a schemi di collaborazione anacronistici fatica a tenere il passo.

La leadership moderna viene dimostrata sul campo, il capo sa essere tale quando, con il proprio carisma e con le proprie abilità relazionali, indirizza l'agire dei propri collaboratori. Con le stesse modalità interagisce con i colleghi di altre strutture per orientarne l'operato nella direzione ritenuta più opportuna.

La capacità di convinzione e persuasione si nutre, come noto, non solo della comunicazione verbale, ma dei luoghi fisici, della prossemica e del linguaggio non verbale e di quello metaverbale. Con il lavoro a distanza viene meno tutto questo setting di relazione e si rende necessario un reset, che riporta il manager al centro del network di riferimento attraverso una sua rinnovata capacità relazionale, ancora più orizzontale di quanto si sia assistito finora.

La call singola e la call conference o videoconference diventano nuovi luoghi da abitare e da umanizzare, superando l'impatto iniziale che può provenire dalla percezione di "freddezza" che lo strumento promana. Nuove tecniche di ice-breaking via via si sono affermate e nuove forme di coinvolgimento si sono intraprese, per favorire il più possibile la massima inclusività dei team, rimarcando l'importanza del restituire un feedback e di riportare la giusta rilevanza al valore dell'argomentazione nel dialogo, così da fugare tentativi di isolamento silenzioso e di contrapposizioni il più delle volte strumentali.

Sempre in tema di managerialità, con lo smart working nascono nuovi luoghi per la gestione della cosiddetta osmosi manageriale. I manager, specie i più performanti, tendono a "nutrirsi" di osmosi manageriale, incontrandosi e scambiandosi informazioni preziose. L'assenza dei luoghi fisici dell'incontro induce un ripensamento delle occasioni di confronto tra i manager, tramite i nuovi canali di comunicazione (per esempio, gruppi selezionati su WhatsApp per inviare messaggi e fare videochiamate informali tra comunità ristrette, gruppi selezionati su Teams per attivare rapidamente una call, senza passare per la classica invitation del meeting, così da affrontare in modo celere temi di natura urgente) e tramite il rafforzamento degli strumenti tradizionali (per esempio, la chiamata telefonica al di fuori degli orari di lavoro per rinforzare i legami e scambiarsi opinioni su situazioni lavorative da seguire con attenzione).

I modelli di lavoro si evolvono, dunque, non tanto in suddivisione delle responsabilità e variazioni dei volumi, quanto nelle competenze relazionali riguardanti le regole di ingaggio e coordinamento. La tendenza è pertanto quella di un'organizzazione fluida, già in qualche modo sperimentata ampiamente in fase prepandemia e che lo smart working "forzato" dal lockdown ha in qualche modo elevato a nuova forma di coordinamento intrafunzionale e interfunzionale, ivi compresi i rapporti con i soggetti esterni che interagiscono con gli attori interni con approcci che assecondano le modalità del lavoro per obiettivi.

Le nuove abilità relazionali del manager qui discusse fanno ovviamente il paio con quelle dei collaboratori, anch'essi chiamati naturalmente a una sfida di rigenerazione delle proprie skill: le competenze di coordinamento orizzontale, il saper accettare la delega del proprio responsabile come un'opportunità, la proattività nella risoluzione dal basso dei problemi di coordinamento con le altre strutture (senza dover dunque ricorrere all'escalation sui capi), il know-how del fare rete con gli altri colleghi per creare comunità professionali trasversali che facilitano il dialogo interfunzionale, superando i limiti inevitabilmente derivanti dalle caratteristiche verticali di qualsiasi organizzazione.

Parliamo di skill che possono sembrare di uso comune; eppure, nelle organizzazioni sono una risorsa estremamente scarsa in quanto il verticismo tende molto spesso a creare compartimenti stagni, che neppure gli assetti a matrice riescono a mitigare. E talvolta tale degenerazione verticistica è un alibi allettante per chi intende limitare al minimo la propria intraprendenza.

Il lavoro a distanza genera nuovi spazi di comunicazione orizzontale e nuove forme di collaborazione. Lo stare a casa e la conseguente "scomparsa" dei muri dei propri uffici, unita all'assenza fisica del proprio responsabile, può rendere il professionista in smart working più propenso ad agire in logica bottom-up, attivandosi in via diretta con colleghi, della propria funzione come di altri settori, per facilitare il funzionamento dei processi e ritrovare una forma di soddisfazione derivante dagli esiti positivi prodotti dalle proprie autonome capacità di indirizzo e monitoraggio.

La progettazione organizzativa per il ridisegno di strutture e processi

L'adeguamento dei modelli operativi alle nuove modalità di lavoro in remoto ha riguardato principalmente i processi di micromanagement, lasciando inalterati gli assetti organizzativi più complessivi che possono continuare a funzionare senza particolari variazioni, perché lo smart working ha dimostrato che gli assi fondamentali alla base del coordinamento generale tra le strutture non risentono oltremodo del cambiamento tra il lavoro in presenza rispetto a quello a distanza.

Cambiano dunque le logiche dell'organizzazione più operativa ed ecco emergere e affermarsi gli approcci vocati alla Lean Organization, tra cui svettano le soluzioni cosiddette Agile, nelle quali le impostazioni metodologiche pensate per l'interazione tra i colleghi sono modulate per adattarsi nel continuo, in modo efficace ed efficiente, al variare delle condizioni di contesto.

L'organizzazione Agile esiste da circa vent'anni e ha già dimostrato in molteplici ambiti la sua utilità, offrendo numerose e anche diverse opportunità di miglioramento dei processi, facendo in particolare perno sul principio della versatilità ricavabile da modelli di lavoro flessibili.

A prescindere dalle scuole di pensiero e dagli specifici modelli teorici su cui puntare, è opinione comune che già prima della crisi Covid si sono imposti all'attenzione dei ricercatori e dei leader delle organizzazioni nuove combinazioni di gestione delle competenze e dei volumi di lavoro improntate a paradigmi di funzionamento dei processi che trasformano il concetto di prestazione lavorativa, spostando il baricentro della produttività dal numero di ore lavorate al numero di risultati raggiunti (e ovviamente al livello di qualità di questi ultimi), intensificando gli sforzi per estendere il più possibile i meccanismi di definizione dei target individuali e i relativi sistemi di valutazione di performance dei lavoratori, rendendoli sempre più idonei a distinguere (e premiare) il reale contributo offerto da ciascuno di essi.

Una transizione non certo agevole, specie per quei contesti che non hanno ancora saputo riadattare gli irrinunciabili principi della work-life balance ai nuovi modelli orientati alla duttilità del lavoro.

Gli effetti collaterali sono presenti, come in ogni fenomeno umano, quando non viene correttamente ponderato il livello di compatibilità di questi nuovi modelli di lavoro ai contesti organizzativi. Ragionamento analogo vale anche per quei contesti organizzativi sui quali si è già testato positivamente il livello di compatibilità e si commette dunque l'errore di incrementare ulteriormente, senza i dovuti accorgimenti, il grado di flessibilità richiesto a manager e collaboratori.

Lo scenario è naturalmente mutevole e ancora molte novità si vanno rapidamente introducendo, con il progredire delle soluzioni tecnologiche applicabili nel mondo delle professioni.

Le comprensibili resistenze dei sindacati – che rappresentano fondate perplessità circa i rischi di sfruttamento a cui possono essere sottoposti i lavoratori che scambiano (e di fatto deregolamentano) lo svincolo dagli obblighi orari in ufficio con la disponibilità a lavorare da casa – sono il sintomo di un tasso di maturità non ancora sufficiente da parte delle organizzazioni, nei riguardi del bilanciamento tra opportunità e rischi offerti dallo smart working.

La risposta non può naturalmente essere una rinnovata versione del sistema delle corporazioni (come tristemente osservato in Italia durante il ventennio fascista), in cui le posizioni dei datori e dei prestatori di lavoro venivano fintamente riconciliate, con vantaggi (mai dichiarati ufficialmente, s'intende) a favore dei primi.

Stiamo ormai parlando di paradigmi completamente nuovi, che richiedono approcci multidisciplinari, dunque non solo organizzativi o normativo-sindacali, ma anche psicologici e sociali. Chi si occupa di ridisegnare le strutture e i processi non può quindi limitarsi a rimodellare asetticamente le proprie organizzazioni in chiave grettamente efficientista, ma deve avere uno sguardo di più ampio respiro, valutando la sostenibilità di tali innovazioni non solo nel breve termine ma anche nel medio-lungo periodo, in modo da garantire che il capitale umano si sviluppi in modo armonico con le evoluzioni dell'ecosistema che lo circonda.

Nelle campagne per le presidenziali 2022, in Francia, si è osservato il candidato Mélenchon presiedere e arringare contemporaneamente svariati comizi politici in svariate città, grazie alle tecniche dell'olografia; il suo risultato elettorale è stato considerato molto positivo, in quanto ha segnato un'importante affermazione della sinistra transalpina.

Senza andare oltre in questa digressione politica e senza proiettarci negli scenari del Metaverso, saremmo disposti a lavorare da casa (o da qualsiasi altro luogo che intendiamo usare per lo smart working), accettando che il nostro ologramma – con le opportune limitazioni di privacy – figuri in un ufficio della nostra organizzazione e possa interagire di fatto in presenza virtuale con gli ologrammi degli altri colleghi?

Probabilmente questo è un'opzione che può apparire a primo impatto distopica e lasciare dunque disorientati... ma nel medio-lungo termine tale genere di ipotesi potrebbe venire effettivamente alla ribalta e agli studi in materia verrà chiesto di fare la propria parte per consentire al mondo del lavoro di ritrovarsi nuovamente preparato, così come in buona parte è avvenuto durante i lockdown, per affrontare le sfide che la società e la tecnologia progressivamente rivolgeranno all'umanità.

4 La dimensione della sostenibilità

di Massimo Canducci

Che cos'è la sostenibilità

Quando si parla di sostenibilità si corre spesso il rischio di semplificare la questione concentrandosi unicamente sugli aspetti ambientali, al punto da attribuire l'aggettivo "sostenibile" a processi, tecnologie, prodotti o servizi che abbiano un impatto positivo sull'ambiente, trascurando al contempo altri aspetti che, spesso, sono altrettanto fondamentali.

Si parla quindi di "agricoltura sostenibile" indicando processi particolarmente rispettosi dell'ambiente, del consumo di acqua e di suolo e della riduzione dell'utilizzo di prodotti chimici. Allo stesso modo si parla di "trasporti sostenibili" quando riusciamo a spostarci o a muovere le merci utilizzando metodologie di trasporto a bassa, o nulla, emissione carbonica.

Questo approccio alla questione è estremamente limitante, perché gli aspetti ambientali costituiscono soltanto una parte dei molti temi che hanno a che fare con il concetto di sostenibilità.

La sostenibilità, infatti, è l'insieme delle caratteristiche che consentono a un sistema di assicurare che vengano soddisfatti i bisogni della generazione attuale senza compromettere le possibilità delle generazioni future di soddisfare i propri.

Stiamo dicendo, quindi, che lo sfruttamento di un qualunque sistema si può ragionevolmente compiere in modo sostenibile se si fa in modo che anche le generazioni future possano fare altrettanto; quello che è assolutamente da evitare è l'indebitamento, dal punto di vista delle risorse, a carico delle prossime generazioni, perché in questo caso non si opera più in modo sostenibile.

A prima vista potrebbe sembrare un obiettivo semplice da realizzare, invece sfortunatamente non è così: basti pensare che la popolazione della

Terra ogni anno consuma molte più risorse di quelle che il pianeta è in grado di metterle a disposizione, tanto è vero che in un certo giorno dell'anno inizia a consumare anche quelle dell'anno successivo, attivando quindi una specie di "debito di sostenibilità" verso il pianeta e di conseguenza, a tutti gli effetti e anno dopo anno, sottraendo quelle risorse alle generazioni future. Si tratta di calcoli precisi effettuati dal Global Footprint Network, un'organizzazione di ricerca internazionale che, oltre a calcolare questa data fatidica ogni anno, fornisce anche una serie di strumenti che potrebbero aiutare la popolazione della Terra a operare in modo più rispettoso nei confronti delle risorse del pianeta e a evitare di consumare quelle che appartengono alle generazioni successive.

Per il 2022 si è calcolato che questa data fatidica, chiamata "Earth Overshoot Day", sia fissata al 28 luglio. Dal giorno successivo abbiamo iniziato a consumare in anticipo quanto previsto per il 2023 in termini di risorse naturali, di accumulo di rifiuti e di immissione di anidride carbonica nell'atmosfera.

Per fortuna molte aziende nel mondo hanno iniziato a operare per essere il più possibile "carbon-neutral", cioè a "neutralizzare" le proprie emissioni di anidride carbonica in atmosfera grazie ad attività collaterali che contribuiscono a rimuoverne un'analoga quantità; questo è molto importante perché, quando si riesce a ottenere questo risultato, si agisce su tutti e tre i pilastri della sostenibilità.

I tre pilastri della sostenibilità

La sostenibilità non è un concetto monolitico, al contrario si può considerare da tre punti di vista differenti che vengono identificati come i tre pilastri fondamentali della sostenibilità.

- *Sostenibilità economica*: l'utilizzo, all'interno di un'organizzazione, di strategie che consentano l'impiego delle risorse esistenti in modo ottimale, per far sì che si possano ottenere benefici, in campo economico, nel medio e lungo periodo. Questo implica fare scelte oculate che consentano alle aziende di attivare progetti in cui i ricavi siano superiori ai costi, in modo da rendere l'azienda, nel suo complesso, efficiente e profittevole.
- *Sostenibilità ambientale*: consiste nell'utilizzo oculato delle risorse ambientali, per fare in modo che queste non diminuiscano durante il corso del tempo. Questo implica la necessità di prestare attenzione a tutte le scelte politiche e industriali che vengono compiute, per fare in modo

che l'impatto di qualunque scelta si traduca in benefici per l'ambiente o, come minimo, che l'impatto sia neutro.

- *Sostenibilità sociale*: è l'atteggiamento, di un'organizzazione o di una comunità, teso al miglioramento costante della vita delle persone o, come obiettivo minimo, all'evitare che vi sia un peggioramento. Questo si traduce in scelte di tipo politico, amministrativo e industriale che favoriscano il benessere della popolazione, cercando di venire incontro ai bisogni dei suoi membri, ma anche supportando la comunità in modo che le future generazioni possano stare sempre meglio o, come minimo, non peggiorare la loro situazione.

Questi tre concetti ci fanno capire che le scelte politiche, industriali e organizzative, per essere ritenute "sostenibili", devono considerare gli aspetti economici, ma anche quelli ambientali e sociali. Inoltre, quando si attivano nuove iniziative di innovazione in un'organizzazione o nell'amministrazione pubblica, è bene che queste siano nativamente sostenibili, cioè che vengano progettate sin dall'inizio considerando i tre pilastri della sostenibilità come elementi fondamentali per consentire il successo dell'iniziativa.

Valutare la sostenibilità

Dovendo lavorare su tre direttrici principali, quella economica, quella sociale e quella ambientale, si potrebbe avere la tentazione di valutare la sostenibilità di un progetto o di un'iniziativa utilizzando una scala per ogni direttrice, misurando la situazione precedente, stimando la situazione a posteriori e facendo delle valutazioni di impatto legate alla differenza sulle tre direttrici. A tal proposito esistono anche dei grafici triangolari in grado di evidenziare l'area della sostenibilità del sistema iniziale, l'area determinata dall'impatto della nostra iniziativa e, di conseguenza, individuare degli indicatori numerici complessivi abbastanza precisi, a condizione che le valutazioni sulle singole direttrici siano state effettuate in modo rigoroso.

Il problema di queste valutazioni è che spesso le scelte organizzative, i progetti industriali, le iniziative di innovazione o le tecnologie stesse hanno impatti sulla sostenibilità che dipendono fortemente dal contesto, dalle situazioni, dal periodo in cui si attuano e spesso esistono effetti collaterali non facilmente prevedibili che introducono ulteriori dimensioni di analisi in campi che inizialmente non si pensava potessero essere impattati dalla nostra singola iniziativa.

A titolo di esempio si consideri l'impatto sulla sostenibilità che può essere portato nelle nostre vite dai veicoli elettrici. A prima vista si potrebbe accogliere l'avvento di questa nuova forma di mobilità con grande entusiasmo per via del fatto che questi veicoli non inquinano nello stesso luogo in cui vengono utilizzati, di conseguenza essi vengono percepiti come "puliti". A un'analisi leggermente più approfondita, tuttavia, ci si rende conto che da qualche parte sarà necessario produrre quell'energia necessaria per caricare le batterie e quindi il vero impatto ambientale dipenderà fortemente dalla tipologia di energia utilizzata: se si tratterà di energia proveniente da fonti rinnovabili, allora l'intera filiera ci apparirà pulita, se invece si utilizzeranno fonti fossili e magari altamente inquinanti, allora potremo soltanto dire che l'impatto ambientale sarà stato spostato in un'altra zona e, forse (ma non è certo), contenuto con migliore efficienza.

Nasce poi la questione di analizzare l'intera filiera di produzione delle auto elettriche: qual è l'impatto ambientale necessario per produrre un veicolo elettrico? Paragonabile a quello di un veicolo a combustione? Più alto o più basso? Andando in profondità in questa analisi ci troveremo di fronte a ricerche dai risultati contrastanti, che analizzano solo in parte il problema e che spesso non portano ad alcun risultato concreto.

C'è poi la grande questione della produzione delle batterie, della loro efficienza, della loro durata e della necessità del loro smaltimento. Qual è la situazione reale?

Possiamo affermare con assoluta certezza che l'intera filiera di produzione di auto elettriche possa davvero avere, dal punto di vista della sostenibilità ambientale, impatti migliori rispetto a quelli delle auto tradizionali?

Infine, c'è il grande tema dell'approvvigionamento di materiali particolari, come le terre rare, che solitamente vengono forniti da Paesi che non sono molto attenti a quelli che noi, nel nostro fortunatissimo primo mondo, consideriamo importanti diritti dei lavoratori.

Qual è quindi l'impatto, in termini di sostenibilità sociale, di un mezzo di trasporto dedicato al primo mondo, con una filiera di produzione di cui non è completamente chiaro l'impatto ambientale e che per essere costruito ha bisogno di materiali che vengono estratti grazie allo sfruttamento di persone che vivono in Paesi meno fortunati del nostro?

Come si può immaginare, le risposte a queste domande non sono affatto semplici e, soprattutto, non consentono di dare una valutazione semplificata della sostenibilità dell'intero sistema. Non è possibile affermare con certezza che l'avvento dei veicoli elettrici nelle nostre vite avrà impatti positivi o negativi sui diversi aspetti della sostenibilità.

La sostenibilità dello smart working

Negli anni 2020 e 2021 la pandemia da Covid-19, limitando fortemente gli spostamenti, ha contribuito a un ripensamento globale delle modalità e delle opportunità di movimento. In moltissimi, per esempio, hanno imparato che alcune delle riunioni di lavoro che prima si considerava assolutamente essenziale che venissero svolte in presenza, in fin dei conti si possono anche fare a distanza con l'aiuto della tecnologia, ottenendo risultati paragonabili. Le aziende che sono andate, molto lucidamente e in anticipo, in questa direzione si sono accorte anche dell'effetto di abbattimento dei costi – basti pensare a quanto si risparmia tra treni, aerei, ristoranti, alberghi, indennità di trasferta dei dipendenti semplicemente non muovendosi e trasformando le riunioni in meeting da svolgersi online con una delle tante piattaforme a disposizione.

Come effetto collaterale positivo, oltre alla maggiore quantità di tempo da dedicare alla famiglia e agli interessi personali, c'è sicuramente un abbattimento delle emissioni generato dalle mutate necessità e dal fatto che le persone hanno viaggiato molto meno, utilizzando sempre meno treni, aerei, automobili e altri mezzi di trasporto inquinanti o energivori. Il tutto contribuisce, naturalmente, a diminuire l'impronta carbonica che è legata all'attività lavorativa delle persone e consente, di conseguenza, di migliorare sensibilmente l'impatto che la nostra società ha sull'ambiente, con indiscutibili vantaggi dal punto di vista della sostenibilità ambientale.

Tuttavia, come sappiamo, il tema della sostenibilità è più complesso e non comprende esclusivamente le tematiche ambientali, ma anche tutti gli aspetti economici e sociali che contribuiscono a realizzare un mondo migliore e più a misura degli esseri umani che lo abitano provvisoriamente nell'attesa di cederlo alle generazioni future dalle quali lo hanno ricevuto in prestito.

Se il passaggio obbligato al remote working e allo smart working ha contribuito in modo significativo alla riduzione delle emissioni e ha consentito a molte persone di avere più tempo libero, d'altro canto questo ha avuto come effetto collaterale una significativa riduzione dei flussi di ricavi che, fino a qualche mese prima, andavano con continuità verso il settore dei servizi e dell'accoglienza. Si tratta di un indotto enorme costituito dagli operatori dei trasporti, dell'accoglienza e della ristorazione, settori che si sono trovati in grossa difficoltà proprio a causa della consistente riduzione della domanda, al punto da dover essere aiutati con "ristori" *ad hoc* e decreti dedicati, in modo da scongiurarne la scomparsa imprenditoriale.

Quello che accade quindi è che numerosi fenomeni si verificano contemporaneamente, e non tutti vanno nella direzione ipotizzata della sostenibilità complessiva.

Molte aziende sono state in grado di ottenere consistenti risparmi sui costi a causa dell'attivazione del remote working. Hanno smesso di consumare energia elettrica, riscaldamento, condizionamento, personale per la sicurezza e i servizi generali e, in taluni casi, hanno proprio rinunciato agli affitti di intere palazzine di uffici risparmiando anche sui canoni di locazione.

Contemporaneamente si è avuta una diminuzione sensibile dell'impatto ambientale causato dal minore movimento delle persone e tutto il tempo di viaggio è stato trasformato, o almeno così sarebbe dovuto essere, in maggiore tempo libero per i lavoratori.

D'altro canto, abbiamo tutto l'indotto di servizi, fino al periodo precedente completamente a disposizione delle grandi quantità di lavoratori che passavano la loro giornata in ufficio, che è andato in enorme sofferenza, mettendo in condizioni di povertà milioni di famiglie, causando il fallimento di molte migliaia di piccole e medie imprese e generando impatti a catena sulle intere economie nazionali.

Non possiamo quindi affermare con certezza che quello che accade oggi con lo smart working, che è spesso basato su minore necessità di spostamenti, sulla possibilità di lavorare in luoghi e tempi che una volta sarebbero stati considerati inconsueti e tende a bilanciare al meglio la vita professionale con quella personale, abbia davvero impatti positivi sulla sostenibilità dell'intero sistema economico, ambientale e sociale in cui viviamo.

Da un lato meno spostamenti significano meno traffico, meno inquinamento e meno costi, dall'altro significano meno posti di lavoro per trasporti e servizi, con ricadute sociali non trascurabili.

Non è possibile quindi semplificare il concetto e dire che lo smart working contribuisce a una società più sostenibile, perché semplicemente non è vero. Le variabili in gioco sono talmente tante che andrebbero analizzati gli impatti sulle singole componenti sociali. Non è purtroppo possibile, e sarebbe scorretto, utilizzare semplificazioni che prendano in considerazione soltanto una parte di queste.

Quello che è possibile fare è usare indicatori differenti e più circostanziati e valutare, per ciascuno di essi, quale potrebbe essere l'impatto dello smart working su questi indicatori.

A questo proposito ci vengono in aiuto i 17 obiettivi di sviluppo sostenibile[1] che compongono l'Agenda 2030.

[1] United Nations (2022), *The Sustainable Development Goals Report 2022*.

Gli obiettivi di sviluppo sostenibile, e tutti gli indicatori di misurazione che nel tempo a questi sono stati affiancati, sono uno strumento fondamentale per misurare nel migliore dei modi l'impatto di un'iniziativa, di una scelta politica o imprenditoriale, sul mondo che avremo in futuro.

Le domande che dobbiamo porci sono: quello che sto per realizzare contribuisce a raggiungere i 17 obiettivi? In particolare, quali? In che modalità e in che tempi? Posso fare qualcosa anche per gli altri obiettivi?

È chiaro che, avendo 17 dimensioni di analisi e un numero enorme di indicatori, le cose si complicano ulteriormente, ma probabilmente l'analisi che si può fare sarà certamente di qualità migliore rispetto all'utilizzo delle più semplici tre direzioni di cui si parlava in apertura di capitolo.

Molti sono gli obiettivi direttamente impattati dallo smart working: proviamo ad analizzarli.

"Salute e benessere" è un obiettivo che ha nello smart working uno straordinario alleato: è indubbio, infatti, che lavorare con modalità meno stressanti e più rispettose del tempo e della vita personale dei lavoratori ha impatti diretti sulla loro salute e su quella delle loro famiglie.

Così come per le dimensioni "Lotta contro il cambiamento climatico" e "Città e comunità sostenibili", la possibilità di spostarsi solo quando necessario contribuisce a combattere il cambiamento climatico non solo perché introduce meno anidride carbonica in atmosfera, ma anche perché nel tempo contribuisce a cambiare la cultura degli spostamenti e si inizia a ragionare sull'effettiva necessità di spostarsi e sulle altre possibilità offerte dalla tecnologia. Questo ha, come effetto collaterale, città meno inquinate, meno trafficate, meno stressanti e più vivibili.

Anche la dimensione "Lavoro dignitoso e crescita economica" è impattata positivamente dallo smart working, anche se in questo caso bisognerebbe differenziare tra chi può realmente accedere a queste nuove modalità di lavoro e chi invece, a causa del lavoro che fa, non ha questa possibilità. Lo smart working introduce nuove modalità di relazione tra persone e aziende perché elimina in massima parte il limite geografico. I lavoratori possono scegliere di lavorare per aziende dall'altra parte del mondo, privilegiando altri aspetti che non siano geografici; le aziende hanno la possibilità di assumere personale indipendentemente dal luogo in cui lavorerà e questo introduce nuove modalità di relazione tra aziende e lavoratori, con nuovi paradigmi salariali e di crescita professionale ed economica.

L'effetto dello smart working su "Imprese, innovazione e infrastrutture" è sicuramente positivo, perché le nuove modalità di lavoro non soltanto introducono una riduzione dei costi, ma attivano nuovi processi che in massima parte contribuiscono a migliorare le organizzazioni. Si pensi per esempio alla trasformazione digitale: un elemento fondamentale che spesso viene attivato grazie alla necessità di abilitare lo smart working, ma che poi si scopre avere impatti straordinari sull'intera organizzazione e sull'efficienza nella produzione.

Esistono poi obiettivi che non sono direttamente impattati dall'utilizzo dello smart working nelle organizzazioni, ma che possono in effetti trarne un vantaggio indiretto grazie al fatto che lo smart working consente di abbattere barriere, avere team più eterogenei, farsi contaminare da culture diverse da quelle a cui siamo solitamente abituati, e queste contaminazioni, come sappiamo, contribuiscono a sviluppare una cultura aziendale più aperta, più moderna e meno incline a certi retaggi del passato.

I grandi temi della "Parità di genere" e del "Ridurre le disuguaglianze", che potrebbero sembrare lontani dalle logiche organizzative, trovano invece proprio nei gruppi di lavoro delle aziende un terreno enormemente fertile per nascere, crescere e svilupparsi.

Certi atteggiamenti retrogradi e basati sull'ignoranza vengono, con il tempo, sempre più spesso messi da parte, proprio grazie all'enorme possibilità di abbattere le barriere con culture diverse, di attivare gruppi di lavoro eterogenei e di ottenere insieme grandi risultati professionali.

Spessissimo abbattere una distanza fisica, grazie all'utilizzo della tecnologia, consente di abbattere le barriere culturali e questo non può che fare bene a tutta la società, non soltanto all'organizzazione in cui si opera.

Questo, nel lungo periodo e a causa dei cambiamenti culturali che riesce a generare, può avere impatti indiretti anche sull'obiettivo "Pace, giustizia e istituzioni solide".

Lo smart working è quindi una nuova necessità: molte organizzazioni lo hanno scoperto loro malgrado, nella forma più rudimentale di lavoro a distanza, a causa della pandemia, e in quel contesto hanno iniziato a comprendere i vantaggi, non soltanto economici, della sua adozione.

Quel che è certo è che, al netto delle contraddizioni e delle difficoltà di misurare concretamente i suoi effetti sulla sostenibilità nelle sue diverse articolazioni, l'impatto complessivo sulla società ha più vantaggi che svantaggi e questi ultimi possono, e devono, essere gestiti in modo diverso, per non rinunciare a una nuova modalità di lavoro che, se ben orchestrata e organizzata, è certamente in grado di rendere migliore il rapporto tra persone, lavoro e produttività.

5 La dimensione della città

di Alberto Bortolotti

La dimensione della città nella società delle reti

Lo studio della dimensione della città ha da sempre rappresentato un ambito di ricerca cruciale nel campo dell'urbanistica. Diversi autori si sono spesso interrogati sul rapporto tra fenomeni transcalari alla città, come in particolare la deindustrializzazione, la globalizzazione e la digitalizzazione[1], problematizzandone i confini nello scenario della "società delle reti"[2] ovvero quel paradigma che forse più di tutti ha trasformato le modalità dell'abitare urbano negli ultimi decenni. In questo senso, lo smart working salda ulteriormente lo spazio digitale a quello fisico agendo direttamente sulla concezione lavorativa dell'uso della città. Sicché, perimetrare i processi che caratterizzano lo spazio urbano e periurbano è oggigiorno sempre più complesso. I confini tra dimensione urbana materiale e immateriale sfumano sotto l'utilizzo multiforme delle piattaforme del lavoro e della comunicazione portando l'individuo a vivere simultaneamente in molteplici contesti spaziali e temporali.

In particolare, il carattere *reticolare* che contraddistingue la "società delle reti" agisce plasticamente sulla forma delle città trasformandole da nuclei strutturati in distretti, per funzioni e usi, a complesse "nebulose" policentriche i cui limiti sono incerti e mutevoli, affetti da fenomeni di sprawl o shrinking urbano che ne travalicano internamente ed esternamente i confini amministrativi[3]. In questo senso, la forma nebulosa assunta dalle principali regioni urbane si configura come una massa indistinta di "filamenti" e "fram-

[1] Reuschke D., Ekinsmyth C. (2021), "New spatialities of work in the city", *Urban Studies*, Vol. 58, Issue 11, pp. 2177-2187.

[2] Castells M. (2004), *La città delle reti*, Marsilio, Venezia.

[3] Sprawl e shrinking rappresentano fenomeni rispettivamente di espansione e contrazio-

menti" disseminati in modo disordinato poiché, come osservato da Bernardo Secchi, "molti dei segni materiali lasciati nel territorio sono l'esito di intenzioni e delle decisioni, non sempre tra loro coordinate, di un'intera società, assunte sulla base di regole dettate da credenze e immaginari incorporati nella tradizione; mentre altri segni sono l'esito di decisioni e intenzioni di uno solo, di una casta o di un gruppo, eventualmente di esperti che hanno mosso immagini e argomenti che aspiravano a essere condivisi e inconfutabili"[4].

In questo senso, i processi di regionalizzazione delle aree urbane hanno storicamente visto un dibattito tra la "figura della concentrazione" e la "figura della continuità", ovvero tra una città strutturata da una compattezza formale e da una gerarchia di funzioni e una città caratterizzata dall'"identificazione dell'ideale di libertà nell'infinita possibilità di circolazione e suddivisione del reale, all'origine della rivendicazione borghese sulla proprietà dei suoli e sul loro mercato"[5]. Sebbene la "forma continua" abbia spesso rappresentato una risposta alla concentrazione di abitanti e, in particolare, alla scarsa salubrità che contraddistingueva i quartieri operai nell'Europa dell'Ottocento, è necessario sottolineare come la pandemia da Covid-19 abbia colpito maggiormente i distretti urbani secondo una logica di censo piuttosto che di densità insediativa.

Sicché, è possibile rimarcare come il dibattito attorno alla dimensione della città sia stato influenzato, nel corso dei secoli, non solo da istanze sociali legate ai luoghi del lavoro ma anche da costrutti ideologici che hanno spesso percepito la "figura della concentrazione" come sito di una straordinaria concentrazione di potere non legittimo, singolarmente efficace per il perseguimento di un'attività economica razionale[6] e, come tale, da controbilanciare attraverso la pianificazione di una molteplicità di frammenti urbani esterni alla città, costruiti nella prospettiva di implementare la "figura della continuità". Al contempo, la "logica incrementalista" di occupazione del territorio riferita alla continuità ha definito le premesse delle strutture nebulose che caratterizzano le regioni urbane, avallando la formazione di quei processi di espansione citati poc'anzi che risultano antagonisti al concetto di "policentrismo organizzato" emergente nel dibattito sul mondo postpandemico.

In questa prospettiva, la pandemia ha sollecitato importanti considerazioni sul policentrismo, riaffermandone l'importanza, come avvenuto a Pa-

ne incontrollata della città e "sono il risultato di un processo". Si veda Rowe C., Koetter F. (1978), *Collage City*, The MIT Press, Cambridge (MA), p. 119.

4 Secchi B. (2000), *Prima lezione di urbanistica*, Laterza, Roma-Bari, p. 5.

5 *Ivi*, p. 15.

6 Weber M. (1922), *Wirtschaft und Gesellschaft*, Mohr Siebeck GmbH & Co. KG, Tübingen, p. 19.

rigi attraverso il Piano della "Città a 15 minuti"[7] o a Milano attraverso la Strategia di Adattamento "Milano 2020"[8], ed è possibile affermare che in particolare il remote working abbia favorito la riconfigurazione di strutture insediative policentriche caratterizzate da quartieri polifunzionali e non prevalentemente preposti all'ospitare residenze, uffici, industrie ecc. Infatti, come scrive Henri Lefebvre, "ogni spazio sociale, segnato e orientato, implica delle relazioni che si sovrappongono alle reti delle località"[9], perciò l'idea che nel medio-lungo periodo la "società delle reti" possa assumere una dimensione di prossimità urbana sottende una circolarità tra servizi, residenze, spazi pubblici e del lavoro per riconfigurare il policentrismo facendo anche leva sulla flessibilità data dallo smart working.

Al contempo, lo smart working ha accentuato la tendenza dell'individuo ad abitare una molteplicità di contesti territoriali ma in modo più stanziale rispetto ai flussi della globalizzazione prepandemia, i quali avevano già caratterizzato un'inedita stagione di forte pendolarismo e spostamento di persone, beni, servizi tra città e territori del mondo, anche molto distanti tra loro. In altre parole, la pandemia e la flessibilità introdotta dallo smart working potrebbero trasformare la globalizzazione nel rapporto tra fissità e movimento, da un paradigma di alta connettività delle reti di città, che tendeva a escludere i territori fragili, a uno di sistemi regionali deglobalizzati. Perciò, sebbene i recenti avvenimenti non mettano in discussione l'egemonia mondiale del capitalismo, la pandemia potrebbe aver innescato processi di regionalizzazione in deroga alla finanziarizzazione e alla circolazione dei capitali che hanno negli ultimi decenni rappresentato "un'instabilità cronica delle configurazioni regionali e spaziali, una tensione all'interno della geografia dell'accumulazione tra fissità e movimento, tra il potere crescente di superare lo spazio e le infrastrutture spaziali immobili necessarie a tale scopo"[10].

Per quanto gli effetti della pandemia sugli scenari di sviluppo urbano siano ancora in parte "sospesi", il nesso tra smart working e dimensione della città muterà anche in base alla regolazione, alla pianificazione urbanistica e alle politiche urbane che saranno in particolar modo determinanti per cambiare usi e spazi della città. In questo senso, entra in gioco un importante fattore di governance da parte delle amministrazioni locali ma, di riflesso,

[7] Moreno C. (2020), *Droit de cité: De la "ville-monde" à la "ville du quart d'heure"*, L'Observatoire, Paris.

[8] Comune di Milano (2020), *Milan 2020. Adaptation Strategy. Open document to the city's contribution.*

[9] Lefebvre H. (1974), *La production de l'espace*, Anthropos, Paris, p. 195.

[10] Harvey D. (2001), *Spaces of Capital. Towards a Critical Geography*, Routledge, London, p. 79.

anche dai Ministeri, dalle Regioni e da tutti quegli organi governativi che definiscono politiche del lavoro e assumono decisioni impattanti sulla pratica urbanistica.

Proprio la governance rappresenta un fattore cruciale per la declinazione del nesso introdotto poc'anzi, in quanto è deputata alle pubbliche amministrazioni la capacità di promuovere, facilitare o rallentare azioni materiali e immateriali sull'area urbana. Al contempo, la dimensione della città è sempre più caratterizzata da una complessità di molteplici attori, scopi e azioni propria del contesto socio-economico globalizzato e ascrivibile a due principali cause: la rincorsa a una maggiore globalizzazione da parte delle città in ascesa nell'arena mondiale e la spinta verso l'innovazione tecnologica, che, dall'informatica alle costruzioni, sta portando significative e repentine trasformazioni sia nell'approccio industriale al prodotto edilizio sia nella dimensione spaziale dell'individuo, coinvolgendo aspetti come la domotica, la mobilità sharing e lo spazio pubblico.

In questo senso, nuovi strumenti e scenari per una governance innovativa, che agiscano anche sulla regolazione e la pianificazione urbanistica, potrebbero riorganizzare gerarchie, spazialità e scalarità in un'ottica reticolare e sinergica di città e comuni periferici, attraverso assialità convergenti verso singole città o gruppi di città globalizzate che rafforzerebbero le catene regionali del valore, sfruttando i potenziali processi di deglobalizzazione presenti nel territorio. In questa prospettiva, lo smart working potrebbe rappresentare un potente strumento per riconfigurare i rapporti interni alle regioni urbane e il concetto stesso di "città-regione" verso rimodulazioni dell'urbanizzato in grado di mettere a sistema i "filamenti" e i "frammenti" insediativi, produttivi, terziari presenti. Infatti, se da un lato l'eterogeneità dei frammenti non impedisce la costruzione di un comprensibile orizzonte di senso e di una forma unitaria della regione urbana, dall'altro il mosaico dei frammenti per essere riorganizzato necessita di un fondamento teorico che il policentrismo può incarnare, a patto di dare risposte concrete nelle catene del valore.

Una seconda considerazione legata alla governance delle città in relazione allo smart working ha a che vedere con la definizione dei suoi confini e dei suoi spazi. La pandemia ha infatti, come già sottolineato, indotto alcuni importanti cambiamenti rispetto all'idea di decongestionare il sovraffollamento dei luoghi del lavoro, dell'abitare e del ritrovo urbano, immaginando nuovi scenari per la fruizione dei servizi. Sulla scorta di questi ragionamenti è stata aperta la strada a sistemi di governance più flessibili da parte delle amministrazioni comunali, le quali hanno introdotto facilitazioni per l'utilizzo temporaneo degli spazi inutilizzati o pubblici da parte della cittadinanza organizzata, ma anche un maggiore coordinamento con le associazioni di categoria e le grandi aziende del terziario per favorire tempi e modalità di lavoro diverse, come nel caso milanese[11].

L'insieme di queste misure ha saldato direttamente lo smart working alla governance, organizzando la presenza/assenza fisica dei dipendenti negli uffici e nelle zone più affollate della città. Tuttavia, i risultati di queste politiche rimangono tutt'oggi incerti in quanto esse sono state messe in atto in risposta all'andamento pandemico, ovvero attraverso una serie di azioni che seguivano i movimenti ondulatori della propagazione del virus generando quindi tendenze incerte nell'utilizzo della città tra le varie popolazioni urbane.

Il nesso tra smart working e dimensione della città si innesta, dunque, sia su un piano di usi sia su un piano di confini, forme, limiti e in generale di spazialità che vanno ricercate nell'intreccio tra globale e locale, ovvero nella condizione "glocale"[12] di rapporti multiscalari secondo i quali si assumeranno forme più o meno regionalizzate e quindi deglobalizzate dei rapporti di forza e scambio tra le regioni urbane.

In questo senso, l'indice di utilizzo del remote/smart working e il punto di caduta dei suoi effetti sono largamente concatenati ai processi di decision-making delle policy pubbliche e private, o ibride, che non riguardano soltanto l'adattamento spaziale pur rappresentandone, quest'ultimo, la più nitida conseguenza. Si potrebbe dunque partire dalle spazialità e dalle raffigurazioni plastiche nello spazio urbano concependole come ricadute del remote working per indagare la trasformazione in atto, con la premessa di considerare nel suo insieme smart working e flessibilità, tra lavoro fisico e digitale, poiché dal primo strumento deriva il secondo, e poiché la pandemia ha in generale introdotto un utilizzo massimizzato di flessibilità applicata ben oltre la sfera lavorativa, verso un migliore equilibrio vita-lavoro[13]. In altre parole, se la pandemia ha innestato un campo di policy tese maggiormente alla sussidiarietà dei "servizi di cittadinanza" e a una presenza maggiore dello Stato nell'economia[14], al contempo l'introduzione strutturale dello smart working nel coordinamento tra manager, dipendenti, fornitori sta segnando una sostanziale innovazione nelle forme del lavoro dall'avvento della globalizzazione a oggi.

[11] Comune di Milano, 2020, *op. cit.*

[12] Brenner N. (2004), *New State Spaces. Urban Governance and the Rescaling of Statehood*, Oxford University Press, Oxford (trad. it.: *Stato, Spazio, Urbanizzazione*, Guerini, Milano, 2016).

[13] Reuschke D., Ekinsmyth C., 2021, *op. cit.*

[14] Mazzucato M. (2020), *Non sprechiamo questa crisi*, Laterza, Roma-Bari.

Il luogo che più di tutti è oggetto degli effetti della riorganizzazione del lavoro nella transizione digitale è l'ufficio. Storicamente concepito come funzione essenziale e motore della produzione nelle città caratterizzate da processi di globalizzazione, l'ufficio ha subìto, nel corso del tempo, un'incessabile trasformazione sia nella disposizione dei suoi spazi, sia nell'immaginario urbano delle sue architetture, con una forte propensione all'esaltazione formale degli involucri edilizi che lo ospitano.

A partire dal tardo Ottocento, in parallelo al susseguirsi delle rivoluzioni industriali, l'ufficio assume un'importanza cruciale nella struttura degli spazi del lavoro divenendo progressivamente funzione primaria, aggregatrice e organizzatrice, delle città moderne. In particolare, l'introduzione della tipologia architettonica del grattacielo moderno, concepito attraverso l'utilizzo combinato di laterizio, calcestruzzo, acciaio e vetro, a partire soprattutto dall'esperienza della Scuola di Chicago e dall'opera di Louis Sullivan[15], ha avuto un impatto culturale cruciale nella configurazione dei centri direzionali e finanziari delle metropoli mondiali.

L'esaltazione della figura del grattacielo nello spazio urbano è ascrivibile proprio alla funzione ospitante, in quanto la sua altezza, le sue finiture, la sua forma più o meno slanciata o austera rappresentano tutti caratteri estetici volti a rafforzare l'importanza di questi spazi del lavoro all'interno di un immaginario urbano formato soprattutto dall'insieme di landmark o monumenti presenti nella città. Non da ultimo, la crescita della scala architettonica dei grattacieli, talvolta riconosciuti come *bigness*[16] nel contesto urbano, mirava a esaltare l'egemonia culturale dei suoi committenti nella società.

Sicché, nell'arco di oltre un secolo, l'ufficio è stato oggetto di un continuo ridimensionamento fondato sui principi di serialità e flessibilità volti all'ottimizzazione funzionale dei suoi spazi, in un continuo movimento ondulatorio tra sovrapposizioni e moltiplicazioni. Infatti, gli edifici del terziario che ospitano gli uffici ne hanno progressivamente modificato aspetto e disposizione in modo direttamente proporzionale al potere economico esercitato dalle corporation che li gestiscono. In questo senso, è possibile riconoscere una fase di transizione dall'ufficio singolo a quello collettivo in tutto il tardo Novecento, il quale con l'avvento della pandemia è oggetto di un ripensamento verso

[15] Cannon P.F. (2011), *Louis Sullivan. Creating a new American architecture*, Pomegranate Communications, Portland.

[16] Koolhaas R. (2006), *Junkspace. Per un ripensamento radicale dello spazio urbano*, Quodlibet, Macerata.

maggiori distanziamenti tra impiegati con una parallela razionalizzazione degli spazi di collegamento fisico non essenziali e un incremento di dotazione dei luoghi d'incontro all'aperto (terrazze, cortili, balconi ecc.).

Nello specifico, il carattere di flessibilità che aveva caratterizzato la stagione di rinnovamento architettonico della tipologia edilizia dell'ufficio assume un nuovo significato nello smart working in quanto questa non viene più pensata come interscambiabilità funzionale degli spazi del terziario, quanto come utilizzo collettivo diversificato di uffici dimensionalmente fissi e tendenzialmente permanenti. Sicché l'ufficio continua a essere il luogo principale della mansione lavorativa per quanto si presuppone vi sia una maggiore dotazione, in prospettiva, delle sale riunioni attrezzate con infrastrutture digitali per le quotidiane riunioni online, uno strumento già ampiamente utilizzato soprattutto dalle corporation con sedi territoriali multiple in vari settori aziendali.

In altre parole, nonostante l'implementazione strutturale delle piattaforme digitali del lavoro, l'ufficio rimane perno dell'organizzazione aziendale anche nella transizione digitale, rappresentando dunque una permanenza urbana all'interno della dimensione della città, che non avrà nuove centralità professionali né cesserà di essere un attrattore e driver per gli investimenti della "territorializzazione" finanziaria e informatica. Pertanto, è possibile considerare la flessibilità introdotta dallo smart working come un *layer* della dimensione della città che si estende alla dimensione d'impiego entro un raggio di 70-100 km dai centri direzionali urbani, in quanto non sarebbe sostenibile per i dipendenti immaginare la propria abitazione oltre questa distanza, dovendo essere in ufficio "in presenza" circa metà della settimana lavorativa.

In questo senso, la condizione "glocale" citata poc'anzi riafferma un *modus operandi* delle grandi aziende terziarie di seguire i trend globali dell'organizzazione del mercato secondo una logica di adattamento alla dimensione locale che varia, a seconda delle infrastrutture materiali e immateriali presenti sul territorio, secondo una prospettiva di maggiore accentuazione dei processi di regionalizzazione e "deglobalizzazione" che la pandemia stessa ha innescato.

Perciò, sebbene vi sia una componente importante di finanza immobiliare nella scelta aziendale di sostenere un certo grado di smart working, vi è anche un aspetto di socialità nel rapporto tra dirigente e impiegato nel rimettere al centro l'ufficio al di là della pandemia da Covid-19. In altre parole, nonostante l'alto tasso di globalizzazione che può caratterizzare una regione urbana determini un ampio utilizzo dello smart working, quest'ultimo resta concepito più come una flessibilità nell'uso degli spazi aziendali in quanto la componente sociale delle comunità aziendali stesse non è messa in discussione. Al contrario, laddove fossero presenti forme di contrattazione esclusivamente legate al remote working, queste saranno potenzialmente correlate da vincoli legati al salario, ai benefit, alla promozione dell'impiegato.

Considerando la tipologia dell'ufficio come una permanenza urbana nella transizione digitale caratterizzante lo smart working, un carattere centrale di analisi ha a che vedere con l'uso del suolo e degli spazi occupati da questa funzione. Infatti, considerando che, nell'epoca prepandemia, gli edifici aziendali erano interessati da un "affollamento" del personale, oggi si è reso necessario l'aumento degli edifici con funzione prevalentemente terziaria, non solo per perseguire la necessità del distanziamento da garantire tra le scrivanie e tra i dipendenti negli spazi di connessione, ma anche per l'infrastruttura sociale degli spazi ausiliari di svago (mense, terrazze, giardini, caffè) e di riunione (sale conferenze, sale riunioni per meeting online, sale per corsi di formazione).

Così, al di là della fase tra 2020 e 2021 di netto svuotamento degli immobili aziendali in relazione alle disposizioni di lockdown, si rende oggi necessario un significativo aumento della dotazione d'ufficio delle grandi aziende, che potenzialmente potrebbero ricercare non solo immobili posti nei centri direzionali o nei centri storici, ma anche nelle aree periferiche oggetto di grandi trasformazioni urbane.

Infine, un'ultima considerazione riguarda i costi di mantenimento degli uffici: sebbene i primi lockdown abbiano rappresentato un risparmio generale per le aziende, nella fase di assestamento della pandemia i dipendenti delle grandi corporation hanno richiesto un contributo aggiuntivo per coprire gli extracosti dati dal lavoro domestico (attrezzatura informatica, spese di acqua/luce/gas, buoni pasto), che si aggiungono al flusso di cassa derivante dai beni immobili affittati per uso aziendale e soggetti a contratti di locazione sul lungo periodo. In altre parole, sembra che il trade-off tra costi e benefici dello smart working porti le aziende a preferire una forma di flessibilità che, in prospettiva, mantenga la possibilità di remote working in uno scenario di permanenza dell'ufficio come sede principale della prestazione lavorativa[17].

Finanziarizzazione e dimensione della città nella transizione digitale

Il nesso tra pianificazione ed economia sfida le interpretazioni critiche e teoriche su come gli attori finanziari modellino la resilienza dei mercati

[17] Shearmur R. (2021), "Conceptualising and measuring the location of work: Work location as a probability space", *Urban Studies*, Vol. 58, Issue 11, pp. 2188-2206.

finanziari e immobiliari anche in questa fase di transizione digitale e riorganizzazione del lavoro in relazione allo smart working. In particolare, la penetrazione della finanza nella gestione immobiliare incide sulla responsabilità degli operatori nella definizione di usi e servizi urbani in condizioni di crisi finanziaria cronica e questo è un aspetto cruciale soprattutto per gli spazi infrastrutturali, residenziali, commerciali e lavorativi che inquadrano la dimensione della città.

In particolare, questi aspetti risultano maggiormente evidenti nelle "città globali"[18] in quanto queste città giocano un ruolo strategico nel definire nuove forme di accumulazione basate sulla finanza immobiliare e sulla globalizzazione del manifatturiero[19] e, di conseguenza, le città globali rappresentano il luogo principale per osservare i più significativi processi di resilienza degli spazi finanziari (uffici, commercio, hotel, residenze di pregio ecc.).

Una questione chiave che necessita di essere maggiormente approfondita riguarda il ruolo degli investimenti finanziari nella gestione degli edifici dedicati al terziario nelle città, ovvero i complessi edilizi ospitanti uffici e centri direzionali, poiché la concentrazione di capitali relativi a questo tipo di asset immobiliare non determina un uso strategico degli spazi finanziari[20]. In questo senso, molti complessi dislocati nei distretti finanziari del mondo sono rappresentati da uffici vuoti che continuano a produrre una fonte di reddito per le società che gestiscono o possiedono quegli spazi, anche a fronte dello smart working e delle flessibilità introdotte con l'avvento della pandemia.

Il motivo per cui questo processo continua a funzionare riguarda la finanziarizzazione, che è la trasformazione di un'ampia gamma di commodity in attività finanziarie commerciabili. Attraverso questo processo, l'immobile, per sua natura inamovibile, si trasforma in un titolo commerciabile sul mercato finanziario. Quindi, nell'allocazione delle risorse finanziarie sul mercato immobiliare, gli agenti finanziari investono in azioni, obbligazioni, fondi comuni di investimento, imprese private, contratti ipotecari e altre opportunità con la sola aspettativa di ricevere un ritorno finanziario del loro investimento. Inoltre, al fine di aumentare l'accumulazione di capitale, gli operatori finanziari hanno creato mercati composti in larga misura da asset liquidi, i

[18] Secondo Saskia Sassen, una "città globale" è un nuovo tipo di città in cui c'è una combinazione di un nuovo complesso industriale che domina la crescita economica e le forme socio-politiche attraverso le quali questa città è costituita e riprodotta.

[19] Sassen S. (2001), *The Global City. New York, London, Tokyo*, Princeton University Press, Woodstock, p. 344.

[20] Sassen S. (2006), *Why Cities Matter*, in Burdett R., eds., *Cities. Architecture and Society, exhibition catalogue of the 10. Architecture Biennale Venice*, Marsilio, Venezia, p. 48.

cui titoli sono rapidamente scambiati a prezzi efficienti per perseguire per esempio processi di cartolarizzazione e trading su beni immobili.

Pertanto, gli attori finanziari non sono di per sé interessati a un uso a lungo termine dei loro spazi né al ruolo che edifici o aree svolgono come funzioni centrali nella dimensione della città: se un bene immobiliare produce un reddito adeguato alla relativa performance dell'investimento, che sia vuoto o utilizzato dai dipendenti di una società non rappresenta necessariamente una questione da affrontare. Inoltre, il ruolo crescente dei mercati, degli attori e delle istituzioni finanziarie nel funzionamento delle economie nazionali e internazionali[21] inquadra la finanziarizzazione come un processo economico che ha enormi conseguenze sul mercato immobiliare, dunque sulla governance e sulla dimensione stessa della città.

Un carattere significativo che ha riguardato le diverse crisi finanziarie succedutesi negli ultimi decenni, come la recessione dei primi anni Duemila, la crisi dei mutui subprime (2007-2008) e il crollo del mercato azionario del 2020, ha a che vedere con la resilienza degli asset finanziari e immobiliari, i quali sembrano mantenere per lo più sicuri, efficienti e redditizi i principali strumenti finanziari che reggono la struttura del mercato immobiliare. In questo scenario, le grandi città rappresentano una componente chiave dell'economia di mercato globale ideata dal sistema capitalistico di accumulazione, essendo centri di creazione, elaborazione e stoccaggio della ricchezza: sono il luogo in cui il valore che è stato estratto altrove viene investito e fatto circolare[22].

In questa prospettiva, la finanziarizzazione è diventata lo strumento cardine per creare valore aggiunto sul mercato secondario come un modello di accumulazione in cui i profitti maturano principalmente attraverso i canali finanziari piuttosto che attraverso il commercio e la produzione di merci[23]. Quindi, questo fenomeno ha un impatto cruciale nell'inquadrare la governance delle città, in quanto definisce la resilienza degli spazi della finanza nella cronicità delle crisi finanziarie citate poc'anzi. Inoltre, gli attori finanziari sono responsabili della gestione immobiliare di usi e servizi situati nelle più importanti funzioni urbane delle città, soprattutto in quelle globali, avendo un peso rilevante nei processi che definiscono l'indice di flessibilità del remote working.

[21] Epstein G. (1992), "A political economy model of comparative central banking", *Review of Radical Political Economics*, Vol. 24.

[22] Atkinson R. (2020), *Alpha City. How London was captured by the super-rich*, Verso, London, p. 24.

[23] Krippner G. (2005), "The financialization of the American economy", *Socio-Economic Review*, Vol. 3.

Quindi, considerando che le città rimarranno attrattori fondamentali per i capitali finanziari e appurata la centralità degli uffici e dei complessi edilizi del terziario come luoghi deputati sia all'organizzazione del lavoro sia all'investimento finanziario, è possibile sostenere che la flessibilità introdotta dalla transizione digitale e dalla pandemia non abbia particolarmente impattato sul sistema di investimenti tesi allo sviluppo di questi beni immobili, anzi semmai ne ha affinato ed efficientato le modalità di gestione rafforzando il cosiddetto "active real estate management".

Resilienza finanziaria e ruolo delle città

Come accennato nel paragrafo precedente, la transizione dei mercati finanziari e immobiliari attraverso le diverse crisi sottolinea un carattere di resilienza dei processi di finanziarizzazione. La resilienza, infatti, può essere definita come la capacità di riprendersi da uno shock grave[24] e possiede le caratteristiche di consapevolezza, diversità, integrazione, autoregolazione, adattamento. In questo senso, la resilienza si trova all'interfaccia tra i sistemi tecnici e sociali, quindi l'ingegneria della resilienza richiede la comprensione di come gli aspetti fisici siano intrecciati con le risorse cognitive, informative e culturali[25], e fare riferimento alla resilienza finanziaria significa inquadrare come la finanza riesca a mantenere redditizie le attività immobiliari.

Da diversi decenni, in particolare dall'età neoliberista[26], lo scenario finanziario è condizionato da turbolenze e instabilità in un susseguirsi continuo di lunghi periodi di stabilità e brevi periodi di cambiamento[27], mentre la pianificazione è sempre stata basata sulla stabilità, anche se questa condizione non esiste più[28]. Parallelamente alla trasformazione neoliberista, diverse città occidentali hanno perso popolazione mentre avveniva una crescita incontrollata dell'espansione urbana[29] ed erano in atto processi di urbanizzazione accelerati in un'enorme varietà di forme urbane nelle megalopoli situate in Africa, Asia e America Latina[30]. Inoltre, si è verificata un'accelerazione delle

[24] Balducci A., Chiffi D., Curci F., eds. (2020), *Risk and Resilience. Socio-Spatial and Environmental Challenges*, PoliMI Springer Briefs, Milano, p. 28.

[25] *Ivi*, p. 30.

[26] Davis A., Jackson B., Sutcliffe-Braithwaite F., eds. (2021), *The Neoliberal Age? Britain since the 1970s*, UCL Press, London.

[27] Schön D.A. (1973, ©1971), *Beyond the Stable State*, Norton, New York.

[28] Balducci A., Chiffi D., Curci F., eds., 2020, *op. cit.*, p. 17.

[29] Indovina F. (1990), "La Città diffusa", in Indovina F., Matassoni F., Savino M., Sernini M., Torres M.,Vettoretto L., *La città diffusa*, Daest-IUAV, quaderno n. 1, pp. 21-43, 1990.

[30] Burdett R., Sudjic D., eds. (2007), *The endless city. The urban age project*, Phaidon, London.

interconnessioni globali concentrate nelle grandi città dopo la crisi urbana degli anni '70 e '80[31] e, di conseguenza, un aumento degli aspetti di instabilità connessi come disuguaglianze, attacchi terroristici, disastri naturali, pandemie.

L'impatto dei servizi finanziari sulle città e sugli aspetti connessi nella resilienza degli spazi finanziari riguarda il concetto di "città come concentrazioni di lavoro"[32]. Oggi l'arena delle città è modellata attraverso diverse configurazioni urbane. Secondo UN-Habitat Research Center[33], esistono almeno tre trend urbani emergenti: le megaregion, che sono unità economiche risultanti dalla crescita e dalla convergenza di un sistema policentrico e integrato tra i confini amministrativi; gli urban corridor, che consistono in un sistema lineare fortemente connesso alle sue infrastrutture di trasporto; e le city-region, che sono poli urbani caratterizzati da processi di sprawl e da una profonda integrazione con il loro hinterland. Secondo Peter Taylor e Ben Derudder[34], ciò che definisce il potere delle città riguarda oggi la loro influenza, dominio e persino il comando dei processi economici invece che del potere territoriale substatale; e, come ha evidenziato Jane Jacobs[35], le città sono in grado di proiettare cinque grandi forze: mercati, posti di lavoro, migrazioni, tecnologia e capitali.

Tutti questi elementi sono profondamente connessi alle strutture socio-economiche e, in particolare, alla resilienza dell'organizzazione sociale nel mercato del lavoro, come quella introdotta in misura importante dal remote working nelle fasi di lockdown. Quindi, al giorno d'oggi, a causa del massiccio potenziamento della globalizzazione e della finanziarizzazione e a causa della sequenza di crisi e dell'instabilità cronica, le grandi città rappresentano luoghi chiave per gestire la resilienza delle strutture del lavoro e degli spazi di lavoro della finanza. Inoltre, in particolare la resilienza nelle città globali è rafforzata dalla capacità di una città-nodo di potenziare la rete globale delle città in una prospettiva di adattamento dinamico verso una profonda connessione di attività complementari di supporto e un maggiore coordinamento nei servizi economici su scala globale (quali agenzie di stampa, agenzie di consulenza, studi legali, assicurazioni, banche). Infatti, la finanza globale

[31] Florida R. (2008), *Who's Your City? How the Creative Economy Is Making Where to Live the Most Important Decision of Your Life*, Basic Books, New York.

[32] Taylor P.J., Derudder B. (2004), *World City Network. A global Urban Analysis*, Routledge, London, p. 3.

[33] UN-HABITAT – United Nations Human Settlements Programme (2006), *State of the world's cities 2006/7*, United Nations, New York.

[34] Taylor P., Derudder B., 2004, *op. cit.*, p. 6.

[35] Jacobs J. (1984), *Cities and the Wealth of Nations. Principles of economic life*, Random House, New York.

non riguarda tanto le istituzioni quanto un insieme più ampio di componenti istituzionali, legali, tecniche e geografiche che agiscono sulla capacità di "finanziarizzare" sempre più elementi materiali e immateriali[36].

Secondo l'analisi critica di Saskia Sassen, la crescita di mobilità dei capitali ha effetti distinti sulla formazione dei mercati del lavoro e sulla regolazione di una forza lavoro globale[37], verso un continuo movimento di concentrazione e dispersione di attività economiche che includono un uso massiccio di strumenti di connettività. In questo senso, non sorprende che elementi di remote working ed episodi di desincronizzazione tra lavoro digitale e "in presenza" fossero già stati sperimentati prima della pandemia, poiché la transizione digitale è fortemente connessa alla resilienza della finanziarizzazione.

Negli anni '90, alcuni primi rilevanti segnali della dialettica tra concentrazione e dispersione si sono riscontrati nell'accentramento dei capitali finanziari in alcuni Paesi emergenti (America Latina ed Estremo Oriente), con la prospettiva di rafforzare la crescita economica globale complessiva del sistema occidentale. Come ha sottolineato Saskia Sassen, l'integrazione globale del mercato dei capitali ha rivestito il ruolo cruciale nelle crisi dell'Asia orientale in quanto ha contribuito a un enorme sovraindebitamento e a un atteggiamento di boom-bust (ovvero di espansione e successiva contrazione degli investimenti) da parte degli attori finanziari[38], i quali vi hanno rapidamente collocato forti investimenti per poi precipitarsi fuori dalle borse asiatiche a inizio crisi, sebbene la solidità di alcune delle economie coinvolte non giustificasse quella rapida ritirata. Inoltre, la crisi messicana e quella dell'Asia orientale hanno dimostrato lo svantaggio di ulteriori afflussi di capitali in un quadro normativo molto flessibile definito dai rispettivi sistemi finanziari nazionali. Sicché gli stessi episodi di instabilità finanziaria possono notevolmente incidere sullo sviluppo della città, in relazione alla concentrazione e alla dispersione degli investimenti, al di là delle modalità di organizzazione del lavoro, le quali, nel capitalismo contemporaneo globale, hanno un peso largamente secondario rispetto alle prospettive di rendimento che gli investimenti generano.

In conclusione, il contesto di massiccia instabilità economica causata dalla sequenza delle crisi finanziarie ha messo in luce due pilastri significativi dell'approccio finanziario: la resilienza dei mercati finanziari nell'adattarsi e rimodellare se stessi attraverso le crisi e l'uso dinamico degli spazi finanziari nelle città che tendono a ibridarsi profondamente tra dimensioni tangibili e intangibili.

[36] Sassen S. (2018), "Is High-Finance an Extractive Sector?", *Indiana Journal of Global Legal Studies*, Vol. 25/2, pp. 583-593.

[37] Sassen S., 2001, *op. cit.*, p. 32.

[38] Sassen S., 2001, *op. cit.*, p. 78.

La resilienza dei beni immobili nella finanziarizzazione

Le grandi città del mondo sono oggi caratterizzate da un ambiente densamente costruito e composto da diversi megaprogetti. Guardando ad alcuni dati, le prime 100 città globali rappresentano il 10% della popolazione mondiale, il 30% del PIL mondiale, il 76% degli investimenti immobiliari, con un valore totale del patrimonio immobiliare di 217 trilioni di dollari che comprende quasi il 60% del valore degli asset globali, inclusi titoli azionari e obbligazionari[39]. Questa impressionante quantità di capitale che circola nelle città globali è per lo più resistente alla crisi finanziaria ed è di proprietà di "shell company". Le società "shell" sono società fittizie o "di comodo" e rappresentano uno dei principali dispositivi per effettuare la finanziarizzazione. In altre parole, un bene immobiliare che viene trasformato in un bene finanziario è esso stesso una forma di capitale fittizio[40].

Quindi, la resilienza degli spazi finanziari è data dalla strategia aziendale di mantenere quegli spazi parzialmente vuoti. In questo senso uffici, residenze, centri commerciali sono prevalentemente destinati a capitalizzare valore fittizio, e questo approccio di resilienza è dato dall'analisi degli investimenti esteri guidati dalle "shell company". Nel 2014, a Manhattan, il 54% delle vendite che superavano i 5 milioni di dollari era di proprietà di società fittizie, per esempio nel Time Warner Center 122 dei 192 condomini erano di proprietà di società fittizie, nella Bloomberg Tower il 57% dei condomini era di proprietà di società fittizie e nella Plaza il 69% dei condomini era di proprietà di società fittizie[41]. Questo tipo di approccio nella gestione degli spazi finanziari si distingue perché i processi di accumulazione del capitale sono essenzialmente focalizzati sulla crescita della finanza piuttosto che sull'implementazione dell'economia reale.

Perciò, con la stagnazione dell'economia reale, il capitalismo è diventato sempre più dipendente dalla crescita della finanza per aumentare il capitale monetario[42]. Pertanto, nelle grandi città il patrimonio immobiliare non è più esclusivamente correlato agli usi e alle funzioni degli edifici poiché gli investimenti in proprietà e gestione immobiliare sono contabilizzati nell'ottica di far crescere il capitale dell'investitore e la resilienza degli spazi finanziari

[39] Barnes Y., Tostevin P., Tikhnenko V. (2016), *Around the world in dollars and cents*, Savills World Research, London.

[40] Harvey D. (1985), *The urbanization of capital*, John Hopkins University Press, Baltimore, p. 97.

[41] Sassen S. (2016), *Global capital and urban land*, in Burdett R., ed., *Urban Age Shaping Cities Conference*, LSE Cities, London.

[42] Sweezy P.M. (1995), "Economic Reminiscences", *Monthly Review*, 47.

può potenzialmente causare crisi sociali nell'urbanità di quelle città. Sicché l'introduzione anche massiccia del remote/smart working, di fatto, non ha particolarmente inciso sulle dinamiche d'investimento immobiliare.

In particolare, la trasformazione accelerata del debito e delle attività finanziarie in strumenti altamente commerciabili ha reso molti dei mercati finanziari simili ai mercati delle materie prime, dove il valore degli strumenti risiede nel suo potenziale di rivendita, e di conseguenza l'organizzazione spaziale del settore finanziario coinvolge più sedi in più porzioni o città[43]. Per esempio, nelle attività di shopping, la distribuzione spaziale dell'offerta corrisponde alla distribuzione spaziale della domanda, ma non è il caso della finanza[44] perché il sistema finanziario è enormemente complesso, e contiene molti più mercati, asset e intermediari.

In questo senso, risulta evidente che l'organizzazione e lo sviluppo dei servizi finanziari oggi hanno una forte dimensione spaziale[45]. Inoltre, il sistema finanziario mette in relazione finanziatori e mutuatari di beni immobili attraverso la finanziarizzazione, un trattamento degli immobili che tende sempre più a imitare il trattamento dei prodotti scambiati sui mercati finanziari. In altre parole, esiste una stretta interdipendenza tra le imprese finanziarie, in particolare tra investitori e fornitori, e questo meccanismo tende a produrre una massiccia spazializzazione del settore finanziario con effetti rilevanti sulla pianificazione e sulla dimensione della città. In questa prospettiva, i distretti finanziari risultano essere componenti chiave dell'economia agglomerata di scala perché un centro finanziario deve essere inserito in un livello significativo di complessità organizzativa[46].

Appurando che la concentrazione spaziale rimane una caratteristica fondamentale per la finanza, gli effetti spaziali della sua organizzazione e riorganizzazione evidenziati in questo saggio sono osservabili anche nella diffusione dei centri commerciali e finanziari sia nelle parti centrali sia periferiche delle città. Infatti, il centro può estendersi in un'area metropolitana secondo una forma a griglia con nodi di intensa attività imprenditoriale[47], al fine di porre potenzialmente le basi del concetto di città-regione. Tuttavia, questa è una delle caratteristiche più significative della resilienza degli spazi finanziari che è direttamente proporzionale all'aumento della globalizzazione; insieme alla continua concentrazione nel controllo economico è stato

[43] Sassen S., 2001, *op. cit.*, p. 110.
[44] *Ivi*, p. 113.
[45] Sassen S. (1999), "Global Financial Centers", *Foreign Affairs*, Vol. 78/1.
[46] Sassen S., 2001, *op. cit.*, p. 115.
[47] *Ivi*, p. 124.

conferito alle grandi città un ruolo chiave nella gestione e nel controllo del network globale[48].

Infine, la resilienza degli spazi finanziari è rappresentata dalla continua dispersione e convergenza spaziale degli spazi di lavoro finanziari che hanno progressivamente creato nuove forme di polarizzazione degli asset immobiliari al fine di ottimizzare la gestione e la regolamentazione delle arene globali nei servizi finanziari e nei mercati delle città globali. In altre parole, la riorganizzazione del settore finanziario ha notevolmente aumentato la concentrazione delle attività finanziarie nelle stesse città globali, ma anche in città grandi e medie secondarie fortemente soggette a dinamiche globalizzate d'investimento, con effetti intensi sull'urbanizzazione, la gentrificazione e l'emarginazione sociale.

Considerazioni aperte sulla dimensione della città tra finanziarizzazione, resilienza, remote working e transizione digitale

La dialettica tra sviluppo delle città e dinamiche di specializzazione e finanziarizzazione degli strumenti che regolano e gestiscono gli investimenti ha enormemente influito sull'uso del suolo e sulla pianificazione territoriale con un impatto importante sull'organizzazione delle infrastrutture sociali e, di riflesso, sull'esercizio della democrazia nelle città e nelle metropoli del mondo. In questo senso, il nesso tra perdita di stabilità nelle economie degli stati nazionali e resilienza degli spazi finanziari in diversi casi ha provocato un'implicita crisi di urbanità. Quindi, le condizioni di radicale incertezza hanno configurato un quadro variabile dei fenomeni urbani, il quale, soprattutto nelle grandi città, si concretizza in una dimensione urbana caratterizzata dalla precarietà delle popolazioni che le vivono. In questo senso, per certi versi la massiccia transizione digitale delle infrastrutture del lavoro, unitamente al remote working e, in generale, all'alienazione del contatto umano nelle prestazioni professionali, sottende proprio quel tipo di crisi di urbanità.

In particolare, se "la città è un sistema complesso e incompleto"[49], allora le città che sopravvivono nel corso dei secoli sono città nelle quali non sussistono tentativi di pesante gerarchizzazione, alienazione e rigidità dei processi sociali. In altre parole, sono le città dotate di una dimensione resiliente

[48] *Ivi*, p. 330.
[49] Sassen S., 2016, *op. cit.*

che riescono a sopravvivere ai cambiamenti socio-economici strutturali che caratterizzano ogni fase storica. In particolare, oggigiorno la sfida principale che si trovano ad affrontare le grandi città è quella di non soccombere sotto la creazione di "regimi urbani" elitari come quello finanziario che tende continuamente a espellere diversità e disuguaglianze dal suo nucleo[50]. In altre parole, poiché la vita delle maggiori città è sempre stata storicamente caratterizzata dalla presenza di quartieri diversificati e misti, la massiccia presenza di asset immobiliari ad alto prezzo sta progressivamente minando l'incompletezza delle città, in particolare di quelle globali, avviando fenomeni avversi allo sviluppo stesso dell'umanità.

Al giorno d'oggi, come anticipato negli scorsi paragrafi, potenti attori finanziari sono soliti scambiare beni immobiliari attraverso la finanziarizzazione degli usi e delle proprietà delle sedi aziendali. In diverse città del mondo ci sono oggi megaprogetti "invisibili", spesso di proprietà estera, che prevedono l'acquisto di stock di edifici secondo una loro completa privatizzazione, con conseguenze negative sulla socialità urbana di quei luoghi e sull'incompletezza della città. In particolare, spesso gli interventi di site-development e l'innalzamento dello spazio deurbanizzato rappresentano la perdita dei diritti di cittadinanza, poiché nell'attuale scala di compravendite, scissioni e cessioni immobiliari si assiste sempre più alla trasformazione del modello di proprietà fondiaria nelle città, con profonde e significative implicazioni per equità, democrazia e diritti[51]. Quindi, le grandi città rappresentano ancora oggi una zona di frontiera per affrontare questioni legate all'urbanità e ai diritti di cittadinanza con nuovi approcci di governance.

In questa prospettiva, al fine di impostare nuovi scenari per lo sviluppo della città, è necessario configurare politiche urbane alternative in grado di stabilire un sistema di condizionalità riguardante la concentrazione di capitali e la densità dei servizi finanziari nelle città, affrontando anche misure redistributive innovative contro le disuguaglianze, poiché lo scenario di centralizzazione dei processi globali rende possibile un'apertura alla formazione di nuove rivendicazioni politiche[52].

Parallelamente alle dinamiche di finanziarizzazione e alla transizione digitale dei servizi, il fenomeno pandemico ha apportato inequivocabilmente

[50] Sassen S. (2014), *Expulsions. Brutality and Complexity in the Global Economy*, Harvard University Press, Cambridge.

[51] Sassen S. (2015), "Who owns the city?", *the Urban Age project*, LSE Cities, November, London.

[52] Sassen S., 2001, *op. cit.*

alcune accelerazioni nell'innovazione di una vasta gamma di pratiche urbanistiche, in particolare in relazione alla mobilità, agli spazi pubblici e alla coscienza di decarbonizzazione delle città. La sfida sostenibile, infatti, pone di nuovo al centro non solo la necessità di affrontare una riorganizzazione dei processi decisionali fondati più sulla partecipazione dei corpi intermedi, ma anche quella di ripensare il rapporto tra individuo e ambiente, concepito quest'ultimo come benessere pienamente democratico e alla portata di tutti.

In questo senso, sebbene la pandemia da Covid-19 non sembra aver trasformato l'ossatura del capitalismo globalizzato, sono oggi in atto processi di deglobalizzazione che porteranno a nuove forme di regionalizzazione delle politiche territoriali ed economiche, non solo sotto forma di maggiori spese in conto di capitale da parte degli Stati per attuare interventi di coesione territoriale realmente efficaci, ma anche nella prospettiva di impostare economie di scala orizzontalmente condivise. In altre parole, "sembrano dunque possibili combinazioni incerte tra persistenti orientamenti globali e forme di regionalizzazione più o meno marcate"[53].

Lo scenario che sembra profilarsi è quello di una dimensione della grande città sottoposta a complessi fenomeni di riorganizzazione sia rispetto alla concezione delle sue principali funzioni urbane sia rispetto alla concezione dei suoi confini amministrativi, sempre più sfumati dai processi di finanziarizzazione e globalizzazione che permangono al di là della pandemia. Sicché, la necessità di nuovi spazi lavorativi compatibili con la transizione digitale cambierà la natura delle aree circostanti[54]. È infatti plausibile pensare che, in un contesto di permanenza della struttura portante del sistema capitalistico, una grande sfida legata alla governance della città riguarderà i suoi episodi di sviluppo sulle grandi aree di trasformazione urbana, nelle quali verranno pianificate nuove tipologie di complessi per gli uffici, la residenza e il commercio in una logica di rendita definita da scenari di "active real estate management" congegnati sul lungo periodo.

In questo senso, le dinamiche di finanziarizzazione immobiliare impostate dai developer specializzati sembrano muoversi secondo criteri improntati alla transizione digitale e ambientale che fanno perno su flussi di cassa generati dalla trasformazione e rigenerazione di grandi aree non necessariamente prevedendo dinamiche di rendita legate alla vendita di stock edilizi in blocco o frazionati. Sicché è possibile che una maggiore saldatura tra finanziarizzazione immobiliare e sviluppo urbano sia soprattutto improntata all'utilizzo

[53] Bolocan Goldstein M. (2020), "Spazialità contese in una congiuntura critica. Ripensare il nesso tra città e territori", *Pandora Rivista*, 2, pp. 204-209.

[54] Reuschke D., Ekinsmyth C., 2021, *op. cit.*

degli strumenti finanziari nella logica di gestione a lungo termine dei beni immobili.

Al di là dell'andamento dei titoli azionari, o dell'evolversi della pandemia da Covid-19, o di eventuali altre crisi, la resilienza ai fenomeni in atto sembra dunque profilarsi attraverso un moto ondulatorio duplice dei processi di decision-making che caratterizzano le politiche urbane, un movimento direzionato verso la rete delle città globali e la produzione spaziale, l'altro incentrato sull'innesco di nuove economie di scala regionali, puntando all'alleanza tra aree a medio sviluppo e marginali all'interno dei singoli Stati[55]. Queste ultime tendenze, legate a dinamiche di deglobalizzazione e regionalizzazione dei processi, ma anche all'utilizzo dei fondi di coesione in Europa, potrebbero fare leva sull'investimento in transizione digitale e smart working per accedere al mercato dei capitali senza passare dall'elemento "filtro" storicamente rappresentato dai grandi nodi urbani delle città globali.

Tuttavia, nella cornice di lettura proposta in questo capitolo, la dimensione della città e delle grandi città come incubatori privilegiati del capitale finanziario, l'attore principale deputato alla regia e alla promozione dei grandi interventi sarà sempre più il developer specializzato[56]. Questo attore, infatti, essendo il portatore dei maggiori fondi istituzionali d'investimento necessari alla garanzia di importanti linee di accesso al credito da parte del sistema bancario, giocherà sempre più un ruolo decisivo nella riqualificazione urbana, configurandosi come un vero e proprio industriale del processo edilizio e influenzando la governance delle città.

Sicché, in virtù delle dinamiche illustrate, la dimensione della città risulta largamente legata alla definizione di scenari che si muovono nella dialettica tra investimento e rendita, in una prassi che vede oggi marginalizzata l'attuazione di strumenti urbanistici a garanzia dell'urbanità e della socialità delle città, anche in relazione al pieno esercizio democratico dei suoi abitanti. In questo senso, come abbiamo visto, i processi di finanziarizzazione e l'instabilità cronica delle configurazioni regionali e spaziali che ne derivano producono "una continua tensione all'interno della geografia dell'accumulazione tra fissità e movimento, tra il potere crescente di superare lo spazio e le infrastrutture immobili necessarie a tale scopo"[57].

Tuttavia, la crisi pandemica ha permesso di riaprire una grande riflessione sulla vivibilità più o meno egualitaria tra i quartieri della città, sul policentri-

[55] Bortolotti A. (2021), *Gli effetti Covid-19 sul mercato immobiliare milanese: l'ascesa dello sviluppatore specializzato*, Background Papers Urban@it, Bologna.

[56] *Ibidem.*

[57] Harvey D., 2001, *op. cit.*, p. 79.

smo che ne regola la distribuzione di servizi e grandi funzioni, sulle modalità di utilizzo di uffici, complessi per il commercio, della residenza e degli spazi pubblici anche in relazione al distanziamento, aprendo a una concezione della dimensione urbana più complessa e da analizzare in misura transcalare.

In conclusione, la dimensione della città ha oggi molto a che vedere con l'utilizzo dei suoi spazi finanziari, delle strategie e delle relazioni che gli attori progettano per plasmare e rimodellare la continua transizione tra crisi finanziarie ed economiche dei mercati, tra nuovi strumenti digitali e sfide ambientali. Come ha recentemente sottolineato Gabriele Pasqui, "il mercato semplicemente non è in grado e non ha intenzione di garantire la fornitura delle tipologie di asset pubblici"[58] ma, per affrontare con nuovi approcci egualitari le sfide poste dalle diverse trasformazioni socio-economiche in atto, è necessario che gli Stati provvedano a una forte ristrutturazione dei propri apparati atti alla gestione delle crisi. Infatti, un aspetto non secondario del remote/smart working riguarda proprio la capacità di sostenere il lavoro da casa, il quale è caratterizzato dal tipo di occupazione, dalle competenze e dai salari, elementi che influiscono sul mercato immobiliare della casa[59]. Di conseguenza, l'abilità della società di adattarsi alla transizione digitale, alla finanziarizzazione dei mercati e alle strategie aziendali in fase di trasformazione, anche in relazione all'introduzione della flessibilità data dal remote/smart working, pone la questione di una diversa concezione del settore pubblico nel normare, regolare e pianificare la dimensione urbana, al fine di ridisegnare un'urbanità maggiormente indirizzata dallo Stato e dai suoi apparati pubblici nei vari livelli amministrativi.

[58] Pasqui G. (2022), *Coping with the Pandemic in Fragile Cities*, PoliMI Springer Briefs, Milano, p. 55.

[59] Reuschke D., Felstead A. (2020), "Changing workplace geographies in the COVID-19 crisis", *Dialogues in Human Geography*, Vol. 10, Issue 2, pp. 208-212.

6 La dimensione del servizio pubblico

di Marco Carlomagno

Il futuro del lavoro è agile: formidabili occasioni, aspetti positivi ed errori fatti

Il lavoro agile emergenziale, necessario per prevenire il contagio, ancorché più vicino al telelavoro che al lavoro agile previsto dalla Legge n. 81/2017[1], ha sicuramente permesso un'accelerazione nel campo della modernizzazione dei processi e nella digitalizzazione di molti di essi.

Molte amministrazioni, come gran parte del tessuto produttivo del nostro Paese, in questi anni hanno dovuto fare i conti con la necessità di adottare nuovi modelli organizzativi, non solo per una scelta interna, quanto per far fronte alle richieste che provenivano dalla società e dal mondo esterno.

Bisogna dire che se ci sono state da una parte esperienze di innovazione e di capacità di organizzazione e di lavoro più adeguate ai bisogni del Paese, le imprese italiane e le pubbliche amministrazioni, che sono tante e diverse sia per complessità organizzativa sia per compiti, nel loro insieme segnano ancora grandi difficoltà ad adeguarsi ai nuovi modelli organizzativi e alle modifiche richieste.

Ma questa è comunque una necessità ineludibile: il cambio di paradigma è sempre più necessario e la pandemia ha dimostrato, pur nella sua eccezionalità, come la produttività possa aumentare e i servizi possano essere erogati meglio e con maggiore tempestività e fruibilità attraverso modalità organizzative e tecnologiche diverse rispetto al passato.

L'implementazione del lavoro agile è stata una formidabile occasione, pur nei limiti derivanti da un'applicazione improvvisata e da un'infrastrut-

[1] *Legge 22 maggio 2017, n. 81*, recante "Misure per la tutela del lavoro autonomo non imprenditoriale e misure volte a favorire l'articolazione flessibile nei tempi e nei luoghi del lavoro subordinato".

tura digitale non sempre al passo con i tempi, per dimostrare come i cambiamenti organizzativi, una nuova organizzazione del lavoro più orizzontale e meno gerarchico-piramidale, con la piena responsabilizzazione del personale e il riconoscimento dell'autonomia, siano un valore aggiunto. La sfida della modernizzazione determina la necessità di ripensare l'assetto burocratico, basato sulla mera proceduralizzazione degli atti e sulla cultura dell'adempimento, privilegiando l'organizzazione per obiettivi e per risultati.

Il lavoro agile, nella sua articolazione prevista dalla Legge n. 81/2017 (organizzazione per fasi, cicli e obiettivi e senza precisi vincoli di orario o di luogo di lavoro), è ben differente dal telelavoro o lavoro da casa. Il lavoro agile non è certamente l'unica modalità di svolgimento della prestazione lavorativa per tutte le realtà organizzative e produttive. È evidente che alcune attività sono ancora tendenzialmente da svolgere in presenza, almeno con gli attuali livelli di digitalizzazione dei processi, o per specifiche lavorazioni.

Ma l'obiettivo a cui tendere è quello di implementare le dotazioni tecnologiche delle amministrazioni pubbliche e delle imprese e rivisitare le lavorazioni, in un'ottica integrata capace di produrre semplificazione amministrativa, velocizzazione delle decisioni e dell'emanazione degli atti, modernizzando tecnologicamente sempre più anche i settori produttivi e del terziario. Avremo a regime modelli organizzativi che coniugano in modo armonico il lavoro agile con quello in presenza, che comunque è utile non solo per fornire servizi non diversamente erogabili, ma anche per permettere momenti di condivisione e di scambio professionale.

Permane, purtroppo ancora oggi, un approccio pregiudizievole sull'efficienza e la produttività della prestazione lavorativa in modalità agile rispetto a quella in presenza[2], che costituisce oggettivamente un passo indietro nell'organizzazione del lavoro e dei servizi, oltre a incidere in modo pesante su tutti gli strumenti di conciliazione vita-lavoro.

Già nel 2018 una ricerca[3] dell'Osservatorio Smart Working del Politecnico di Milano ribadiva i vantaggi economico-sociali dei modelli di lavoro agile: incremento di produttività del lavoratore (+15%), riduzione del tasso di assenteismo (–20%), miglioramento dell'equilibrio tra lavoro e vita privata (+80%). Valori notevolmente migliorati negli ultimi due anni, come risulta dai report di tante università e istituti di ricerca pubblici e privati.

[2] Carlomagno M. (2021), "Non basta tornare in presenza per far funzionare gli uffici", *Il Sole 24 Ore*, 13 settembre.

[3] Osservatorio Smart Working del Politecnico di Milano (2018), *Smart Working: continua la crescita tra le grandi aziende*.

Risulta inoltre sbagliato continuare a ipotizzare soluzioni centralistiche, calate dall'alto, uguali per tutti, disciplinando addirittura *ope legis* il numero massimo di giornate autorizzabili in lavoro agile, o imponendo il principio della prevalenza del lavoro in presenza rispetto a quello agile per ogni singolo lavoratore, a prescindere dall'attività che svolge e dalle caratteristiche di quella prestazione lavorativa[4]. In Italia l'eccesso di normazione, primaria o secondaria, non ha risparmiato neanche questo importante fattore di innovazione. Il combinato disposto di tale azione, unitamente alla resistenza di imprese (soprattutto PMI) e delle singole pubbliche amministrazioni a individuare in modo analitico le attività che si possono svolgere senza precisi vincoli di orario o di luogo di lavoro, comporta un oggettivo ostacolo al decollo stabile del lavoro agile nel nostro Paese.

La stipula dei nuovi Contratti di lavoro del pubblico impiego, insieme alle migliori esperienze contrattuali definite a partire dal 2021 nel mondo delle aziende e del terziario, costituisce invece la strada da seguire, basata sulla massima flessibilità dello strumento, la piena responsabilizzazione degli attori interessati, la valorizzazione delle autonomie professionali e del senso di responsabilità degli addetti.

La diffusione della digitalizzazione: i ritardi e la necessità di cambiare i processi

Preliminarmente bisogna rilevare che siamo ancora in ritardo: in Italia molte zone sono ancora alle prese con infrastrutture tecnologiche arcaiche e il "digital divide" spezza in due, se non in tre aree, il nostro Paese. Il *gap* infrastrutturale e anche tecnologico deve essere assolutamente colmato nei confronti anche dei nostri competitor internazionali. Basti considerare che l'Italia si posiziona al 18° posto della classifica stilata nell'ultima edizione del DESI (Digital Economy and Society Index) – l'indice che misura il progresso degli Stati membri dell'UE verso un'economia e una società digitale[5].

[4] *Cfr. Decreto del Presidente del Consiglio dei Ministri 23 settembre 2021*, recante "Disposizioni in materia di modalità ordinaria per lo svolgimento del lavoro nelle pubbliche amministrazioni"; decreto 8 ottobre 2021 del Ministro per la Pubblica Amministrazione, recante "Modalità organizzative per il rientro in presenza dei lavoratori delle pubbliche amministrazioni"; Schema di Linee guida in materia di lavoro agile nelle amministrazioni pubbliche, ai sensi dell'articolo 1, comma 6, del decreto del Ministro per la pubblica amministrazione recante modalità organizzative per il rientro in presenza dei lavoratori delle pubbliche amministrazioni.

[5] Commissione europea (2022), *The Digital Economy and Society Index (DESI)*.

A livello globale, secondo l'ultimo report di Surfshark[6], l'Italia si posiziona al 27° posto, figurando fra gli ultimi Paesi dell'UE e scendendo di sette posizioni rispetto alla precedente edizione. L'indice prende in considerazione diversi parametri – dall'accesso a Internet fino alla cybersicurezza – e vede nelle prime dieci posizioni molti Paesi europei, fra cui spicca la Danimarca al primo posto.

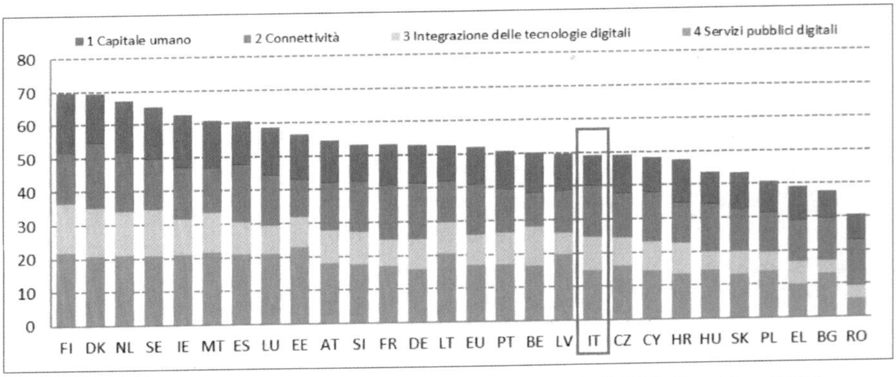

Indice di digitalizzazione dell'economia e della società (DESI), Ranking 2022

Il PNRR, che investe nella digitalizzazione ingenti risorse[7], deve essere l'occasione per cambiare passo. La digitalizzazione è un fattore chiave non solo per aumentare la produttività e per rendere i servizi più efficienti e fruibili, ma è soprattutto un importante ausilio a rendere i nostri cicli produttivi più sicuri in un momento in cui le morti sul lavoro sono ancora una triste realtà, mentre scontiamo ancora danni ambientali devastanti causati da decenni di produzioni industriali altamente inquinanti e nocive. L'innovazione non servirà solo a rendere più competitivo il nostro Paese, ma anche a renderlo più sicuro. Il paradigma Industria 4.0[8] dovrà quindi garantire maggiore competitività, innovazione e diversificazione produttiva, ma anche sicurezza sui posti di lavoro e difesa dell'ambiente.

Per non parlare, poi, dei benefici e delle ricadute positive di quel *driver* di innovazione che è il lavoro agile e a distanza sulla conciliazione dei tempi

[6] Surfshark (2022), *2021 Digital Quality of Life Index*.

[7] Presidenza del Consiglio dei Ministri (2021), *Piano Nazionale di Ripresa e Resilienza*, https://italiadomani.gov.it/.

[8] L'espressione "Industria 4.0" indica una visione del futuro secondo cui, grazie alle tecnologie digitali, le imprese industriali e manifatturiere aumenteranno la propria competitività ed efficienza tramite l'interconnessione e la cooperazione delle proprie risorse (impianti, persone, informazioni), sia interne alla fabbrica sia distribuite lungo la catena del valore.

penale, sia amministrativa sia tributaria. Non a caso le inefficienze del nostro sistema giudiziario trovano la loro radice non solo negli interessi corporativi di alcune parti degli operatori del settore, che hanno costruito rendite di posizione sui ritardi e le inefficienze del sistema, ma anche nella mancata predisposizione di tutti quegli strumenti che pure potevano permettere la digitalizzazione di molti processi lavorativi.

La fine del 2021 e l'inizio del 2022 hanno regalato al panorama del lavoro agile una *struttura* e una *istituzionalizzazione* che sarebbero state impensabili fino a pochi anni fa. Dalle imprese alla PA, infatti, l'Italia si sta avviando verso il disegno di un nuovo paradigma del lavoro in chiave flessibile, dando una definizione e una forma minima comune ai vari esperimenti di lavoro agile che hanno connotato il primo periodo emergenziale della pandemia.

La PA – che nel 2021 ha avuto un andamento altalenante in termini di lavoro agile – ha visto emanato il 9 dicembre 2021 il decreto sulle *Linee-guida sul Piano Organizzativo del Lavoro Agile (POLA) e Indicatori di performance*[10], in cui si prevede per ogni amministrazione l'obbligo di redigere entro il 31 gennaio di ciascun anno (a partire dal 2021), sentite le organizzazioni sindacali, il Piano Organizzativo del Lavoro Agile (POLA), quale sezione del Piano della performance[11].

Il POLA è lo strumento messo in campo dal Ministro per la Pubblica Amministrazione per permettere l'avvio nel triennio 2021-2023 del lavoro agile a regime come uno dei fattori ordinari di svolgimento del lavoro. Il POLA, rappresenta, quindi, un documento che tutte le amministrazioni pubbliche dovranno adottare per individuare le *modalità attuative* per tutte quelle attività identificate come compatibili con il lavoro agile. Esso costituisce pertanto a pieno titolo una sezione del Piano della performance, dedicata a quei processi di innovazione amministrativa necessari per la programmazione e gestione del lavoro agile, e dovrà essere aggiornato secondo una logica di scorrimento programmatico.

Il POLA promuove l'attuazione del lavoro agile e definisce le misure organizzative, i requisiti tecnologici, i percorsi formativi del personale, anche dirigenziale, e gli strumenti di monitoraggio e rilevazione volti alla verifica periodica dei risultati conseguiti, anche in termini di miglioramento dell'efficacia e dell'efficienza dell'azione amministrativa, della digitalizzazione dei processi, nonché della qualità dei servizi erogati. Fondamentale è il coinvol-

[10] Presidenza del Consiglio dei Ministri (2020), *Linee Guida sul Piano Organizzativo del Lavoro Agile (POLA) e indicatori di performance*.

[11] Ai sensi dell'art. 263 del Decreto-legge n. 34 del 2020, convertito con modificazioni dalla Legge n. 77 del 2020.

gimento dei cittadini, sia individualmente, sia nelle loro forme associative, volto a rendere i servizi resi dalle pubbliche amministrazioni più rapidi ed efficaci attraverso la loro digitalizzazione.

Il documento sulle linee guida del 9 dicembre 2021, inoltre, disciplina anche il *contenuto minimo* del POLA, e in particolare:

- *livello di attuazione e di sviluppo del lavoro agile* ("da dove si parte?"): la fotografia sintetica del raggiunto livello di attuazione e sviluppo del lavoro agile, che costituisce la base di partenza (*baseline*) per la programmazione del suo miglioramento nell'arco temporale di riferimento del Piano;
- *modalità attuative* ("come attuare il lavoro agile e secondo quale tempistica?"): l'amministrazione sintetizza le scelte organizzative operate per promuovere il ricorso al lavoro agile. Si ricorda che la norma prevede che possa avvalersene almeno il 60% dei dipendenti impegnati in attività che possono essere svolte in modalità agile, con la garanzia che gli stessi non subiscano penalizzazioni ai fini del riconoscimento di professionalità e della progressione di carriera;
- *soggetti, processi e strumenti del lavoro agile* ("chi fa, che cosa fa, quando e come attuare e sviluppare il lavoro agile?"): l'individuazione, quindi, delle figure che saranno predisposte per sviluppare il lavoro agile (funzionali all'organizzazione e al monitoraggio dello stesso), oltre che delle attività che queste metteranno effettivamente in piedi, comprensive di modalità e tempi di attuazione;
- *programma di sviluppo del lavoro agile* ("come sviluppare il lavoro agile?"): l'amministrazione descrive il vero e proprio piano di attuazione e sviluppo del lavoro agile, articolato in tre fasi (fase di avvio, fase di sviluppo intermedio, fase di sviluppo avanzato) distribuite entro un intervallo massimo di tipo triennale. All'interno del programma di sviluppo ciascuna amministrazione inserirà, inoltre, anche le *condizioni abilitanti del lavoro agile* (misure organizzative, requisiti tecnologici, percorsi formativi del personale anche dirigenziale), le modalità e lo stato di implementazione del lavoro agile, gli strumenti di rilevazione e di verifica periodica dei risultati conseguiti e gli impatti interni ed esterni del lavoro agile.

In caso di mancata adozione del POLA, il lavoro agile si applica almeno al 30% dei dipendenti, ove questi lo richiedano.

Il decreto citato, inoltre, raccomanda di valutare attentamente, in sede di regolamento o atto organizzativo interno, l'opportunità di ampliare il novero delle attività a suo tempo individuate in attuazione delle indicazioni contenute nella direttiva 1° giugno 2017, n. 3[12]. È infatti ragionevole presumere che, alla luce dell'esperienza maturata negli ultimi mesi, nonché delle soluzioni organizzative e tecnologiche sperimentate, l'amministrazione ritenga svolgibili in modalità agile, anche solo parzialmente, attività non ricomprese negli atti organizzativi a suo tempo adottati. Devono essere, inoltre, definiti i contenuti minimi dell'accordo individuale ex art. 19, Legge 22 maggio 2017, n. 81, cui aderiranno i dipendenti interessati. È quindi prioritario per ogni amministrazione rivedere gli atti organizzativi che disciplinano il lavoro agile al suo interno.

Il Piano è redatto con il coinvolgimento diretto dell'ufficio del personale e dei dirigenti quali promotori dell'innovazione dei sistemi organizzativi. Le amministrazioni si possono avvalere anche della collaborazione dei Comitati Unici di Garanzia (CUG), degli Organismi Indipendenti di Valutazione (OIV) e dei Responsabili della Transizione al Digitale (RTD), al fine di rendere coerente il POLA con gli altri strumenti di programmazione e in particolare con il Piano Triennale dell'Informatica.

I CUG[13] forniranno un valido supporto focalizzando l'attenzione su politiche di conciliazione dei tempi di lavoro e vita privata funzionali al miglioramento del benessere organizzativo. L'OIV[14] contribuirà alla definizione degli indicatori che l'amministrazione utilizza per programmare, misurare, valutare e rendicontare la performance prediligendo la valorizzazione dei risultati e non il controllo sulla prestazione. L'RTD[15] avrà il

[12] Direttiva 1° giugno 2017, n. 3/2017 recante "Indirizzi per l'attuazione dei commi 1 e 2 dell'articolo 14 della Legge 7 agosto 2015, n. 124 e linee guida contenenti regole inerenti all'organizzazione del lavoro finalizzate a promuovere la conciliazione dei tempi di vita e di lavoro dei dipendenti".

[13] Seguendo le indicazioni della direttiva n. 2/2019 che ne ha ulteriormente chiarito compiti e funzioni, le amministrazioni devono valorizzare il ruolo dei CUG anche nell'attuazione del lavoro agile nell'ottica delle politiche di conciliazione dei tempi di lavoro e vita privata funzionali al miglioramento del benessere organizzativo.

[14] In riferimento al ruolo degli OIV, come già evidenziato nelle linee guida 2/2017, la definizione degli indicatori che l'amministrazione utilizza per programmare, misurare, valutare e rendicontare la performance è un'attività di importanza cruciale e ciò può essere ancora più determinante quando si parla di lavoro agile, superando il paradigma del controllo sulla prestazione in favore della valutazione dei risultati.

[15] In questo ambito è da considerare anche la circolare n. 3/2018, che contiene indicazioni relative al ruolo degli RTD che integrano le disposizioni riportate all'art. 17 del Codice dell'Amministrazione Digitale (CAD). La centralità degli RTD è evidenziata anche nel *Piano triennale per l'informatica nella PA – Aggiornamento 2021-2023*, che affida alla rete degli RTD il compito di definire un *maturity model* per il lavoro agile nelle pubbliche ammini-

compito di individuare i cambiamenti organizzativi e gli adeguamenti tecnologici necessari.

Per la redazione del POLA è necessaria la valutazione del livello di attuazione e di sviluppo del lavoro agile, attraverso indicatori sia di tipo *qualitativo* sia *quantitativo*. Gli indicatori di tipo qualitativo sono basati sulla percezione della qualità da parte degli utenti e in particolare sono:

- percentuale dirigenti o posizioni organizzative soddisfatti del lavoro agile dei propri collaboratori;
- percentuale dipendenti in lavoro agile soddisfatti;
- soddisfazione per genere: percentuale donne soddisfatte, percentuale uomini soddisfatti;
- soddisfazione per età: percentuale dipendenti sopra i 60 anni soddisfatti; percentuale dipendenti sopra i 50 anni soddisfatti ecc.;
- soddisfazione per situazione familiare: percentuale dipendenti con genitori anziani, soddisfatti; percentuale dipendenti con figli, soddisfatti ecc.

Gli indicatori di tipo quantitativo sono basati sul numero dei dipendenti in lavoro agile, in particolare:

- percentuale lavoratori agili effettivi/lavoratori agili potenziali;
- percentuale giornate di lavoro agile/giornate lavorative totali.

Definiti gli indicatori e verificato lo stato di attuazione del lavoro agile si procederà a valutare le modalità di implementazione del POLA e gli impatti attesi sui lavoratori. Dal momento che, come accennato, lo sviluppo e il relativo aggiornamento del Piano sono basati su tre fasi (avvio, sviluppo intermedio, sviluppo avanzato), gli indicatori serviranno a creare la base di partenza per successive serie storiche e a individuare i punti critici e di miglioramento. Nell'arco del triennio 2021-2023 l'amministrazione dovrà giungere a una fase di sviluppo avanzato in cui andranno monitorate tutte le dimensioni indicate nella tabella degli indicatori di monitoraggio POLA.

A consuntivo, dopo ogni fase, l'amministrazione dovrà verificare il livello raggiunto rispetto al livello da essa programmato nel POLA. I risultati misurati, da rendicontare in apposita sezione della Relazione annuale sulla performance, costituiranno il punto di partenza per l'individuazione

strazioni. Tale modello individua i cambiamenti organizzativi e gli adeguamenti tecnologici necessari anche alla luce del nuovo contesto connesso all'emergenza Covid-19.

dei contenuti della programmazione dei cicli successivi, a partire dal Piano 2022-2024.

Il mondo del lavoro è cambiato

Il 2022, quindi, rappresenta un anno di assestamento per i pilastri che andranno a sostenere l'evoluzione del lavoro agile nei prossimi anni, i quali saranno condizionati da nuove normative che entreranno in vigore e dai contratti collettivi nazionali di lavoro pubblico che saranno firmati. Stiamo vedendo, infatti, come questo fenomeno stia assumendo sempre più una forma chiara e definita, seppur non definitiva.

L'evoluzione dei nuovi modi di lavorare, infatti, di cui già oggi si parla moltissimo, fa pensare che la pandemia e la diffusione massiccia del lavoro agile abbiano solamente aperto le porte a nuovi e ulteriori modi di intendere l'approccio al lavoro, sicuramente sempre più in ottica people-oriented.

La persona, infatti, con le sue esigenze e i suoi bisogni, inizia sempre più a essere messa al centro, portando le organizzazioni a spostarsi verso modalità di lavoro, appunto, sempre più agili e flessibili, in grado, quindi, di conciliare le esigenze delle imprese (o delle amministrazioni) con quelle delle persone.

Nella consueta lettera annuale ai CEO[16] Larry Fink, amministratore delegato di BlackRock, il più grande asset manager globale con oltre 10 mila miliardi di dollari in gestione, è intervenuto su questi temi, sottolineando le necessità di un capitalismo più responsabile ed esortando le aziende a rivedere i rapporti con i lavoratori:

> Nessun rapporto ha subito più modifiche a causa della pandemia di quello tra datori di lavoro e dipendenti. Negli Stati Uniti e nel Regno Unito, il tasso di licenziamento è ai massimi storici. E proprio negli Stati Uniti stiamo assistendo a una delle maggiori crescite salariali degli ultimi decenni. È positivo che i lavoratori stiano cogliendo queste nuove opportunità: dimostra la loro fiducia nella crescita economica.
>
> Se, da un lato, il ricambio della forza lavoro e l'incremento delle retribuzioni non sono un tratto trasversale di ogni regione o settore, in tutto il mondo i dipendenti stanno chiedendo qualcosa di più ai loro datori di lavoro, incluse una maggiore flessibilità e mansioni più significative. Sebbene l'uscita dalla pandemia per le aziende sia un'occasione di ricostruzione, i CEO si trovano davanti a un paradigma radicalmente diverso da ciò a cui eravamo abituati. La normalità prevedeva che i

[16] Fink L. (2022), *Lettera ai CEO 2022*, BlackRock.

dipendenti andassero in ufficio cinque giorni alla settimana. Raramente si parlava di salute mentale sul luogo di lavoro e i salari della manodopera a basso e medio reddito crescevano a malapena.

Quel mondo non esiste più.

Fink definisce le maggiori richieste dei lavoratori nei confronti dei loro datori di lavoro come "un tratto essenziale di un *capitalismo efficace*" che "favorisce la prosperità e crea un clima più competitivo per i talenti", spingendo le aziende a creare ambienti migliori e più innovativi per i loro dipendenti:

> La nostra ricerca mostra che le società che hanno instaurato legami solidi con i loro dipendenti hanno registrato livelli più bassi di turnover e rendimenti più alti nel corso della pandemia. Le società che non si adeguano a questa nuova realtà, e non danno seguito alle istanze dei loro dipendenti, lo fanno a loro rischio e pericolo.

Sin da oggi, infatti, possiamo vedere le prime avvisaglie di un'evoluzione che è già in atto. Dalle aziende che hanno rivisto la disciplina di ferie e permessi in ottica di flessibilità[17] (adottando, per esempio, il modello americano delle ferie illimitate[18]) a quelle che decidono di integrare elementi extralavorativi all'interno della configurazione dell'ufficio (quali sale yoga o di meditazione) o, ancora, a quelle che rivedono in chiave flessibile anche l'intero modello organizzativo: si tratta, quindi, di un fenomeno che è già in corso e che, ormai, si sta pian piano facendo strada nel panorama italiano – di cui, quindi, le aziende non possono che tener conto sin da ora, implementando *progetti strutturati di ripensamento dei modi di lavorare*, con il supporto anche di esperti esterni per i progetti più complessi e visionari.

In questa evoluzione del lavoro verso il futuro, purtroppo, al momento la pubblica amministrazione rischia di perdere il passo nei confronti del lavoro privato, restando indietro.

Si è fatto molto per modernizzare le PA e, tuttavia, si sarebbe potuto fare di più se non ci fossimo trovati di fronte al brusco dietro front del 2021-2022, con il rientro in presenza di tutti i lavoratori pubblici, voluto dall'allora Ministro per la Pubblica Amministrazione Renato Brunetta, che da sempre si oppone al lavoro agile[19].

[17] Tra queste TeamSystem, Velvet Media, Lamborghini, Coinbase.

[18] Adottato per esempio da Netflix, LinkedIn, Evernote e, in Italia, da OneDay Group, Seedble, Bitpanda.

[19] Carlomagno M. (2021), "I dipendenti pubblici tornano in presenza: addio digitalizzazione, benvenuta demagogia", *Il Fatto Quotidiano*, 9 ottobre.

Con l'emanazione del già citato decreto ministeriale 8 ottobre 2021, si è, infatti, posto fine al ricorso al lavoro agile emergenziale come modalità ordinaria di svolgimento della prestazione lavorativa alle dipendenze delle pubbliche amministrazioni a decorrere dal 15 ottobre 2021, prevedendo da tale data per le pubbliche amministrazioni il rientro in presenza di tutto il personale da completare entro il 30 ottobre 2021. Il decreto ha inoltre previsto che il ricorso al lavoro agile, ove consentito a legislazione vigente, potrà essere autorizzato esclusivamente a condizione che il personale che presta l'attività lavorativa in lavoro agile *mantenga la prevalenza dell'esecuzione della prestazione in presenza.*

Così i detrattori del lavoro agile, la burocrazia feudale che vuole che nulla cambi, hanno avuto una ragione in più per ostacolare e opporsi al cambiamento, frenando su tutte le innovazioni che erano state progettate e in molti casi già attuate nella direzione della digitalizzazione. Il rischio che queste azioni rallentino nel nostro Paese i processi di modernizzazione e di innovazione purtroppo esiste, perché nel nostro Paese i pregiudizi nei confronti del lavoro pubblico sono ancora radicati e vi è un problema evidente di vision della classe dirigente.

Come evidenziato da Mariano Corso, Responsabile scientifico dell'Osservatorio Smart Working del Politecnico di Milano, sulla base dei dati della Ricerca dell'Osservatorio[20] presentata il 3 novembre 2021 durante il convegno "Rivoluzione Smart Working: un futuro da costruire adesso":

> Le grandi imprese stanno sperimentando nuovi modelli di lavoro, con la ricerca di nuovi equilibri fra presenza e distanza capaci di cogliere i benefici potenziali di entrambe le modalità di lavoro. In molte organizzazioni, soprattutto PMI e PA, invece, si sta tornando prevalentemente al lavoro in presenza a causa della mancanza di cultura basata sul raggiungimento dei risultati. Un arretramento che si scontra con le aspettative dei lavoratori e gli obiettivi di digitalizzazione, sostenibilità e inclusività del nostro Paese. Ora è necessario costruire il futuro del lavoro sul vero Smart Working, che non è una misura emergenziale, ma uno strumento di modernizzazione che spinge a un ripensamento di processi e sistemi manageriali all'insegna della flessibilità e della meritocrazia, proponendo ai lavoratori una maggiore autonomia e responsabilizzazione sui risultati.

Concetti peraltro ribaditi da Alessandra Gangai, Direttrice del tavolo Smart Working nella PA:

[20] Osservatorio Smart Working del Politecnico di Milano (2021), *Smart Working in Italia: dati, numeri e trend post-pandemia.*

Per cogliere tutti i benefici dello smart working serve l'impegno di tutti i soggetti. Alle organizzazioni spetta il compito di strutturare progetti coraggiosi, lavorando su policy, tecnologie, spazi di lavoro e stili di leadership; i lavoratori devono allenare skill più adeguate al nuovo work-life balance; i policy maker devono accompagnare questa trasformazione con onestà intellettuale e lungimiranza.

Gli stessi POLA, poi integrati nel PIAO[21] (Piano Integrato di Attività e Organizzazione), fotografano bene la situazione.

A distanza di un anno dall'approvazione del Decreto-legge n. 80/2021, sono stati emanati il D.P.R. 24 giugno 2022, n. 81, "Regolamento recante individuazione degli adempimenti relativi ai Piani assorbiti dal Piano integrato di attività e organizzazione", e il D.M. PIAO del 24 giugno 2022[22].

Sia il D.P.R. sia il D.M., purtroppo, partendo dalle premesse di semplificare le attività delle pubbliche amministrazioni, di fatto le complicano ancora di più, con la previsione di una serie di azioni di natura burocratico-formale che aggravano vieppiù la già notevole mole di adempimenti posti a carico delle amministrazioni.

Interessante notare che anche il Consiglio di Stato, con parere datato 26 maggio 2022, n. 902[23], non considera il PIAO una semplificazione ma un adempimento aggiuntivo, una complicazione. Il Consiglio di Stato ha ritenuto, infatti, che "non appare fugato il rischio che il PIAO si risolva in una giustapposizione di Piani, quasi a definirsi come un ulteriore 'layer of bureaucracy'". Per il Collegio, "le sezioni e le sottosezioni del PIAO rinviano a soggetti diversi quanto a predisposizione e a monitoraggio oltre ad alludere a effetti diversi". La questione si evince dalle indicazioni offerte nell'art. 3, comma 1, lett. c) dell'allora schema di decreto, dove:

[21] L'art. 6 del Decreto-legge 9 giugno 2021, n. 80, recante "Misure urgenti per il rafforzamento della capacità amministrativa delle pubbliche amministrazioni funzionale all'attuazione del Piano nazionale di ripresa e resilienza (PNRR) e per l'efficienza della giustizia", cd. "Decreto Reclutamento", convertito dalla Legge 6 agosto 2021, n. 113, prevede la convergenza del POLA nel Piano Integrato di Attività e Organizzazione (PIAO). Il provvedimento mira a uniformare e snellire la realizzazione degli strumenti di programmazione, facendo confluire in un Piano Unico gli aspetti di organizzazione, performance, valutazione e transizione digitale delle PA, includendo anche il lavoro agile tra gli asset determinanti. L'obiettivo è assicurare la qualità e la trasparenza dell'attività amministrativa e migliorare la qualità dei servizi a cittadini e imprese, a partire dalla cura e dall'innovazione della salute organizzativa e professionale della PA.

[22] *Decreto del Ministro per la Pubblica Amministrazione di concerto con il Ministro dell'economia e delle finanze 24 giugno 2022.*

[23] *Parere del Consiglio di Stato*, Sezione Consultiva per gli Atti Normativi, Adunanza di Sezione del 24 maggio 2022, numero affare 00604/2022.

con peculiare riferimento alla sottosezione "rischi corruttivi e trasparenza", si precisa che essa dovrà essere predisposta dal Responsabile della prevenzione della corruzione e della trasparenza, sulla base degli obiettivi strategici definiti dall'organo di indirizzo, ai sensi della l. 6 novembre 2012, n. 190, aggiungendo che ne sono elementi essenziali quelli indicati nel Piano nazionale anticorruzione e negli atti di regolazione generale adottati dall'ANAC ai sensi della stessa legge del 2012 nonché del d.lgs. 14 marzo 2013, n. 33. Lo stesso dicasi per l'art. 4 dello schema di decreto dove, al comma 1, lett. b), con riferimento alla sottosezione "Organizzazione del lavoro agile", se ne richiede la necessaria coerenza con le Linee guida emanate dal Dipartimento della Funzione pubblica oltre che con gli istituti del lavoro agile stabiliti dalla Contrattazione collettiva nazionale.

Basta scorrere le schede allegate al D.M. per capire il tipo di approccio seguito che è direttamente correlato all'idea di pubblica amministrazione dell'allora Ministro Renato Brunetta, per il quale la strada da seguire è quella di disporre dal centro, di regolamentare minuziosamente ogni aspetto delle attività, parcellizzarle, minacciando sanzioni a ogni piè sospinto.

In verità questo approccio centralista è in contrasto con tutta l'evoluzione degli ultimi anni che si basa invece sul rafforzamento delle autonomie e delle capacità organizzative delle nostre amministrazioni.

Nel testo del D.M. viene inoltre inserito l'obbligo, del tutto surrettizio e non previsto dalle norme primarie, della cosiddetta prevalenza dell'attività in presenza per ogni singolo lavoratore che accede al lavoro agile, creando una nuova invasione di campo su quanto previsto dalla contrattazione collettiva che nel 2021-2022 ha per l'appunto regolamentato tali istituti nei contratti collettivi nazionali di lavoro dei Comparti delle Funzioni Centrali e della Sanità superando le precedenti e provvisorie linee guida sul lavoro agile.

Le ulteriori complicazioni burocratiche previste, oltre al ritardo nell'emanazione del D.P.R. PIAO e del relativo D.M., hanno avuto come conseguenza il fatto che, alla data di scadenza prevista, solo poche amministrazioni abbiano predisposto lo stesso PIAO, e in molti casi quelle che lo hanno fatto si sono limitate a fotografare la situazione esistente, senza grandi spunti innovativi.

Un buon lavoro è stato fatto alla Presidenza del Consiglio, all'Agenzia delle Entrate, all'Agenzia delle Dogane e dei Monopoli, ma è troppo poco rispetto ai grandi assenti, tra i quali spiccano le grandi amministrazioni centrali oltre alla maggioranza degli enti locali. A dimostrazione che per poter efficacemente implementare il lavoro agile nelle pubbliche amministrazioni non bastano le norme o le circolari che vengono vissute come mero adempimento burocratico, ma è necessario operare su più direttrici, in una logica di cambio di paradigma.

Non si può mettere in campo un piano di digitalizzazione del Paese e, allo stesso tempo, avallare azioni in netta controtendenza che non tengono conto degli impatti che le politiche di diffusione del lavoro agile hanno sul territorio: impatti in termini di maggiore sostenibilità ambientale, maggiore produttività, maggiore equità e sostenibilità sociale e maggiore sostenibilità istituzionale, che sono poi tra quelli promossi nell'ambito dell'Agenda 2030[24].

La trasformazione digitale: le opportunità e la necessità di un cambio di paradigma

Una vera rivoluzione digitale passa per gli interventi infrastrutturali quali quelli della banda larga su tutto il territorio nazionale, le dotazioni informatiche delle amministrazioni in termini di numero e di qualità, la digitalizzazione dei processi in gran parte ancora cartacei, la creazione e l'interoperabilità delle banche dati.

A questo si deve accompagnare un processo di modifica organizzativa che adegui gli assetti alle nuove tecnologie e alle nuove forme di lavoro.

Bisogna accorciare i livelli di responsabilità, diminuendo l'eccessiva gerarchizzazione delle strutture, che in questi anni è servita solo a permettere il proliferare di ben remunerate posizioni di vertice aumentando i livelli di burocrazia e la deresponsabilizzazione degli addetti. Occorre privilegiare un'organizzazione più orizzontale e meno verticale, in cui si premino le innovazioni e le proposte e in cui si valorizzino i tanti talenti presenti.

Allo stesso tempo bisogna valorizzare la dirigenza, sviluppandone i profili di managerialità e la capacità di gestire processi e dinamiche organizzative, e il lavoro pubblico, mediante un sistema di valutazione basato sui risultati e non sugli adempimenti o sulla mera presenza, riconoscendo il diritto alla carriera, a mettersi in gioco e a migliorare il proprio ruolo nell'organizzazione. Valori oggi del tutto disconosciuti dalla sconsiderata politica di questi decenni basata sulla denigrazione del servizio pubblico, sul blocco dei salari, delle carriere, dei riconoscimenti professionali.

Occorre anche ridisegnare la mappa dei processi lavorativi e delle professionalità necessarie, prevedendo un massiccio inserimento mirato di nuova forza lavoro con la riconversione e la riqualificazione di quella oggi presente, mediante programmi di formazione diffusa e permanente. In tale ambito

[24] United Nations (2022), *The Sustainable Development Goals Report 2022.*

vanno ridisegnati i fabbisogni delle amministrazioni, le loro articolazioni e le diverse missioni e competenze, e riscritti gli ordinamenti professionali per adeguarli alle sfide del cambiamento.

Se il passaggio è, come deve essere, dal considerare il lavoro agile non come una semplice opportunità di conciliazione vita-lavoro, ma come una formidabile modalità di innovazione organizzativa e di modernizzazione delle strutture, è indubbio che il quadro di riferimento deve essere a 360 gradi.

Una pubblica amministrazione aperta, moderna, inclusiva, digitalizzata non può essere ostaggio di burocrati. Ha bisogno di scelte che spesso partono dagli addetti ai lavori, da chi conosce quello che si fa, da chi è in prima linea nel rapporto con i cittadini.

Con riferimento agli istituti del rapporto di lavoro che vanno regolamentati in vista dell'implementazione del lavoro agile sicuramente vi sono quelli dell'orario di lavoro, della sua articolazione, della sua computazione e della sua rilevazione, la fascia di contattabilità e il relativo diritto alla disconnessione.

La prestazione resa in modalità agile non deve variare lo status giuridico del lavoratore, la sua posizione all'interno dell'amministrazione e la sua assegnazione, garantendo che i dipendenti in lavoro agile non subiscano penalizzazioni ai fini del riconoscimento di professionalità e della progressione di carriera. La prestazione lavorativa in modalità agile, infatti, costituisce servizio prestato a tutti gli effetti e il lavoratore che la svolge ha diritto a un trattamento economico e normativo non inferiore a quello complessivamente applicato nei confronti dei lavoratori che svolgono le medesime mansioni esclusivamente all'interno del luogo di lavoro.

Le strumentazioni informatiche andranno fornite dalle amministrazioni, così come le licenze d'uso, i programmi e le applicazioni software necessari all'attività da svolgersi da remoto. Dovrà essere garantito, con l'adozione delle necessarie misure di sicurezza, l'accesso alle banche dati, nonché il ricorso a strumenti, quali per esempio i sistemi di videoconferenza e call conference per la partecipazione da remoto a riunioni e incontri di lavoro.

Elemento essenziale, inoltre, per raggiungere una completa integrazione digitale risulta l'adozione di un cambio di paradigma che consenta il superamento dei timori e delle inerzie della direzione aziendale in merito allo sviluppo di organizzazioni *digital* e *green*.

Lo studio "La nuova era del lavoro remoto: tendenze nella forza lavoro distribuita", condotto da Vanson Bourne[25], evidenzia come l'adozione del lavoro

[25] Dell Technologies (2020), *La nuova era del lavoro remoto: tendenze nella forza lavoro distribuita.*

da remoto non abbia avuto impatti negativi sulla produttività e sui rapporti tra i componenti dei team di lavoro. Il 67% degli intervistati rileva un incremento, o una invarianza, del tasso di produttività; mentre il 76% afferma che i rapporti interpersonali sono migliorati, quantomeno con alcuni dei colleghi, e il 14% sostiene un miglioramento dei rapporti con la totalità dei colleghi.

La stessa analisi riporta inoltre come l'adozione del lavoro da remoto stia gradualmente livellando la concorrenza tra imprese, consentendo a organizzazioni e settori in precedenza svantaggiati di ridurre il distacco e trovare nuove opportunità per innovare e aprirsi a una maggiore partecipazione. Il 77% degli intervistati afferma infatti che le proprie capacità di lavoro da remoto sono state sottoutilizzate e le organizzazioni aziendali più piccole, che hanno effettuato un passaggio al lavoro da remoto, confermano che le proprie doti di adattabilità consentono di competere maggiormente con le imprese più grandi.

L'integrazione digitale fornisce quindi maggiori opportunità di sviluppare servizi e business. E, come risulta ormai dai principali istituti di ricerca, la possibilità di lavorare da remoto rappresenta per una buona parte degli intervistati un prerequisito (e non più un benefit) fondamentale per le prossime esperienze lavorative. Questo dato dovrebbe sensibilizzare nuovamente le organizzazioni aziendali a una modifica dell'obsoleto paradigma lavorativo ancora vigente, affinché, tramite lo sviluppo di modalità di svolgimento delle prestazioni lavorative da remoto, vi siano maggiori opportunità di attrarre i migliori talenti.

Senza dubbio, sarà necessario non perdere l'occasione di valorizzare le esperienze maturate in questi anni di crisi epidemiologica, al fine di produrre un cambiamento del paradigma lavorativo, da fondarsi su nuovi e differenti modelli organizzativi e culturali che consentano di lavorare secondo obiettivi condivisi e di accrescere sempre più i legami di fiducia e responsabilità tra aziende, amministrazioni pubbliche e lavoratori.

Il Rapporto annuale 2022 dell'Istat

Il *Rapporto annuale 2022 dell'Istat – La situazione del Paese*, presentato l'8 luglio 2022 a Roma presso Palazzo Montecitorio, ha evidenziato che:

> tra le economie europee per le quali sono disponibili dati comparativi, sia pure con le cautele di un simile confronto, i dipendenti pubblici in Italia sono i meno numerosi in rapporto alla popolazione (5,6 ogni 100 abitanti) e i più anziani. Nel settore pubblico italiano si riscontra la maggiore incidenza di lavoratori con oltre 55 anni e la più bassa di quelli con meno di 35 anni.

L'Istat sottolinea che la modernizzazione della pubblica amministrazione e la sua riforma sono sostenute da quasi 10 miliardi complessivamente stanziati dal PNRR, su obiettivi come la digitalizzazione, la semplificazione dei processi amministrativi, l'incremento del capitale umano attraverso nuove assunzioni e attraverso la formazione.

Il rapporto evidenzia inoltre che il livello generale del capitale umano del pubblico impiego è relativamente elevato, seppure con un forte grado di eterogeneità tra i diversi comparti. Il 42,5% dei dipendenti pubblici ha un titolo di studio universitario, mostrando un differenziale importante rispetto al settore privato, dove l'incidenza si ferma al 18%, ma la bassa attrattività salariale, in particolare per il personale qualificato, rappresenta un elemento di freno per il piano di assunzioni di personale con competenze di alto livello previsto dalla modernizzazione della PA.

La pandemia ha rappresentato un importante fattore di accelerazione del processo di digitalizzazione, soprattutto per la fornitura di servizi di *e-government* e per la diffusione del lavoro agile, con velocità e intensità eterogenee tra i diversi comparti del settore pubblico, con differenze anche di 40 punti percentuali nell'utilizzo di tecnologie (quali per esempio il cloud) o negli investimenti in sicurezza informatica tra le università e le grandi amministrazioni, da un lato, e quelle più piccole, soprattutto territoriali, dall'altro. In questo contesto, sono percepiti tra i maggiori ostacoli alla digitalizzazione, oltre ai deficit di formazione e competenze, segnalati da oltre due terzi degli enti, anche la resistenza al cambiamento – principalmente per i grandi enti – e i vincoli sulle risorse finanziarie – per quelli di minori dimensioni.

Dai dati rilevati dall'Istat emerge che al termine della fase emergenziale un'amministrazione pubblica su cinque (circa sette su dieci tra quelle di maggiori dimensioni) considerava di introdurre in maniera strutturale il lavoro agile.

I risultati del Censimento delle Istituzioni Pubbliche[26] permettono di misurare anche l'evoluzione del lavoro agile attraverso l'emergenza sanitaria e di valutarne le prospettive. Prima del marzo 2020 il lavoro agile era stato introdotto – in molti casi da poco tempo e con una estensione limitata – in metà delle amministrazioni centrali e in circa un quarto delle università e delle regioni, ma in appena il 2 per cento dei comuni. Il grado di preparazione del settore pubblico era quindi molto eterogeneo

[26] Si tratta dei risultati preliminari della sezione del Censimento relativo al 2020 sviluppata *ad hoc* in collaborazione con l'Osservatorio Smart Working del Politecnico di Milano. Questi coprono il 94,2% delle istituzioni pubbliche che corrispondono al 97,9% in termini di numero di dipendenti. Non sono ricompresi i dati relativi a Forze armate, Polizia e Capitanerie di porto, oggetto di una rilevazione specifica nell'ambito del Censimento permanente delle istituzioni pubbliche.

quando il Decreto Cura Italia del marzo 2020 ha fatto divenire il lavoro agile la modalità ordinaria di svolgimento della prestazione lavorativa, con circa l'85 per cento dei dipendenti che non hanno avuto necessità di lavorare in presenza.

La spinta innovativa nell'organizzazione del lavoro dovuta alla pandemia è stata notevole: al termine della fase emergenziale oltre il 20 per cento degli enti pubblici prevedeva l'introduzione strutturale del lavoro agile rispetto al 3,7 per cento che l'aveva sperimentato in precedenza.

Anche in questo caso, le differenze sono molto ampie, con i comuni e gli altri enti di minori dimensioni in coda. L'intensità delle prestazioni da remoto segue lo stesso schema, con percentuali di lavoratori coinvolti superiori al 40 per cento nelle amministrazioni centrali e molto inferiori in quelle locali.

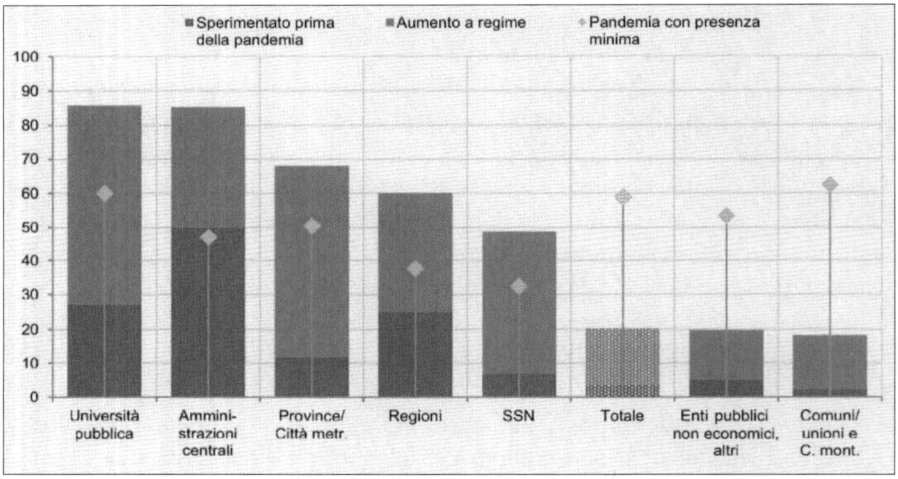

Istituzioni pubbliche che hanno sperimentato il lavoro agile prima della pandemia e che prevedono di adottarlo in modo strutturato per forma giuridica (Istat, 2020)

Il rapporto fa emergere anche l'impulso dato dal lavoro agile per un rinnovamento delle dotazioni tecnologiche degli uffici e per l'avvio di una formazione specifica sul lavoro a distanza, oltre all'attivazione di nuovi canali di interazione con il personale:

L'utilizzo del lavoro agile per le attività ordinarie ha impresso una spinta anche alle dotazioni tecnologiche del personale, migliorate nell'85,4 per cento dei casi[27]. Oltre metà delle amministrazioni ha anche rilevato l'esigenza di attivare nuovi

[27] Benché i tre quarti delle amministrazioni abbiano permesso l'uso di dispositivi di proprietà individuale, nella maggioranza dei casi anche per accedere ai servizi da remoto attraverso VPN (Virtual Private Network) e VDI (Virtual Desktop Infrastructure).

canali di interazione con il personale e avviare iniziative formative specifiche sul lavoro a distanza, con una diffusione molto più ampia nelle amministrazioni di maggiori dimensioni.

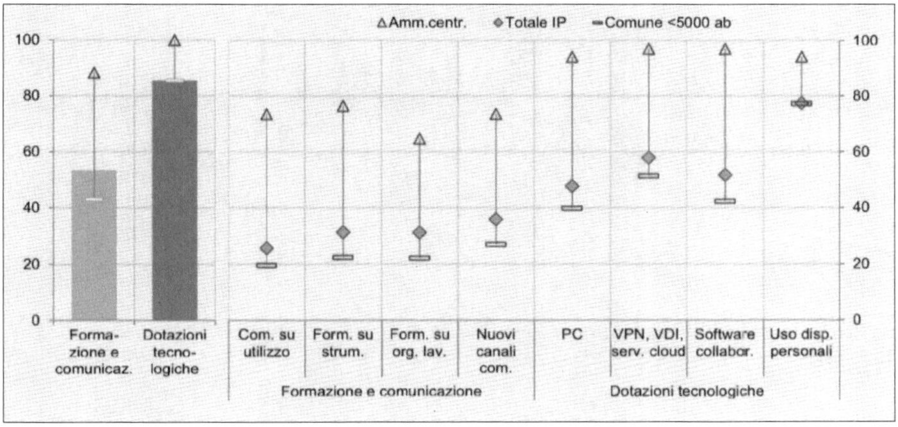

Istituzioni pubbliche che hanno fornito dotazioni tecnologiche e hanno realizzato iniziative di comunicazione e/o formazione (Istat, 2020)

I risultati del lavoro agile, seppure nella forma emergenziale, sono incoraggianti, sebbene permangano delle criticità. L'efficienza dei processi è stata generalmente salvaguardata e l'impatto sulla qualità del lavoro è risultato soddisfacente, anche se molte amministrazioni hanno evidenziato la necessità di nuove competenze digitali e di un miglioramento delle dotazioni tecnologiche.

A seguito dell'esperienza maturata durante l'emergenza sanitaria, il 40 per cento delle Istituzioni ha evidenziato la necessità di nuove competenze digitali. L'incidenza è maggiore in quelle che si sono più attivate per il lavoro da remoto, superando l'85 per cento in quelle centrali e nelle città metropolitane, e i due terzi di università, province e regioni.

Una minoranza importante (tra un quarto e un terzo) di amministrazioni, in particolare tra quelle più grandi, ha monitorato, per lo più attraverso indicatori qualitativi, l'impatto del lavoro agile sulla produttività, su soddisfazione e benessere dei lavoratori e sui servizi erogati ai cittadini e imprese. I relativi giudizi risultano sempre ampiamente positivi, soprattutto per la soddisfazione e il benessere dei lavoratori. Si segnala però una quota tra il 5 e il 15 per cento di giudizi negativi sull'efficienza dei servizi.

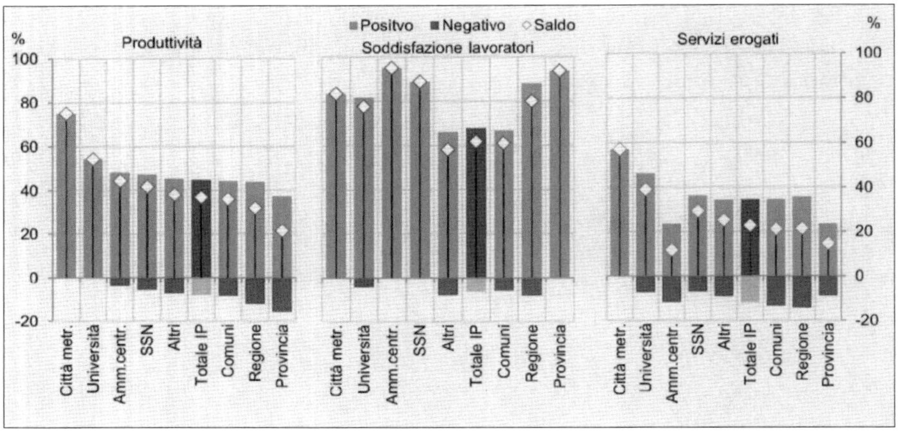

Istituzioni pubbliche che hanno monitorato l'impatto del lavoro agile ed esito del monitoraggio per tipologia di impatto (Istat, 2020)

7 La dimensione politica

di Mara Mucci

Da sempre l'umanità cerca di migliorare la sua esistenza attraverso lo sviluppo della tecnologia, dapprima per alleggerire i compiti più pesanti, poi quelli ripetitivi automatizzando le produzioni e i calcoli, fino alla massima ambizione di replicare il modo di ragionare dell'essere umano, allargandone l'orizzonte intellettivo.

Le innovazioni tecniche producono cambiamenti che, però, non sono automatici, in quanto dipendono da scelte gestionali e politiche su come introdurre le nuove tecnologie nei contesti lavorativi, su come adattare le prime ai secondi, e viceversa.

Lo stesso vale per innovazioni organizzative come lo smart working, che incide sulla vita delle persone al pari dell'introduzione di un nuovo strumento di automazione. Le scelte dei decisori pubblici riguardo a come gestire lo smart working possono avere effetti diversi, più o meno benefici, poco rilevanti, o addirittura regressivi.

Nel corso degli anni passati la politica ha incrociato lo smart working diverse volte, senza tuttavia valorizzare il potenziale che esso possiede.

La prima norma che tenta di disciplinare un precursore dello smart working è la Legge n. 191 del 1998[1], che introduce nel nostro ordinamento il telelavoro con il dichiarato obiettivo di razionalizzare l'organizzazione del lavoro e realizzare economie di gestione attraverso l'impiego flessibile delle risorse umane. Il telelavoro era considerato una forma di lavoro a distanza: tramite apparecchiature informatiche e collegamenti telefonici e telematici,

[1] *Legge 16 giugno 1998, n. 191*, recante "Modifiche ed integrazioni alle leggi 15 marzo 1997, n. 59, e 15 maggio 1997, n. 127, nonché norme in materia di formazione del personale dipendente e di lavoro a distanza nelle pubbliche amministrazioni. Disposizioni in materia di edilizia scolastica".

a parità di salario, la prestazione lavorativa veniva effettuata in luogo diverso dalla sede di lavoro, previa determinazione delle modalità per la verifica dell'adempimento della prestazione stessa.

Da allora, sono cambiate molte cose: la pervasività nell'uso di Internet e le tecnologie che lo sfruttano, la disponibilità di smartphone che sono veri e propri calcolatori della dimensione di un palmo di mano, la creazione e diffusione di servizi pubblici fruibili online e dunque anche pensati per essere gestiti da remoto.

Nel 2015, con la Legge n. 124 (la cosiddetta Legge Madia) si introduce all'art. 14 il *lavoro agile*, "nuove modalità spazio-temporali di svolgimento della prestazione lavorativa", successivamente disciplinato dall'art. 18 della Legge n. 81 del 2017.

La stessa legge definisce il lavoro agile come "modalità di esecuzione del rapporto di lavoro subordinato, stabilita mediante accordo tra le parti, anche con forme di organizzazione per fasi, cicli e obiettivi e senza precisi vincoli di orario o di luogo di lavoro, con il possibile utilizzo di strumenti tecnologici per lo svolgimento dell'attività lavorativa"[2]. Iniziamo a sentir parlare di organizzazione per obiettivi e di lavoro senza vincoli precisi di orario e luogo. Queste sono differenze sostanziali rispetto al telelavoro che implicava un luogo specifico di svolgimento del lavoro, in orari fissi, senza obiettivi da raggiungere ma secondo la cultura dell'adempimento burocratico che ha caratterizzato la pubblica amministrazione fino al 2020.

Poi arriva la pandemia e tutto assume la dimensione dell'emergenza.

A partire dal febbraio 2020 si è registrato un susseguirsi di provvedimenti normativi – primo fra tutti il Decreto-legge 23 febbraio 2020 n. 6[3], recante "Misure urgenti in materia di contenimento e gestione dell'emergenza epidemiologica da Covid-19" – volti a fronteggiare la pandemia da Covid-19. Tali provvedimenti hanno inciso, talvolta anche in maniera rilevante, sull'applicazione del lavoro agile all'interno delle pubbliche amministrazioni e delle aziende, contribuendo alla diffusione di questa modalità di lavoro in modo esponenziale.

Superata la quarta ondata, assistiamo a un calo nella diffusione del lavoro agile nelle PA, anche a seguito del D.M. dell'8 ottobre 2021[4] emana-

[2] *Legge 22 maggio 2017, n. 81*, recante "Misure per la tutela del lavoro autonomo non imprenditoriale e misure volte a favorire l'articolazione flessibile nei tempi e nei luoghi del lavoro subordinato".

[3] Decreto-legge 23 febbraio 2020, n. 6, convertito con modificazioni dalla L. 5 marzo 2020, n. 13.

[4] Decreto del Ministro per la Pubblica Amministrazione 8 ottobre 2021.

to dall'allora Ministro Brunetta che ha disciplinato un "ordinato rientro dei dipendenti pubblici negli uffici", ponendo di fatto le premesse per superare l'utilizzo del lavoro agile. Il rischio è quello di vanificare gli enormi benefici che questo aveva apportato all'organizzazione interna, che per molti versi aveva rappresentato un vero e proprio shock nel mondo del lavoro, innescato proprio dall'emergenza sanitaria.

Perdiamo una grande occasione. Questa occasione si chiama digitalizzazione e semplificazione burocratica, premessa per un modo di lavorare in modalità agile e smart. Se avessimo una sola parola a disposizione diremmo "efficienza", della gestione pubblica, dei rapporti cittadino-PA, della gestione aziendale. In particolare, è la capacità di conseguire gli obiettivi di un progetto a incidere positivamente sul rapporto fra imprese e clienti, fra amministrazioni e cittadini. Pensiamo a un esempio di quotidianità per un professionista e a quanto l'efficienza o la non efficienza di un ufficio pubblico nel rispondere a una pratica possa impattare sui tempi di lavoro e dunque sulla sua competitività nel mercato.

E allora qual è la dimensione politica che ruota attorno allo smart working, ossia quanto la politica incide sull'organizzazione del lavoro?

Partiamo dal significato stesso delle parole "smart" e "working". Lo smart working non è un sinonimo di lavoro agile, anche se la politica, in particolare quella che amministra, non lo ha capito o finge di non capirlo. Lo smart working è stato ben definito dagli Osservatori Digital Innovation della School of Management del Politecnico di Milano come: "Una nuova filosofia manageriale fondata sulla restituzione alle persone di flessibilità e autonomia nella scelta degli spazi, degli orari e degli strumenti da utilizzare a fronte di una maggiore responsabilizzazione sui risultati"[5].

La scelta di lavorare in smart working secondo una nuova filosofia manageriale è subordinata non tanto al contesto territoriale o alle leggi che lo regolano, quanto al mercato e allo scenario in cui opera l'azienda (pubblica o privata), al suo modello organizzativo, alla dotazione tecnologica e relative competenze del personale.

Per esempio, è più complesso per un'azienda familiare mettere in atto modalità di telelavoro o di lavoro agile, abbandonando i vecchi sistemi di valutazione e remunerazione fondati sulla presenza e sul numero di ore lavorate.

Anche in aziende in cui manca una solida strutturazione organizzativa e dati prodotti da indicatori chiave (KPI) diventa arduo per un imprenditore spostarsi a un livello di controllo di ordine superiore e concedere forme varie

[5] https://www.osservatori.net/it/ricerche/osservatori-attivi/smart-working.

di autonomia e flessibilità ai sottoposti, ponendo loro solo il vincolo degli obiettivi.

Lo smart working, che abbiamo detto essere un nuovo modello organizzativo di lavoro, è possibile dove l'organizzazione pubblica o aziendale è fondata sul raggiungimento di obiettivi misurabili e su un clima di fiducia fra manager (o dirigenti pubblici) e collaboratori, dove è possibile monitorare e valutare le prestazioni grazie a dati di mercato o dati ricavati dal controllo di gestione, dove le dotazioni e le competenze tecnologiche sono adeguate.

Riguardo a questi aspetti, le scelte gestionali e politiche incidono su tre componenti: la componente umana, quella infrastrutturale, e più in generale una componente strategica legata alla capacità di comprendere l'evoluzione dei fenomeni e adattarvisi intercettando le opportunità e perseguendo gli obiettivi delineati.

La prima componente è stata negli anni molto tralasciata, basti pensare al cosiddetto blocco del turnover avvenuto nel settore pubblico dal 2008 al 2014, con limitazioni anche successive al 2014. L'aver trascurato la componente umana non riguarda solo un fatto numerico, ma di qualità nella selezione del personale e dunque dei concorsi pubblici, e dell'eccessivo ricorso alla deroga agli stessi. La componente umana riguarda anche la sfera della cultura digitale nella società civile, che se bassa incide sulla capacità di organizzare il lavoro come fattore abilitante dello smart working, e di usufruire dei servizi da remoto forniti attraverso lo smart working.

Su quest'ultimo punto c'è da fare una precisazione. Se le rivoluzioni tecnologiche che hanno preceduto quella digitale sono state lente e hanno consentito un adeguamento molto graduale della società, diversamente possiamo dire dell'innovazione digitale, che negli ultimi anni ha rapidamente e profondamente cambiato la società, dal modo di fare comunicazione, al modo di lavorare, al modo di automatizzare i processi, agli strumenti materiali e immateriali introdotti.

Una rivoluzione così rapida richiede un aggiornamento altrettanto rapido nelle competenze, e di questo siamo molto consapevoli quando pronunciamo la fatidica frase tratta dagli studi del World Economic Forum fin dal 2018: "Il 65% dei bambini che oggi frequentano le scuole elementari in futuro faranno dei lavori che adesso ancora non esistono"[6].

Sulla seconda componente andiamo meglio: dal punto di vista delle infrastrutture e delle tecnologie l'Italia è all'avanguardia in Europa[7]. Abbiamo

[6] World Economic Forum (2016), *The Future of Jobs Employment, Skills and Workforce Strategy for the Fourth Industrial Revolution.*

[7] Commissione europea (2022), *The Digital Economy and Society Index (DESI).*

obiettivi e tempi tracciati, un'agenda digitale che ricalca i principi definiti dall'agenda europea, adattati alle nostre priorità e rientranti nel *Piano triennale per l'informatica nella pubblica amministrazione*[8]. C'è grande attenzione alla copertura della rete Internet ad alta velocità, alle tecnologie trasversali che servono a imprese e PA, ai risultati da raggiungere anno per anno.

Implementate le infrastrutture, manca la terza parte, quella strategica relativa al loro impiego: è in questo ambito che si riscontrano lungo lo stivale enormi differenze nell'attuazione dell'agenda digitale e nella priorità che le si dà. La politica non è solo quella che fa le leggi, ma anche quella che è in grado di farle rispettare per raggiungere obiettivi a livello nazionale, in questo caso legati a doppio filo con la possibilità di adottare lo smart working all'interno degli enti. Ciò non significa solo un cambio di organizzazione e di paradigma all'interno della PA, ma anche condurre il Paese all'attuazione dell'agenda digitale, perché senza digitalizzazione e procedure remotizzabili non c'è smart working.

Per esempio, se avessimo adeguata cura dei principi e degli obblighi imposti dal Codice dell'Amministrazione Digitale (CAD), D.Lgs. n. 82 del 2005[9], attuare lo smart working negli enti pubblici sarebbe semplice. Infatti, citando alcuni passaggi della relazione illustrativa del decreto legislativo n. 217/17[10], il CAD contiene "disposizioni volte ad attribuire a cittadini e imprese i diritti all'identità e al domicilio digitale, alla fruizione di servizi pubblici online e mobile-oriented, a partecipare effettivamente al procedimento amministrativo per via elettronica e a effettuare pagamenti online; è stata promossa l'integrazione e l'interoperabilità tra i servizi pubblici erogati dalle pubbliche amministrazioni in modo da garantire a cittadini e imprese il diritto a fruirne in maniera semplice...". Purtroppo, la realtà non è così rosea.

Potremmo fare diversi esempi di progetti che, dotati già dall'ideazione di una portata innovativa nel modo in cui concepivano le procedure, non trovarono o stentarono assai a trovare attuazione in particolare a livello locale. Uno su tutti, per quanto riguarda il settore pubblico, è l'ANPR, la banca dati unica delle anagrafi dei comuni italiani, che ha visto la sua ideazione nel 2012.

[8] Agenzia per l'Italia Digitale (2021), *Piano triennale per l'informatica nella PA – Aggiornamento 2021-2023*.

[9] *Decreto legislativo 7 marzo 2005, n. 82*, recante "Codice dell'amministrazione digitale", e ss.mm.ii.

[10] *Relazione* sull'attività svolta dalla Commissione parlamentare di inchiesta sul livello di digitalizzazione e innovazione delle pubbliche amministrazioni e sugli investimenti complessivi riguardanti il settore delle tecnologie e della comunicazione, relatrice on. Vincenza Bruno Bossio, 2017.

Nel 2017, quando il tema della mancata attuazione fu sollevato dalla Commissione parlamentare di inchiesta sul livello di digitalizzazione e innovazione delle Pubbliche Amministrazioni e sugli investimenti complessivi riguardanti il settore delle tecnologie e della comunicazione, solo un comune, Bagnacavallo, aveva aderito. Ci sono voluti altri cinque anni per vedere completato il progetto.

Le motivazioni vanno dalla mancanza di cultura dell'amministrazione pubblica, dalle scarse competenze tecniche, dalle scarse conoscenze dei progetti strategici nazionali, alla (mancata) volontà politica degli amministratori locali. Un altro esempio potrebbe essere quello inerente alla diffusione della firma digitale, il cui uso è esploso durante la pandemia.

Pandemia che ha messo a nudo non solo le inadempienze ma anche le responsabilità e le non sempre adeguate capacità dei dirigenti pubblici e privati. Un dirigente che non sa che cosa fa esattamente il sottoposto fino a oggi aveva nel lavoro in presenza l'unico modo di misurazione delle performance; con lo smart working questo strumento viene meno, e i dirigenti sono costretti a modificare l'organizzazione del lavoro orientandola agli obiettivi. Ciò non significa un controllo vessatorio, ma significa comprendere che cosa viene prodotto in termini di beni e servizi in un arco temporale e, laddove i risultati non siano sufficienti, porre rimedio.

La dimensione politica influisce sul Paese sia quando ragiona nel dettaglio delle tecnologie abilitanti sia quando definisce puntualmente gli obiettivi politici; in quest'ultimo caso, è anche in grado di vestire i panni del buon amministratore e quindi attuare quanto si propone di fare. Una classe politica competente è un esempio per la società stessa.

Una pubblica amministrazione gestita da figure politiche che non conoscono le norme che devono attuare a livello locale, che non le attuano, che non comprendono l'importanza della gestione, che non puntano a valorizzare e misurare il lavoro svolto in termini di risultati raggiunti, è una pubblica amministrazione che manda un messaggio culturale negativo al Paese.

Rimane da esaminare l'ultimo tassello, ovvero la capacità da parte di cittadini e imprese di fruire dei servizi digitali che le amministrazioni mettono a disposizione, e questi aspetti sono collegati a doppio binario con lo smart working. Lo smart working, che poggia sulla possibilità di effettuare il lavoro in modo decentrato e intelligente, necessita di procedure remotizzate. Le procedure da remoto sono associate ai servizi pubblici online e digitalizzati. Senza l'uno non c'è l'altro, ed è per questo che le tecnologie abilitanti sono essenziali per uno smart working, ma non sono sufficienti. Serve un cambio di mentalità nel concepire il modo di lavorare, non più legato ad adempimenti burocratici ma a obiettivi. Questo cambio culturale necessita di più politica, una politica lungimirante e competente, che troviamo in alcune pubbliche amministrazioni centrali (come INPS, Agenzia delle Entrate, Agenzia delle Dogane e altre), ma che non troviamo nel tessuto a maglie strette del Paese, ovvero gli enti locali.

Gli enti locali sono i più vicini al cittadino, lo specchio della burocrazia di Stato, e sono proprio l'anello più debole della catena. Senza competenze e senza ambizioni nei piani alti responsabili della gestione, senza risorse destinate a servizi digitali e alla pianificazione strategica e manageriale della macchina amministrativa, senza la volontà politica in sindaci e assessori, diventano terreno di forte scontento fra imprese e professionisti e cittadini che vi hanno a che fare, e frenano lo sviluppo dello smart working: basti guardare in quanti comuni manca una figura politica con delega al digitale. Questi amministratori non hanno capito che lo smart working, oltre a spingere a un miglioramento dei servizi (se misuro gli obiettivi raggiunti sono in grado di capire dove potenziare l'ente e che cosa manca), consente di reperire quelle figure tecniche e quelle competenze che scarseggiano soprattutto negli enti più piccoli e potrebbero essere facilmente reperite fuori dal territorio.

Ultimo aspetto da non sottovalutare è la trasparenza nella misurazione delle performance, soprattutto nell'applicazione dello smart working che richiede un'organizzazione in funzione di obiettivi e di risultati attesi. Una volta raccolti i dati, questi possono essere resi pubblici (anche come *open data*). Così facendo si riuscirebbe a misurare l'efficienza e la qualità dei servizi, e quindi ad avere un quadro più chiaro della situazione in ambito pubblico o privato. Sarebbe addirittura possibile mettere a confronto le organizzazioni e creare un circolo virtuoso che diventa un incentivo di riflesso, che aiuta a far accadere le cose.

Concludendo, un'adeguata gestione politica dello smart working può contribuire al suo successo. La politica può incentivare o meno questa forma di organizzazione del lavoro, sia nel settore pubblico sia in quello privato, con tutti i benefici che questo può portare: ambientali per la minor circolazione di veicoli inquinanti e un miglior sfruttamento dei trasporti pubblici, abbattimento di alcuni costi come quelli legati agli affitti dei locali e al loro riscaldamento, conciliazione della vita lavorativa e familiare, miglioramento della produttività, riduzione dell'assenteismo, aumento della motivazione e della soddisfazione.

Se, viceversa, la politica compie solo l'esercizio di attingere all'immediatezza dell'urgenza di turno, come è stato per l'uso dello smart working in pandemia, perdendo di vista il senso che ha l'idea stessa di politica come capacità di governare il cambiamento in funzione di un'idea di futuro, essa diviene solo un esercizio fine a se stesso e passeggero.

Questo è stato finora lo smart working, non perché questo debba essere, ma perché così è stato interpretato: una modalità emergenziale piuttosto che un profondo ripensamento dell'organizzazione del lavoro, sul quale chi siede ai vertici della politica dimostra di non credere.

Se invece dirigenti e politici governassero l'innovazione in modo serio e lungimirante nei confronti di tutti gli interessati, coinvolgendo una molteplicità di attori e non solo i vertici, la credibilità delle organizzazioni pubbliche e private e la fiducia degli utenti in esse ne risulterebbero accresciute, e la gestione dei processi innovativi diventerebbe un esercizio di responsabilità di tutti: sta a noi premere l'acceleratore in questa direzione.

8 La dimensione di genere

di Associazione EquALL

Perché parlare di smart working in un'ottica di genere

Che non tutte le persone siano uguali e che non tutte abbiano le stesse esigenze è cosa nota. Ciò che spesso sfugge, tanto nelle politiche pubbliche quanto in quelle private, è che per raggiungere un'eguaglianza sostanziale le nostre differenze debbano essere conosciute, vagliate e prese in considerazione in ogni settore.

Era il 1985, in occasione della terza Conferenza mondiale sulle donne svoltasi a Nairobi, quando emerse il concetto di "gender mainstreaming", sviluppatosi poi nell'alveo delle Nazioni Unite, fino a essere formalmente presentato nel 1995, alla Conferenza mondiale sulle donne di Pechino. Il gender mainstreaming è stato poi ulteriormente affinato nel 1997 dal Consiglio Economico e Sociale delle Nazioni come:

> il processo attraverso cui sono valutate tutte le implicazioni per le donne e per gli uomini di ogni azione progettata, in tutti i campi e a tutti i livelli, compresa l'attività legislativa, politica e di programmazione. Si tratta di una strategia volta a rendere le preoccupazioni e le esperienze sia delle donne sia degli uomini una dimensione integrale della progettazione, dell'attuazione, del monitoraggio e della valutazione delle politiche e dei programmi in tutte le sfere della politica, dell'economia e del sociale, cosicché donne e uomini ne possano trarre gli stessi vantaggi e non si perpetui la disuguaglianza. L'obiettivo è il raggiungimento della parità di genere[1].

[1] UN Economic and Social Council (1997), *Agreed conclusions. UN doc. A/52/3*, 1997/2, Chapter IV, par. 4.

È nell'ottica del gender mainstreaming che riteniamo che anche un fenomeno come lo smart working, così trasversale e con straordinarie potenzialità per lo sviluppo delle nostre società, debba essere analizzato.

Sebbene si registri un lento mutamento dei ruoli di genere, l'attuale apparato socio-economico rimane ancorato a una diversità dei ruoli sociali tra i generi. Considerando che ogni politica (pubblica o privata), ogni iniziativa, delibera o gestione del lavoro, influisce in modo diverso sulla popolazione in base al genere, anche le modalità di lavoro soggiacciono a tale logica. In questo capitolo intendiamo analizzare lo smart working non solo perché riteniamo che ciò sia giusto, ma anche perché è valorizzante per l'intera società. Senza un'indagine specifica dello smart working da una prospettiva di genere si corre il rischio di tralasciare eventuali effetti asimmetrici in termini di benessere e soddisfazione individuale delle lavoratrici rispetto ai loro colleghi, sottostimando l'insorgere di nuove inattese conflittualità tra lavoratori di genere femminile e maschile.

Evidenze e pregiudizi

Solo attraverso attente analisi mirate sui nuovi modelli lavorativi diventa possibile far emergere requisiti e pregiudizi che caratterizzano e, in modo non sempre evidente, condizionano il lavoro da remoto in base al genere.

Un esempio? Lo chiediamo a chi sta leggendo queste pagine: in quante e quanti di voi è diffusa la più o meno inconsapevole convinzione che lo smart working sia una soluzione favorevole, utile e apprezzata soprattutto per le lavoratrici donne? Quali sono i rischi che questa convinzione si possa trasformare in una trappola per le donne stesse? In che modo ripensare la formula dello smart working, riportando al centro del dibattito pubblico la questione di genere, favorendo la crescita dell'occupazione al femminile?

Partiamo dai numeri.

I dati dell'Osservatorio sullo Smart Working del Politecnico di Milano[2] rilevano che in Italia si è passati dai circa 500 mila smart worker del 2019 a più di 5,37 milioni a marzo 2021, di cui 1,44 milioni nella pubblica amministrazione. Nella seconda metà del 2021 il numero ha iniziato progressivamente a diminuire con il calo più consistente proprio nel settore pubblico (1,08 milioni). A settembre il numero complessivo degli smart worker era intorno ai 4,07 milioni, di cui 860 mila nella PA, con una media di 3,6 giorni a settimana. Se è vero che la pandemia ha facilitato l'accesso a nuove forme di lavoro da remoto

[2] I dati sono in parte stati resi pubblici durante il convegno "Rivoluzione Smart Working: un futuro da costruire adesso" del 3 novembre 2021.

o ibride, chi sono coloro che stanno ancora sperimentando lo smart working e vorrebbero continuare ad adottare formule di flessibilità lavorativa? In Italia, come nel resto d'Europa, sono di più le lavoratrici in smart working?

Sulla base del report Eurofound *Living, working and COVID-19*[3] anche se la percentuale di donne è stata lievemente superiore tra gli smart worker nell'epoca Covid, la differenza di genere non è così evidente.

I risultati mostrano infatti che i fattori discriminanti per il lavoro da casa sono essenzialmente due:

- il livello di istruzione dei rispondenti. Il 74% delle persone che hanno lavorato da casa sono laureate, a fronte del 34% di diplomati e del 14% di chi ha una licenza elementare o media;
- la natura stessa del lavoro e dunque la fattibilità a distanza in base al ruolo ricoperto.

In particolare, il sondaggio rileva che la presenza di bambini in età scolare non sembra essere determinante per l'incidenza del lavoro da casa. Infatti, la quota di persone senza figli a carico che ha lavorato a distanza è risultata comunque più elevata, anche se di poco, rispetto a lavoratori e lavoratrici con figli a carico. Ecco allora che comincia a venir meno il falso mito dello smart working come formula che favorisce le donne con bimbi piccoli.

Eppure, gli aspetti relativi alla conciliazione vita-lavoro e alla work-life integration restano fattori chiave dal punto di vista delle politiche lavorative di genere.

Il punto di vista va però spostato.

I vari indicatori messi in luce da sondaggi e studi in questi anni di emergenza sanitaria evidenziano altri e diversi elementi determinanti su come lo smart working possa avere impatti diversi per le lavoratrici donne:

- il tema della cura e del diverso carico delle responsabilità familiari;
- le diseguaglianze di genere diffuse nel mondo del lavoro, a partire dal salary gap e dalle possibilità di crescita e di carriera che vedono le donne svantaggiate;
- la più facile diffusione e applicabilità del lavoro da remoto per ruoli lavorativi, peraltro sempre più richiesti, legati al digitale e alle materie STEM (Science, Technology, Engineering, Mathematics), che tipicamente vedono le donne meno presenti.

[3] Eurofound (2020), *Living, working and COVID-19*, COVID-19 series, Publications Office of the European Union, Luxembourg.

Analizziamo separatamente questi tre ambiti di differenziazione, legandoli allo smart working.

La trappola della conciliazione vita-lavoro

Partiamo dal cosiddetto *care work*, il lavoro di cura, che è di fatto alla base del funzionamento della nostra società perché le economie mondiali dipendono direttamente o indirettamente dal lavoro di cura.

Lo dimostrano i dati presentati nella ricerca prodotta dall'Organizzazione Internazionale del Lavoro (International Labour Organization, ILO) intitolata *Care Work and Care Jobs for the Future of Decent Work*[4]. Essi indicano infatti che in tutto il mondo sono le donne e le ragazze a farsi carico di più dei 3/4 del totale del lavoro di cura non retribuito. E sono le donne a ricoprire anche i 2/3 dei ruoli nell'ambito del care work, un settore che spesso le vede intrappolate in lavori di bassa qualità, il che non fa che accrescere ulteriormente le disuguaglianze di genere nel mondo del lavoro.

I dati e le informazioni presenti in questo studio dell'ILO si pongono l'obiettivo di rispondere alle seguenti domande:

- Chi provvederà a gestire i crescenti bisogni di cura nel futuro?
- Quali sono le condizioni da garantire per i lavori di cura, sia retribuiti sia non retribuiti?
- Quali politiche possono essere attuate per riconoscere, alleviare e ridistribuire i carichi di cura non retribuiti?

Il report spinge a considerare questo tema come un elemento di giustizia sociale per il raggiungimento di un'alta qualità del care work, un livello in cui i care giver non retribuiti, spesso donne, possano vedere ricompensato il loro servizio di cura, senza soffrire di ingiustizie sociali ed economiche. E sono da stimolare i legislatori perché sviluppino politiche che pongano il care work di qualità e i servizi correlati al centro delle loro agende. Anche questo sarebbe un modo per accelerare il passo ancora troppo lento delle necessarie trasformazioni in tema di disuguaglianze di genere, anche nel lavoro da remoto.

Sì, perché se guardiamo in particolare ai dati che il report ILO ha registrato nel nostro Paese, le donne italiane si fanno carico, non retribuite, del

[4] Addati L., Cattaneo U., Esquivel V., Valarino I. (2018), *Care Work and Care Jobs for the Future of Decent Work*, ILO, Geneva.

74% del tempo nella cura alla persona: svolgono in media 5 ore e 5 minuti al giorno di lavoro di assistenza e cura non riconosciuto, contro un'ora e 48 minuti degli uomini. Questo dato pone l'Italia al quinto posto in Europa, dopo Albania, Armenia, Portogallo e Turchia. Nei Paesi vicini, come Francia e Germania, la proporzione di lavoro non retribuito di assistenza e cura svolto dalle donne è inferiore di oltre 10 punti percentuali rispetto all'Italia (Francia 61% e Germania 62%).

Proviamo quindi a pensare alla giornata tipo di una lavoratrice italiana: tra il lavoro retribuito e quello non riconosciuto è talmente lunga che, per conciliare esigenze familiari e lavorative, spesso le donne trascurano interessi personali e anche la salute. Questo si riflette anche nel minor tempo di cui le donne possono disporre per i viaggi di lavoro, per concentrarsi sulla carriera dedicandosi al networking o a seguire percorsi di aggiornamento per professionisti, che si tengono spesso nelle ore serali o nei fine settimana.

Oppure, ancora troppo spesso, scelgono di abbandonare uno dei due impegni uscendo dal mercato del lavoro, per curare al meglio i bisogni familiari. In Italia, il 21% delle donne in età lavorativa dichiara di non essere disponibile o di non ricercare attivamente un'occupazione, a causa del lavoro non retribuito di assistenza e cura.

La situazione si rivela ancora più gravosa per le donne con figli. Tra le giovani madri, quelle fra i 25 e i 34 anni d'età che hanno un figlio in età prescolare, il tasso di occupazione è solo il 57,5% di quello delle giovani della stessa età ma senza figli. Secondo uno studio del *Journal of Labour Research*[5] che cita i dati dell'Istat[6], in Italia le madri di bambini in età prescolare hanno maggiori probabilità di sperimentare un'emarginazione dal mercato del lavoro negli anni successivi al parto, rispetto alle donne senza figli di quell'età. Per le donne del nostro Paese, avere un figlio implica spesso un generale peggioramento della posizione sul mercato del lavoro.

Più del 94% delle cessazioni del rapporto di lavoro di lavoratrici madri e lavoratori padri in Italia è riconducibile alle dimissioni volontarie e, per le donne, è in larghissima parte (quasi 3 volte su 4) motivato dalla difficoltà di conciliare il lavoro con la cura dei figli, sia per ragioni connesse alla indisponibilità di servizi a supporto sia per ragioni legate al proprio contesto lavorativo.

Si definisce *motherhood penalty* il fenomeno che misura il calo del reddito a seguito della maternità. E questa è una delle cause principali del divario

[5] Pacelli L., Pasqua S., Villosio C. (2013), "Labor Market Penalties for Mothers in Italy", *J. Labor Res.*, 34, pp. 408-432.

[6] Istat (2021), *RAPPORTO BES 2021: il benessere equo e sostenibile in Italia.*

retributivo di genere, che troppo spesso condanna le donne a redditi inferiori per il resto della loro carriera.

Pandemia maschilista?

La pandemia ha peggiorato questa già sfavorevole tendenza: i congedi parentali per Covid sono stati richiesti nell'84% dei casi dalle madri e solo per il 16% dai padri. Con il lungo protrarsi dell'emergenza sanitaria, con le scuole spesso chiuse, la DAD riattivata ciclicamente e senza un preavviso che consenta un'organizzazione familiare stabile, senza il supporto dei nonni e con gli anziani sempre più fragili, anche a causa del minore sostegno da parte di strutture sanitarie saturate dai malati Covid, le donne italiane che hanno chiesto dimissioni volontarie sono in misura tre volte superiore agli uomini.

In questo scenario lo smart working, da solo, non può fare la differenza nella conciliazione vita-lavoro. Lo ha evidenziato anche il rapporto "Smartworking e opportunità e rischi per il lavoro femminile"[7] realizzato da Azzurra Rinaldi e Nicoletta Maria Capodici, della School of Gender Economics: il sollievo tanto cercato nel lavoro da casa alla fine non c'è stato. Tant'è vero che per il 60% delle donne intervistate, durante la pandemia e l'applicazione continuativa di smart working, sono aumentate le ore dedicate al lavoro retribuito (che nella stragrande maggioranza dei casi in smart working non vengono pagate come straordinari) e anche quelle riservate al lavoro domestico e di cura. Sono infatti molto poche le donne che possono contare su un aiuto esterno alla famiglia come colf, babysitter o badanti: solo il 16%.

In ultima analisi, lo smart working in emergenza, in queste condizioni, è stato quindi considerato molto produttivo, ma stressante e complicato. Anche se il 40% delle donne lo ha trovato soddisfacente e stimolante, altrettante sono quelle che lo hanno vissuto in modo alienante: il 42% circa.

Lavoro di squadra

Quali soluzioni, dunque, per guardare al futuro sul tema del carico di genere nelle responsabilità familiari?

Innanzitutto, va favorita una dimensione culturale che è già in miglioramento: il contributo degli uomini al lavoro di cura e assistenza alla persona

[7] La registrazione dell'evento di presentazione a cura di Unitelma Sapienza è disponibile al link https://youtu.be/EqMw2Be8Ujs.

non retribuito è aumentato costantemente negli ultimi vent'anni. E il trend è ancora più confortante nelle generazioni più giovani. Fa parte della più ampia tendenza nei giovani di contribuire all'assistenza e alla cura dei figli e di adattare il loro comportamento alle esigenze lavorative e professionali della partner.

L'epoca in cui gli uomini erano i principali o unici percettori di reddito in una partnership è finita. Lo rileva uno studio di Boston Consulting Group[8], che suggerisce anche altre misure da adottare: oltre all'opportunità di un'organizzazione flessibile del lavoro, la celebrazione di *role models* e delle *dual-career couples* ossia delle coppie formate da entrambi i partner lavoratori, in cui entrambi sono fortemente motivati ad avere carriere di successo.

Che cosa succede però in questi casi quando si diventa genitori o quando si deve prendere in considerazione la possibilità di trasferirsi per lavoro? Troppo spesso sono ancora le donne a scegliere una rinuncia, evitando il più possibile di essere causa di impatti negativi sull'equilibrio personale o familiare, oppure cedendo in modo più o meno consapevole alle pressioni di aspettative frutto di una cultura dominante ancora non neutrale in questi ambiti.

Ecco perché in particolare gli uomini in posizione di responsabilità devono farsi testimoni di un modello comportamentale diverso, sfruttando attivamente i programmi di lavoro flessibile e il congedo di paternità, alternandosi nelle scelte a favore della carriera di entrambi, in base alle esigenze nelle diverse fasi della carriera e della vita. In questo modo possono rendersi portatori attivi di un vero cambiamento.

In una condizione di preoccupante calo demografico in Italia, la scelta di diventare madre o meno resta molto personale, ma il contesto sociale e le politiche pubbliche, con la disponibilità di servizi accessibili e di qualità, possono influenzarla considerevolmente, soprattutto per le madri lavoratrici.

Rendere più accessibili i servizi di cura all'infanzia e agli anziani, favorire la rete di assistenza familiare, facilitare il raggiungimento di posizioni di leadership: queste e altre iniziative sono citate dal World Economic Forum[9] come acceleratori per il raggiungimento della parità di genere.

Sarebbe infatti necessario investire sul tempo pieno nelle scuole e sui nidi pubblici, dove a oggi trova spazio appena il 12% dei bambini. Bisogna investire maggiormente nell'assistenza e in strutture e servizi di qualità per persone anziane e disabili, in primo luogo per favorirle e poi per rendere il Paese più resiliente e pronto a reggere eventuali altre crisi.

[8] Garcia-Alonso J., Krentz M., Lovich D., Quickenden S. (2019), *Lightening the Mental Load That Holds Women Back*, Boston Consulting Group.

[9] World Economic Forum (2022), *Global Gender Gap Report 2022*.

Si rinnova dunque la necessità di favorire in Italia una transizione culturale che passi anche dall'adozione di nuove leggi che promuovano la condivisione della cura, come per esempio una norma sull'equiparazione della durata del congedo di paternità a quella del congedo di maternità obbligatorio.

Per quanto riguarda il lavoro da remoto come abilitatore della conciliazione con le responsabilità di cura, va tenuto conto del fatto che il lavoro svolto da casa in emergenza è stato un telelavoro obbligato e non vero smart working, bensì un flusso di lavoro unico e indistinto, senza separazione tra quanto si svolge per l'azienda e quanto per la famiglia.

Secondo Rinaldi e Capodici:

> Nella pianificazione strategica per il futuro, è assolutamente da evitare che lo smart working diventi una misura specificamente rivolta alle donne [...]. Il rischio maggiore risiede nella possibilità che le lavoratrici si trovino costrette alla scelta dello smart working e che su di loro ricada un peso ancora maggiore derivante dalla combinazione delle attività di cura non retribuita con le mansioni relative alle attività retribuite.

Lo smart working deve rappresentare per le donne un modello di flessibilità di tempo e di spazio, senza necessariamente percorrere i binari vincolanti "ufficio o casa". Per evitare che le donne smart worker si rinchiudano tra le mura domestiche, si possono utilizzare per esempio co-working di prossimità, che, diminuendo il tempo di spostamento casa-lavoro, possano comunque garantire occasioni di networking e di socialità. Secondo la ricerca *Future of Work 2021*[10] di LinkedIn, un professionista italiano su due preferisce pensare a nuovi scenari lavorativi in modalità ibrida, con un mix tra lavoro da remoto e lavoro in sede. A chiederlo sono di più le donne: il 52,9%.

Mancano 257 anni

L'occupazione femminile in Italia è caduta in tempo di pandemia al 49%, al di sotto di quella maschile di ben 18,2 punti percentuali, minata dalla crisi economica che ha impattato in particolare i settori in cui più donne sono impegnate lavorativamente (servizi, ristorazione, commercio, turismo, sociale). Nel nostro Paese, il 98% di chi ha perso il lavoro durante il Covid è donna.

[10] Albergoni M. (2021), *Future of Work 2021: LinkedIn e i professionisti italiani tra ritorno in ufficio, nuovi stili di vita e prospettive di carriera*, LinkedIn.

Secondo l'ultima edizione del *Bilancio di genere 2020*, curato dalla Ragioneria Generale dello Stato, neanche la misura del blocco licenziamenti ha potuto frenare il crollo dell'occupazione delle donne, visto che spesso sono impegnate in lavori a termine.

Un divario in crescita rispetto al 2019, così come è in crescita la distanza dal 62,7% del tasso di occupazione femminile medio europeo.

La situazione è ancora più preoccupante se ci si concentra sulle donne giovani, tra i 15 e i 34 anni. Solo una su tre (33,5%) è occupata e il titolo di studio da solo non basta: se laureate, trovano lavoro entro tre anni dal conseguimento del titolo di studio nel 61,2% dei casi, contro il 68,2% dei maschi e l'82,6% medio delle giovani donne della UE. Se diplomate, questa percentuale crolla al 41%, con una distanza sia rispetto alle giovani donne della UE (67,4%), sia ai giovani maschi italiani (55,3%), divario che in tempo di pandemia si è ancor più ampliato.

Il tasso di occupazione tra le giovani italiane è il più basso d'Europa, tra i 15 e i 29 anni è inferiore a quello della Grecia di ben 6 punti. Senza nessun segnale di miglioramento, nonostante le giovani donne italiane siano mediamente più istruite dei loro coetanei maschi.

Anche la percentuale di giovani donne NEET (Not in Education, Employment or Training), cioè non impegnate né in percorsi educativi né professionali, passa in periodo di emergenza sanitaria dal 27,9% al 29,3%. In questo caso i punti di differenziale con i giovani NEET sono 8,3, e la differenza a sfavore sale a +11 rispetto alla media delle giovani dell'Unione Europea.

257 anni: questo è il tempo che impiegheremo per raggiungere la parità di genere nel mondo. Lo sostiene il Global Compact[11] dell'ONU e il tema si è imposto nelle agende dei leader mondiali nel corso del G20 tenutosi a Roma nell'ottobre 2021.

La parità di genere è ancora più sfidante in Italia, visti i dati sopra esposti di scarsa partecipazione delle donne al mondo del lavoro. Siamo penultimi nel continente europeo per tasso di occupazione femminile e nemmeno la Lombardia raggiunge il 60%, obiettivo che ci era stato dato dall'Europa già nel 2010. Come sottolinea Linda Laura Sabbadini, scienziata, statistica di fama internazionale, direttrice centrale all'Istat e presidente della delegazione italiana del W20 (Women 20), gruppo internazionale di lavoro sull'empowerment al femminile che accompagna il G20, l'Italia ha sofferto per decenni di una politica molto autoreferenziale a cui sfuggiva la quantificazione di fenomeni importanti, che spesso riguardavano le donne. Per questo sono

[11] UN Global Compact Network Italia (2020), *Business &SDGs High-Level Meeting Report*.

necessarie le politiche di genere, perché, anche se sono molti gli uomini con cariche istituzionali che concordano sul fatto che l'uguaglianza di genere sia un motore di prosperità nel nostro Paese come nel mondo, ora occorre che questa convinzione si trasformi in programmi concreti, sfruttando anche il volano del PNRR. L'Unione Europea ha infatti come obiettivo la riduzione del divario occupazionale di genere del 50% entro il 2030. E lo conferma anche la Banca d'Italia[12]: se il tasso di occupazione femminile arrivasse al 60%, il PIL crescerebbe di ben 7 punti.

Dobbiamo quindi sforzarci di creare le condizioni giuste affinché tutte le donne possano godere di un accesso paritario al mercato del lavoro. Questa non è dunque semplicemente una questione di donne, carriera e maternità, ma un impegno a favore dello sviluppo del Paese. Dobbiamo perciò fare in modo che venga valutato l'impatto di genere di ogni singolo progetto di investimento del PNRR, con una governance adeguata e paritaria, capace di attenzione anche verso le istituzioni locali a cui saranno destinate molte risorse.

Privato, la cultura che manca

Questi temi non riguardano solo le istituzioni pubbliche. Le aziende stanno sviluppando nel tempo buone pratiche per promuovere l'equilibrio di genere e liberare il potenziale femminile ancora ampiamente inespresso.

Molte ricerche confermano che team aziendali dove convivono le differenze e con equa rappresentanza di genere, non solo presente, ma anche ben gestita, offrono performance migliori di quelli meno eterogenei, mostrano un maggiore grado di coinvolgimento, una migliore intelligenza collettiva e più efficaci capacità di risoluzione dei problemi.

Eppure, nonostante le buone intenzioni, spesso anche nel privato le donne restano schiacciate in ruoli e livelli che non permettono loro di esercitare una vera leadership. Inoltre, le aziende italiane sono per lo più piccole e medie imprese (PMI), più refrattarie a esprimere leader donne.

Anche questa è una trasformazione culturale, da intraprendere già nei percorsi scolastici. Se si incoraggiano le ragazze a costruire un futuro ambizioso e a ricoprire ruoli di responsabilità anche nell'ambito delle rappresentanze d'Istituto, nella collegialità di progetto e così via, si consentirebbe ai ragazzi di cominciare già a fare esperienza di leadership femminile, abbassando il

[12] Bianco M., Lotti F., Zizza R. (2013), "Le donne e l'economia italiana", *Questioni di Economia e Finanza*, Occasional papers, n. 171.

rischio di frizioni quando poi capiterà in azienda di avere una forte presenza di responsabili donne.

C'è comunque ancora molto da fare anche nel privato, se l'Italia presenta oggi uno dei peggiori gap salariali tra generi in Europa, oltre a una cronica scarsità di donne in posizioni manageriali di rilievo. La leadership femminile è infatti ancora lontana dall'essere bilanciata: la percentuale di donne nei livelli esecutivi è solo del 17%, contro il 32% della Norvegia e il 24% della Gran Bretagna. E la percentuale di donne CEO in Italia è scesa nel 2021 al 3%, che ci posiziona in fondo alla classifica, contro il 26% della Norvegia, ma anche il 18% della Repubblica Ceca e il 14% della Polonia[13].

Uno studio[14] presentato da European Women on Boards (EWOB), che ogni anno analizza la rappresentanza di genere nei consigli di amministrazione e nei vertici aziendali delle più grandi realtà europee, conferma che c'è ancora tanto lavoro da fare per cambiare la cultura aziendale: le aziende guidate da una CEO hanno il doppio delle donne in posizione apicale rispetto alla media delle altre aziende.

Più donne in azienda, soprattutto nei ruoli senior, fanno aumentare il fatturato di almeno il 5%. E secondo i ricercatori dell'Organizzazione Internazionale del Lavoro[15] ad aumentare sono anche il tasso di creatività e quello di innovazione. È il mix di presenza maschile e femminile ai vertici che produce l'effetto massimo e non serve nemmeno la parità assoluta, basta una quota del 40%.

Ma come raggiungerla, se le donne rappresentano la maggioranza degli studenti universitari in tutta Europa e solo il 7% delle aziende europee sono guidate da una donna?

Scrivania uguale visibilità?

Se guardiamo a questo aspetto anche dal punto di vista dello smart working, vanno messe in luce alcune evidenze.

Lo smart working dal punto di vista del divario salariale di genere può rappresentare un equalizzatore retributivo in alcuni ambiti. Se infatti fino a

[13] World Economic Forum (2022), *6 surprising facts about the global gender pay gap.*

[14] European Women on Boards (2021), *Gender Diversity Index of Women on Boards and in Corporate Leadership.*

[15] International Labour Organization (2019), *Women in leadership bring better business performance.*

oggi in Italia la produttività oraria era bassa perché molti puntavano a fare lo straordinario come alimentatore di una parte cospicua dello stipendio, si favorivano in questo modo comportamenti più spesso messi in atto da uomini, che più facilmente si fermavano a lungo in ufficio. Nel lavoro da remoto, nella maggior parte dei casi, lo straordinario non viene riconosciuto. Inoltre, parlando di smart working propriamente detto, il focus in termini di produttività ed efficacia non è sulle ore lavorate, ma sui risultati raggiunti e quindi le donne potrebbero uscirne meno penalizzate.

Quali sono invece gli aspetti a cui fare attenzione? Secondo l'esperienza che molte aziende hanno vissuto in questi anni e anche in base a una recente pubblicazione dell'*Economist*, per le donne la presenza fisica in ufficio è condizione necessaria per assicurarsi visibilità nell'organizzazione, per varie ragioni:

- se stanno sempre a casa e lavorano occupandosi anche dei figli, rischiano di avere minori stipendi e opportunità di carriera, con le dinamiche che abbiamo già evidenziato e con il rischio di veder aumentare la percezione del cosiddetto "maternal wall", la barriera che si verifica quando si mette in dubbio la motivazione della donna, credendola troppo concentrata sulla maternità;
- rinchiudendosi in una remotizzazione totale che dematerializza il luogo di lavoro, rischiano in alcuni contesti di restare tagliate fuori da quei processi di socializzazione, networking e creatività che sono più frequenti e naturali in presenza.

Rischiano così di apparire ancora più "invisibili", sfavorendo ancora una volta la possibilità di una loro maggiore presenza nelle proposte di nomina per una promozione, per la guida di un progetto, per occupare posizioni che aumentino l'esposizione e le occasioni di leadership.

In teoria, e in qualche caso anche nella pratica, il brainstorming da remoto mentre si fa una passeggiata è innovativo, ma spesso può rivelarsi poco inclusivo. Se, come spesso accade alle donne, si fatica a far sentire la propria voce, a volte compressa da un'educazione in cui la modestia e il basso profilo sono valori, prendere parola per proporre un'idea è ancora più difficile e complesso da remoto. Certo, i team aziendali dovrebbero essere consapevoli di questo "modesty mandate" che rischia di mettere in ombra certe categorie di persone e più spesso le donne, ma, nel susseguirsi di videocall, questa attenzione tende a sparire.

Che cosa fare allora?

Ancora una volta il passaggio chiave è la flessibilità, la reale possibilità per le donne di scegliere, con autonomia e responsabilità, la soluzione di volta in volta più utile ed efficace, in base alle attività, agli obiettivi, alla fase personale e professionale. Senza un vincolante ritorno a errori già noti, al pendolarismo forzato da un superato stile di leadership basato su comando e controllo, ma anche senza scambiare per libertà la rinuncia alle forme di socialità, generatività e networking tipiche di un luogo di lavoro non dematerializzato.

Il futuro del lavoro passa dalla possibilità di scegliere, di trovare il proprio modo di lavorare, sperimentando con creatività.

Ma c'è ancora un aspetto che può influire su questa capacità di scelta e di autonomia e riguarda il fatto che la maggior parte dei lavori remotizzabili ha a che fare con il digitale e la tecnologia, ambiti professionali a cui le ragazze e le donne si avvicinano ancora con maggiore fatica.

Professioni STEM: avanti, c'è posto

Il World Economic Forum nel "Global Gender Gap Report 2022"[16], il rapporto annuale sulla parità di genere in 146 Paesi nel mondo, analizza le disparità su quattro ambiti: istruzione, salute, opportunità economiche ed emancipazione politica. Con l'aggravarsi delle crisi, i risultati della forza lavoro femminile ne risentono e il rischio di un arretramento della parità di genere a livello globale si intensifica ulteriormente. Gli sconvolgimenti causati dalla pandemia frenano i progressi. Tra circa 150 Paesi, solo il 20% è riuscito a ridurre il divario di almeno l'1%.

Un preoccupante dato del report evidenzia che le donne stanno beneficiando meno della trasformazione digitale di alcune professioni, specialmente in ambito tecnologico. Si conferma così la dichiarazione di Saadia Zahidi, amministratrice delegata del World Economic Forum: "Se vogliamo un'economia futura dinamica, è vitale che le donne siano rappresentate nei lavori di domani"[17].

La scarsa partecipazione delle donne nel settore digitale ha radici nel percorso scolastico. Le ragazze, in Italia in particolare, tendono a evitare gli studi relativi alle materie STEM (Science, Technology, Engineering and Mathematics) e hanno minori probabilità di scegliere una carriera in quell'am-

[16] World Economic Forum, 2022, *Global Gender Gap Report 2022*, *op. cit.*

[17] ANSA (2021), "La parità di genere? La pandemia peggiora il traguardo, ora ci vorranno 135 anni", *lifestyle*, 14 aprile.

bito. Secondo i dati Eurostat[18], in Europa solo il 18% circa dei dipendenti del settore ICT sono donne (Women in Digital, 2020).

Oltre alla difficoltà di attirare più donne nel mercato del lavoro digitale, anche trattenere le donne del settore resta una sfida. La partecipazione delle donne al mercato del lavoro digitale diminuisce infatti con l'età: spesso, le donne a metà carriera abbandonano il campo a causa della mancanza di progressione verso ruoli di leadership.

Una mancata integrazione delle donne nell'ambito lavorativo e professionale nel settore digitale comporta però, oltre a una mancata opportunità di occupazione al femminile, un'occasione persa per il settore in sé, l'incapacità di vedere e innovare l'ambito digitale e tecnologico da un'altra prospettiva, visto che anche in questo caso vi sono profonde differenze d'uso e di percezione tra uomini e donne.

Le donne che si occupano di STEM sono ancora poche e i dati riportati da Save the Children Italia[19] parlano chiaro: nell'ambito universitario solo il 16,5% delle giovani laureate tra i 25 e i 34 anni ha conseguito la laurea in uno di questi settori, mentre gli uomini sono il 37%.

Nelle scuole i numeri non sono più rassicuranti: solo il 22% delle ragazze si sono diplomate in istituti tecnici, a fronte del 42% dei maschi. Tra studenti e studentesse che hanno un alto rendimento nelle materie scientifiche, solo una ragazza su 8 si aspetta di lavorare nei settori dell'ingegneria o di altre professioni scientifiche, a fronte di uno su 4 tra i maschi.

Non va meglio nel mondo universitario, analizzando gli indicatori per il bilancio di genere degli Atenei[20], la forbice è evidente anche per la carriera accademica. Solo il 21% sono le donne con qualifica di professore ordinario in discipline STEM e si sale al solo 43% tra le ricercatrici STEM rispetto al totale dei ricercatori nella stessa area.

Le ragazze iscritte ai corsi STEM, inoltre, sebbene raggiungano risultati migliori, presentano tassi di occupazione e retribuzioni più basse rispetto ai colleghi uomini. Secondo il rapporto del Consorzio Interuniversitario AlmaLaurea[21], il tasso di occupazione nelle professioni STEM è pari al 92,5% per gli uomini e all'85% delle donne.

Il divario di genere è ampiamente visibile nel mondo della ricerca e

[18] Eurostat (2020), *Girls and women among ICT students: what do we know?*

[19] Centro nazionale di documentazione e analisi per l'infanzia e l'adolescenza (2022), *Stereotipi di genere e materie Stem, ricerca Save the Children.*

[20] Ministero dell'Università e della Ricerca (2020), *Indicatori nazionali per il Bilancio di Genere degli Atenei.*

[21] AlmaLaurea (2021), *Le indagini AlmaLaurea.*

dell'innovazione tecnologica, dove le donne ancora subiscono condizioni di lavoro più precarie degli uomini e, oltre a faticare nel raggiungere posizioni apicali nella carriera, hanno difficoltà anche nell'essere riconosciute come autrici di invenzioni brevettabili e infine a trovare fondi per le loro ricerche.

Questa segregazione orizzontale che le donne vivono nel lavoro e nelle carriere non è un limite solo per il pieno raggiungimento della parità, ma rappresenta un danno anche per la nostra economia, visto che la riduzione del gender gap consentirebbe un aumento del PIL e del reddito pro capite.

Abbiamo bisogno del contributo delle ragazze e delle donne in area STEM per sostenere innovazione e progresso sociale ed economico del Paese e per non rischiare che le donne perdano ancora maggiori opportunità, ritrovandosi ai margini del futuro del lavoro. Un futuro del lavoro che passa dallo smart working in particolare per ruoli che sono molto spesso legati al mondo digitale e della tecnologia.

Aumentare la presenza femminile nell'ambito STEM significa quindi velocizzare la riduzione del gender gap.

Si comincia dall'istruzione, che oggi ancora porta erroneamente a promuovere percorsi e suggerire inclinazioni e atteggiamenti diversi in base al genere. Diffondere una cultura dell'educazione sempre più inclusiva può permettere alle bambine di oggi di diventare donne più libere di scegliere per sé e il proprio futuro, professionale e personale. Gli studi rilevano che le donne, molto più che gli uomini, percepiscono la crescita verticale non finalizzata all'aumento di potere e guadagno, ma motivata in primo luogo dalla possibilità di essere artefici di un cambiamento

È necessario, perciò, fare in modo che le nuove forme di lavoro flessibile rappresentino anche la volontà di promuovere il cambiamento verso un mondo del lavoro (e non solo) senza discriminazioni di genere. Ed evitiamo che si crei involontariamente una nuova e differente iniquità: uomini in ufficio a creare tra loro strategie e donne lavoratrici invisibili a casa.

Conclusioni

In un contesto come quello italiano, nel quale il gender gap è presente in tutte le sfere della gerarchia lavorativa, laddove non si introducessero principi paritari e strumenti per valorizzare le donne, lo smart working si ridurrebbe a una modalità di lavoro nella quale si replicherebbero le disuguaglianze di sempre. In altre parole, tutto cambierebbe per non cambiare nulla.

Lo smart working, quando diventerà strutturale, dovrà superare i limiti emersi nella sua forma emergenziale, così da contrastare la penalizzazione delle donne lavoratrici. Perché ciò accada, il legislatore non potrà operare scelte miopi, ma dovrà agire contrastando la disuguaglianza, in tutte le sue manifestazioni.

Riteniamo dunque che solo questa attività di contrasto, portata avanti da un legislatore in grado di comprendere il cambiamento culturale della società civile, permetterà di ripensare lo smart working in una valorizzante ottica di genere.

9 La dimensione della comunicazione

di Flavia Gamberale

Lo smart working in pandemia: da tema di nicchia a trend topic

Da tema di nicchia, oggetto prevalentemente di cronache sindacali e approfondimenti giornalistici di taglio specialistico, ad argomento al centro del dibattito pubblico trattato in prima persona da ministri e amministratori delegati, protagonista di campagne di comunicazione *ad hoc* che ha conquistato le prime pagine dei giornali ed è stato per lungo tempo trend topic sui social media.

"Smart working" è stata una parola chiave del "lessico della pandemia" ed è diventato un rilevante elemento di narrazione attorno al quale aziende e istituzioni hanno costruito vere e proprie strategie di storytelling finalizzate a rafforzare la loro reputazione di organizzazioni innovative e resilienti e a rinsaldare così il proprio rapporto di fiducia con i dipendenti e i consumatori in un momento di grave crisi per il Paese e il mondo intero.

Già nel 2012 l'Osservatorio Smart Working del Politecnico di Milano definiva questa nuova filosofia manageriale come "fondata sulla restituzione alle persone di flessibilità e autonomia nella scelta degli spazi, degli orari e degli strumenti da utilizzare a fronte di una maggiore responsabilizzazione sui risultati. Un nuovo approccio al modo di lavorare e collaborare all'interno di un'azienda che si basa su quattro pilastri fondamentali: revisione della cultura organizzativa, flessibilità rispetto a orari e luoghi di lavoro, dotazione tecnologica e spazi fisici".

Lo smart working non è quindi un'invenzione recente. Sia grandi aziende sia pubbliche amministrazioni, per le quali la direttiva che introduce e disciplina il lavoro agile è datata 2017, hanno da tempo adottato questa modalità di organizzazione del lavoro seppur spesso in maniera residuale e limitatamente a determinate tipologie di attività.

La pandemia, per evidenti ragioni logistiche, ne ha soltanto imposto l'adozione a livello massivo; dunque, quello di renderlo un argomento ad alta "notiziabilità" è stato il frutto di una precisa scelta strategica operata da aziende e istituzioni, ancor prima che dai media, e che rispondeva dunque a precisi obiettivi di rafforzamento della brand reputation.

Storia di un malinteso semantico

Se il celebre marziano di Ennio Flaiano fosse sbarcato a Roma il 23 febbraio del 2020 si sarebbe trovato di fronte a parole che rimandano a un universo di senso assai differente da quello che sarebbe stato attribuito loro appena pochi giorni prima.

Una di queste è senz'altro l'espressione "lavoro agile", meglio noto e impropriamente tradotto come *smart working*. In realtà si tratta di un falso anglicismo poiché nei Paesi anglosassoni la nostra accezione di lavoro agile – quella prepandemica, si badi bene! – trova il suo equivalente semantico nel concetto di *flexible working*.

E già questo basterebbe a disorientare il nostro buon marziano. Ma torniamo a quel 23 febbraio del 2020, considerato una data spartiacque per il malinteso semantico che si sarebbe cucita addosso l'espressione "lavoro agile" durante gran parte del periodo in cui infuriava la pandemia da Covid-19. Quel giorno l'allora Presidente del Consiglio Giuseppe Conte emanava un decreto[1] che prevedeva una serie di misure urgenti per contenere e gestire l'emergenza epidemiologica, tra cui l'applicazione "del lavoro agile in via automatica a ogni rapporto di lavoro subordinato" nell'ambito di aree considerate a rischio contagio. Una disposizione che sarebbe stata estesa poco dopo a livello nazionale con l'aggravarsi della pandemia.

A partire da quel momento le espressioni "lavoro agile" e "smart working" avrebbero animato le prime pagine dei giornali, diventando oggetto di dibattito pubblico e protagoniste delle conversazioni online degli italiani. Nei giorni più difficili e incerti di inizio pandemia, quando i grandi quotidiani nazionali titolavano a nove colonne "Chiude l'Italia", e le abitudini delle persone venivano sconvolte dalla nuova e cupa routine del lockdown, lo smart working avrebbe rinnovato il suo bagaglio semantico evocando speranza e resilienza, accorciamento delle distanze tra lavoratori

[1] *Decreto del Presidente del Consiglio dei Ministri 23 febbraio 2020*, recante "Disposizioni attuative del decreto-legge 23 febbraio 2020, n. 6, recante misure urgenti in materia di contenimento e gestione dell'emergenza epidemiologica da Covid-19".

costretti a dialogare non più *vis-à-vis*, ma attraverso il monitor del PC di casa. Sull'onda emotiva del "distanti ma uniti", diventato un hashtag molto popolare durante la prima fase dell'emergenza, si inaugurava così un nuovo paradigma di relazioni sociali e lavorative di cui il cosiddetto smart working era un caposaldo.

Eppure, il marziano, se avesse confrontato il significato attribuito poco tempo prima di quel febbraio del 2020 all'espressione "smart working", non avrebbe potuto fare a meno di notare una macroscopica contraddizione.

Leggendo la definizione che ne dà la direttiva in materia di lavoro agile nel 2017, il lavoro agile non è che una "nuova modalità spazio-temporale di svolgimento della prestazione lavorativa", che il lavoratore può adottare su base volontaria di concerto col proprio datore di lavoro (nella direttiva in particolare si fa riferimento ai dipendenti della PA). A questa nuova modalità di organizzazione del lavoro si accompagnano politiche di "valorizzazione delle risorse umane e razionalizzazione delle risorse strumentali disponibili nell'ottica di una maggiore produttività ed efficienza; responsabilizzazione del personale dirigente e non; riprogettazione dello spazio di lavoro; promozione e più ampia diffusione dell'utilizzo delle tecnologie digitali; rafforzamento dei sistemi di misurazione e valutazione delle performance; agevolazione della conciliazione dei tempi di vita e di lavoro"[2].

Insomma, qualcosa di molto diverso rispetto allo smart working della pandemia, del quale venivano meno tutta una serie di elementi semantici caratterizzanti. Il lavoro agile perdeva il suo aspetto negoziale, la sua finalità di coniugare efficienza dei processi lavorativi con libertà di organizzazione della propria vita privata, per diventare una misura d'emergenza calata dall'alto e finalizzata unicamente al contenimento del rischio epidemiologico, in cui di fatto il digitale abilitava l'emergenziale rendendolo permanente.

A ben vedere qualcosa di molto poco smart e agile, o quantomeno in misura assai diversa rispetto al significato originario del termine.

E così nella prima fase della pandemia abbiamo assistito a un vero e proprio processo di risemantizzazione dell'espressione "smart working/ lavoro agile". Come abbiamo visto, le prime ad aver innescato questo fenomeno sono state le istituzioni. A partire dall'emanazione di quel primo decreto del 23 febbraio, a cui poi sono seguiti ulteriori provvedimenti governativi che hanno confermato e prorogato l'adozione massiva del cosiddetto lavoro agile, si è andata diffondendo una nuova consuetudine di utilizzo del termine.

[2] *Direttiva n. 3 del 2017* del Dipartimento della Funzione Pubblica in materia di lavoro agile.

Con disinvoltura ministri e anche amministratori delegati di importanti aziende hanno cominciato a parlare di smart working in una rinnovata accezione sui loro canali social e sulle prime pagine dei quotidiani, mettendo il tema al centro del dibattito pubblico. Eppure, malgrado l'espressione "lavoro agile" usata e abusata durante la pandemia non avesse pressoché quasi nessuna delle caratteristiche di significato già codificate, si è imposta in brevissimo tempo generando un *sentiment* positivo tra gli stessi cittadini.

Se guardiamo alle analisi delle conversazioni online degli italiani nel periodo di marzo del 2020, scopriamo che attorno all'espressione "smart working" si era creato un rinnovato orizzonte di senso.

L'osservatorio Human Data tra il 10 e l'11 marzo 2020 rilevava ben 2.000 tweet[3] con hashtag *#iolavorodacasa*, *#iolavoroacasa*, *#iolavorosmart*, *#smartworking*, evidenziando tre principali aree tematiche legate a queste parole chiave: portare l'ufficio a casa e dunque stabilire una connessione tra la dimensione domestica e quella lavorativa, scoprire lo smart working per rimanere in relazione con le persone e i colleghi nonostante le restrizioni, gestire l'emergenza Coronavirus online favorendo la condivisione delle esperienze.

Insomma, in pandemia l'espressione "lavoro agile" acquisiva una nuova connotazione, marcatamente "relazionale". Più che rimandare – come avrebbe voluto il suo significato originario – al concetto di flessibilità organizzativa, misurazione della performance e conciliazione dei tempi di vita e di lavoro con una demarcazione tra i due ambiti, finiva per significare accorciamento delle distanze, connessione, tentativo di superare la dimensione di isolamento sociale ed esistenziale provocato dalla pandemia attraverso le tecnologie digitali.

Parafrasando Mario Morcellini, si potrebbe dire che in qualche modo lo stesso "smart working" sia stato uno strumento che, almeno nelle intenzioni iniziali, ha "infrastrutturato relazioni"[4] in un momento di crisi senza precedenti dal dopoguerra a oggi come quello della pandemia.

Da lessico a racconto della pandemia: lo smart working al centro di un nuovo storytelling aziendale

Dotato di una rinnovata accezione, sdoganato dalla stessa Presidenza del Consiglio, lo smart working durante la pandemia si è subito trasformato in un

[3] Pelagalli F. (2020), "L'emergenza Coronavirus cambia il lavoro?", *Human data*, *Il Sole 24 Ore*, 12 marzo.

[4] Morcellini M. (2020), *Antivirus. Una società senza sistemi immunitari alla sfida del Covid-19*, Castelvecchi, Roma.

"asset di comunicazione" che grandi aziende e PA hanno utilizzato con l'obiettivo di guadagnare un nuovo posizionamento agli occhi dei propri stakeholder.

È in sostanza diventato un elemento cardine attorno al quale le organizzazioni hanno costruito un brand storytelling funzionale ai propri scopi: accreditarsi come soggetti innovativi, resilienti ed empatici, dotati di un orizzonte di valori al passo con i tempi, in un momento in cui la pandemia stava completamente scardinando modelli di organizzazione del lavoro e della socialità consolidati in secoli di storia.

Uno storytelling in ultima analisi finalizzato a mantenere un rapporto di prossimità e di fiducia con i propri pubblici di riferimento: dipendenti delle stesse organizzazioni ma anche più in generale cittadini e imprese, dunque potenziali fruitori di prodotti e servizi.

Prendendo in prestito il modello della semiotica greimasiana[5] secondo cui la narratività è un percorso basato su una logica generale che assegna al conflitto e alle alleanze un ruolo determinante, possiamo individuare lo schema di narrazione alla base dello storytelling della pandemia: la pandemia da Covid-19 ha giocato il ruolo dell'elemento di rottura degli equilibri pregressi e le organizzazioni lavorative – aziende e PA – si sono inserite in questo scenario di crisi vestendo i panni narrativi degli "eroi", degli innovatori. Brandendo il salvifico "Sacro Graal" dello smart working, hanno permesso ai loro stakeholder, dipendenti *in primis*, di preservare il proprio lavoro, le proprie relazioni umane, di mandare avanti la "fabbrica Italia", nonostante la minaccia della pandemia.

Questo è stato lo schema narrativo ricorrente utilizzato durante la prima fase del lockdown.

All'indomani dell'emanazione del cosiddetto decreto "Chiudi Italia"[6], sulle prime pagine e sui dorsi di quotidiani cartacei e online sono cominciate a fioccare molte interviste di ministri e amministratori delegati, che spesso hanno utilizzato l'argomento del lavoro agile come leva di posizionamento per il loro CEO branding[7]. "Abbiamo messo in smart working tutti i nostri dipendenti per fronteggiare la pandemia"[8], hanno dichiarato molti dirigenti apicali pubblici e privati, qualcuno in maniera più strategica e lungimirante di altri, usando termini e schemi di narrazione ben riconoscibili.

[5] Greimas A.J. (1976), *Maupassant. La sémiotique du texte, exercices pratiques*, Seuil, Paris (trad. it.: *Maupassant. La semiotica del testo: esercizi pratici*, Centro Scientifico Editore, Torino, 1995).

[6] *Decreto del Presidente del Consiglio dei Ministri 22 marzo 2020.*

[7] Fetscherin M. (2015), "The CEO branding mix", *Journal of Business Strategy*, Vol. 36, n. 6, pp. 22-28.

[8] Manacorda F. (2020), "Starace (Enel): Già tra noi la rivoluzione digitale. Lo Stato ne approfitti", *la Repubblica*, 26 maggio.

Si è spesso parlato di smart working in termini d'innovazione e di "rivoluzione digitale". Abbiamo tuttavia visto, nel primo paragrafo di questo capitolo, come la stessa parola sia stata risemantizzata e come il significante abbia perso molti dei suoi significati originari.

Lo smart working della pandemia può essere davvero associato al campo semantico dell'innovazione?

Se guardiamo alle condizioni in cui è stato praticato, probabilmente no, in quanto si è trattato di una modalità di espletamento del lavoro frutto di un tentativo, per lo più generalizzato, di adattarsi a una situazione straordinaria facendo ricorso a tool e infrastrutture già ampiamente collaudati, digital divide permettendo.

Lo smart working della pandemia ha così assunto il volto dei torrenziali webinar su Zoom o dell'orda interminabile di call che si sono susseguite sulle varie piattaforme di comunicazione e collaborazione, dilatando spesso oltre misura i confini della giornata lavorativa.

Uno scenario che, fuori dalla cornice del lockdown, sarebbe potuto sembrare distopico. Eppure, in piena emergenza, lo smart working è stato raccontato come una sorta di panacea dei mali della pandemia, come una soluzione rispetto al problema dell'isolamento sociale imposto dal lockdown.

Le prime a veicolare questa interpretazione sono state aziende e istituzioni, attingendo a piene mani, come abbiamo visto, dal dominio del pensiero narrativo che organizza la realtà in maniera soggettiva e gerarchizza l'esperienza secondo criteri selettivi del tutto personali, perché per dirla con Bruner i racconti sono "una versione della realtà la cui accettabilità è governata dalla convenzione e dalla necessità narrativa, anziché dalla verifica empirica e dalla correttezza logica"[9].

La nuova narrativa sullo smart working, inaugurata da aziende e istituzioni, ha avuto successo, in particolare nella prima fase della pandemia, perché ha saputo intercettare il bisogno di rassicurazione dei cittadini in un momento di grande incertezza. Raccontare il lavoro agile come uno strumento innovativo che permetteva di mantenere il proprio posto di lavoro, di rinsaldare le relazioni con i colleghi e di contribuire, ognuno nel proprio piccolo, a far progredire il Paese e di non azzerarne la produttività oltrepassando quella cortina di solitudine cui la pandemia aveva condannato il mondo intero, rappresentava sicuramente una narrazione di speranza, utile a risvegliare anche un senso di appartenenza identitario nei cittadini lavoratori rispetto alle proprie aziende/istituzioni/Paese.

Nella narrazione che si è andata a imporre a opera delle istituzioni e aziende troviamo quindi presenti tutti gli elementi dello schema greimasiano: ma-

[9] Bruner J. (1991), *La costruzione narrativa della realtà*, in Ammaniti M., Stern D., a cura di, *Rappresentazioni e narrazioni*, Laterza, Roma-Bari.

nipolazione (una situazione avversa, ossia il Covid, che costringe l'eroe, impersonato da PA o azienda che sia, a intraprendere un'azione), competenza (l'eroe che entra in possesso dei mezzi, in questo caso lo smart working, per portare a termine un'azione: salvare l'Italia dalla paralisi), performanza (l'eroe che mette in campo la sua azione: introdurre lo smart working a livello massivo), sanzione (il risultato, ossia l'adozione dello smart working, viene giudicato positivamente dai destinatari dell'azione, ossia i cittadini).

Una narrazione che in una prima fase è risultata convincente anche grazie a quel surplus di credibilità di cui godevano quegli stessi soggetti enunciatari, soprattutto le istituzioni, che durante questa particolare situazione di crisi erano tornati a essere punti di riferimento nell'immaginario collettivo, essendosi interrotta per la prima volta quell'onda lunga di delegittimazione che li aveva travolti a partire dalla stagione del grillismo.

È un dato ormai assodato che il contesto di profonda incertezza determinato dalla pandemia abbia spinto i cittadini a riscoprire le fonti istituzionali e ad affidarvisi: durante il lockdown è aumentata la fruizione di informazione sui canali ufficiali, per esempio i siti e le pagine social dei Ministeri e della stessa Presidenza del Consiglio[10]. Non è quindi poi così peregrino pensare che questo surplus di fiducia abbia conferito alle narrazioni provenienti da quelle fonti una maggiore capacità di incidere in larga parte dell'opinione pubblica.

Non a caso già a due mesi dall'inizio del lockdown e dall'adozione massiva dello smart working, in un'indagine condotta da FPA l'88% del campione intervistato, composto prevalentemente da dipendenti pubblici, giudicava questa esperienza di successo, mentre il 61,1% riteneva che questa "nuova cultura" avrebbe prevalso anche una volta finita la fase di emergenza[11].

#Iolavorosmart: genesi e analisi di una campagna di comunicazione efficace

Il 27 marzo del 2020 l'allora Ministra del Lavoro e delle Politiche Sociali Nunzia Catalfo lanciava, in collaborazione con la Ministra per la Pubblica Amministrazione Fabiana Dadone, la campagna social *#Iolavorosmart*. La

[10] Gagliardi G., Gregori L., Suozzi A. (2020), "L'impatto emotivo della comunicazione istituzionale durante la pandemia di Covid-19: uno studio di Twitter Sentiment Analysis", *Proceedings of the Seventh Italian Conference on Computational Linguistics CLiC-it 2020: Bologna, Italy, March 1-3, 2021*, Accademia University Press, Torino.

[11] Aliperto D. (2020), "Smart working, favorevole il 94% dei dipendenti pubblici italiani", *Corcom.it*, 3 giugno.

campagna veniva annunciata con tanto di comunicato stampa in cui entrambe le Ministre prendevano posizione a favore dello smart working e, ovviamente, delle misure introdotte dal governo in materia, adottando uno schema di narrazione già illustrato nel precedente paragrafo.

"Lo smart working è una freccia nel nostro arco che dobbiamo scoccare con forza e decisione per non far fermare l'Italia"[12], dichiarava la Ministra Catalfo. L'affermazione, attraverso l'utilizzo di una metafora che evocava lo scenario della battaglia, dipingeva la PA – incarnata da uno suo massimo rappresentante, un Ministro – come una sorta di eroe omerico intento a scagliare le sue frecce salvifiche per vincere il nemico e mettere in salvo l'Italia. Nel testo del comunicato stampa diffuso dai due ministeri troviamo quindi presenti tutti gli elementi dello schema narrativo greimasiano: manipolazione, competenza, performanza, sanzione[13].

Come spiegato nel comunicato, la campagna invitava i cittadini a raccontare le loro storie di "ordinario" smart working ai tempi del Coronavirus postando le proprie foto davanti alla scrivania di casa e utilizzando un hashtag appositamente creato, *#Iolavorosmart*. Da quel momento in poi, aggiungeva il comunicato, le storie più significative e interessanti sarebbero state pubblicate sul sito del Ministero del Lavoro e sui canali della Funzione Pubblica, "in una sorta di diario del lavoro agile in cui i protagonisti sono i cittadini".

La campagna aveva una propria identità visiva ed era stata ovviamente declinata sui vari canali social delle amministrazioni promotrici. L'iniziativa si era trasformata subito in una vera e propria call-to-action rivolta non solo ai cittadini ma alle stesse aziende e amministrazioni che poi concretamente stavano rendendo possibile l'adozione su larga scala del lavoro agile. A meno di 10 giorni, i post pubblicati sui canali social dei due ministeri avevano superato le 135 mila visualizzazioni e generato più di 4.300 interazioni totali e la campagna era riuscita a coinvolgere in maniera spontanea anche tante aziende e PA tra cui l'Università di Sassari, INPS, Unioncamere, Formez, Olivetti, Generali Italia, ANIMA Confindustria, SOSE, e diverse istituzioni culturali[14].

Sul proprio account Twitter il Ministero del Lavoro aveva sfruttato una particolare funzionalità della piattaforma social, i Moments[15], realizzando una pagina *ad hoc* che aggregava tutti i principali post pubblicati dagli utenti

[12] Ministero del Lavoro e delle Politiche Sociali (2020), *Parte la campagna social #Iolavorosmart, storie di smart working nell'era del Coronavirus.*

[13] Greimas A.J., 1995, *op. cit.*

[14] Ministero del Lavoro e delle Politiche Sociali (2020), *#iolavorosmart: in dieci giorni, 135mila visualizzazioni e oltre 4.300 interazioni per la campagna lanciata dai Ministeri del Lavoro e della Pubblica Amministrazione.*

[15] Apposita funzionalità di Twitter che serve per raccogliere e organizzare una collezione

a tema *#Iolavorosmart*[16]. Il sommario parlava chiaro: "L'emergenza *#coronavirus* fa crescere lo *#smartworking*. Una moltitudine di persone operative da casa che sfrutta al meglio spazi e strumenti informatici con ingegno e creatività. Qui le storie di chi ne fa parte".

A partecipare alla campagna, popolando le piattaforme social di tanti piccoli frammenti di vita da smart worker, i dipendenti e collaboratori della pubblica amministrazione ma anche molti esponenti di governo e parlamentari delle istituzioni europee. Attraverso la potenza delle immagini, il lavoro agile della pandemia acquisiva una sua iconografia riconoscibile, le piattaforme social traboccavano di immagini tutte un po' simili tra loro che ritraevano PC aperti davanti uno sfondo domestico fatto di librerie Ikea e tinelli trasformati per l'occasione in uffici, dove allestire riunioni virtuali tra una moka e l'altra.

Così, lo smart working veniva messo al centro di un racconto collettivo, una sorta di Wu Ming del lockdown[17].

Della campagna congiunta di Funzione Pubblica e del Ministero del Lavoro e delle Politiche Sociali colpiscono alcune caratteristiche: la perfetta capacità di integrarsi in un ecosistema mediale ibrido, utilizzando media online e offline, e di costruire uno storytelling positivo dello smart working pandemico trasformando gli utenti in ambassador di un modello di organizzazione del lavoro tutt'altro che automaticamente accettabile e privo di criticità.

Analizzando la campagna da un punto di vista tecnico, è impossibile non notare come questa abbia sfruttato a proprio vantaggio una dinamica tipica della network society[18] e ancor di più della platform society[19] ossia il *produsage*, la tendenza a rendere gli utenti contemporaneamente fruitori e creatori di contenuti.

L'hashtag *#Iolavorosmart* è diventato infatti un importante vettore di ingaggio che ha permesso ai post prodotti dalle singole persone di inserirsi nel flusso dei trend topic e di aderire, arricchendola, a una narrazione sullo smart working già definita nelle sue coordinate principali dai due dicasteri.

Un'operazione riuscita grazie anche alla mobilitazione della folta community dei comunicatori della pubblica amministrazione, che in maniera massiccia ha partecipato alla campagna contribuendo così a renderla virale attraverso i propri post con tanto di foto e hashtag in vista.

di tweet su un particolare argomento, visualizzabili a parte in modo più ordinato rispetto al classico elenco di contenuti esclusivamente in ordine cronologico.

[16] Ministero del Lavoro e delle Politiche Sociali (2020), *#iolavorosmart*, https://twitter.com/i/events/1243479588589756419.

[17] Iabichino P. (2021), *#Ibridocene. La Nuova Era del tempo sospeso*, Hoepli, Milano.

[18] Castells M. (2009), *Communication Power*, Oxford University Press, Oxford.

[19] de Waal M., Poell T., Van Dijck J. (2018), *The Platform Society. Public Values in a Connective World*, Oxford University Press, Oxford.

Il coinvolgimento "preventivo" di una community già allineata sui messaggi e ben disposta a rilanciarli ha sicuramente evitato che la campagna si trasformasse in un boomerang alimentando pericolose contronarrazioni a polarizzazione negativa che sarebbero state inevitabilmente premiate dagli algoritmi e avrebbero rischiato di affossare il racconto. Quello del lavoro è infatti da sempre un tema molto sensibile, in grado di suscitare aspre reazioni di critica e di rabbia, soprattutto in periodi di crisi. Una campagna del genere, costruita per celebrare lo smart working, esponeva potenzialmente a non pochi rischi reputazionali in un momento in cui il lavoro rappresentava una vera e propria emergenza: molte persone chiudevano le attività, entravano in cassa integrazione o non si vedevano rinnovare il proprio contratto, e l'Italia ancora una volta si dimostrava vittima del digital divide, accentuando le disuguaglianze tra centri urbani e piccoli borghi, tra Nord e Sud, in termini di accesso alla rete e dunque di opportunità di praticare il lavoro a distanza.

Tuttavia, l'utilizzo strategico delle community e la capacità di costruire una narrazione empatica, in linea con i bisogni profondi degli utenti, hanno fatto sì che la campagna *#Iolavorosmart* risultasse vincente, anche perché protagonisti del racconto erano gli stessi cittadini-lavoratori, invitati a condividere piccoli pezzi della loro quotidianità e a riscoprirsi "distanti ma uniti" attraverso il filo impalpabile dello smart working.

Da *#Iolavorosmart* a *#Iolavorohappy*: appunti per una comunicazione del dopo pandemia

Se nella prima fase della pandemia lo storytelling istituzionale e aziendale dello smart working ha funzionato, con il tempo quello che era stato utilizzato come un potente asset di comunicazione da aziende e istituzioni ha cominciato a mostrare una serie di falle anche strettamente "semantiche".

"Non si tratta di smart working, ma di remote working!", hanno iniziato a tuonare molti osservatori, in diversi casi gli stessi che poco tempo prima non avevano esitato a partecipare alla grande narrazione collettiva del lavoro agile nelle accezioni che abbiamo visto.

Venuto meno il rischio epidemiologico e dunque la necessità obbligata di lavorare a distanza, aziende e istituzioni hanno dovuto cominciare davvero a fare i conti con l'urgenza di ridefinire i propri modelli di organizzazione, tenendo conto delle nuove esigenze che emergevano da una popolazione lavorativa ormai abituata a non timbrare più il cartellino.

Una popolazione lavorativa, tuttavia, molto diversificata al proprio interno, con prospettive e culture del lavoro talvolta agli antipodi.

La pandemia, come abbiamo visto, nella sua fase acuta ha agito da collante sociale, ha creato le condizioni affinché venissero rimodellati gli orizzonti semantici della parola "smart working" e fossero omologate le narrazioni sul lavoro agile, rivolte a un target indistinto di cittadini-lavoratori senza grosse differenze tra settore pubblico e settore privato.

Oggi, lo scenario è completamente cambiato. Si sta profilando un mercato del lavoro a due o più velocità, con un settore privato generalmente più disposto a rendere lo smart working un elemento strutturale della propria organizzazione del lavoro e un settore pubblico un po' più reticente.

Che vi sia stata, in ogni caso, una crescita del lavoro agile appare evidente: attualmente esistono progetti di smart working strutturati o informali presenti nell'81% delle grandi imprese (contro il 65% del 2019), nel 53% delle PMI (nel 2019 erano il 30%) e nel 67% delle PA (contro il 23% pre-Covid)[20].

E anche all'interno del settore privato stanno emergendo significative differenze: le organizzazioni più accorte hanno messo in cantina il termine "smart working" cominciando a utilizzare un nuovo lessico che si sta sostituendo gradualmente a quello della pandemia, ormai abusato, obsoleto e quindi svuotato di senso.

E così si sta cominciando a parlare di *lavoro ibrido*, qualcosa di diverso dallo smart working pandemico perché con questa formula i lavoratori hanno la possibilità di alternare lavoro da remoto e lavoro in presenza. Una flessibilità per lo più di compromesso, poiché nella maggior parte dei casi sono le aziende a decidere quando il lavoratore deve andare in ufficio e anche il luogo dove si effettua la prestazione lavorativa a distanza è spesso rigidamente prestabilito.

Lo smart working può essere ancora considerato un asset di comunicazione per le aziende o istituzioni che vogliano renderlo strutturale anche nella fase postpandemica? Sì, ma a patto che si adottino strategie differenti rispetto a quelle praticate durante l'emergenza da Covid-19.

Per prima cosa è utile profilare i target a cui ci si vuole rivolgere. Non tutti i lavoratori hanno infatti la medesima opinione sullo smart working. I cosiddetti *baby boomer* (nati tra il 1946 e il 1964) e la *Generazione X* (nati tra il 1965 e il 1979), che in Italia rappresentano la maggioranza della popolazione, sono probabilmente meno entusiasti rispetto all'adozione *tout court* di un paradigma del genere. È utile a questo proposito leggere l'ultimo rapporto Censis sul welfare:

[20] Osservatorio Smart Working del Politecnico di Milano (2021), *Smart Working in Italia: dati, numeri e trend post-pandemia*.

Per il 51,3% degli occupati il proprio lavoro è molto cambiato durante la pandemia. Il digitale è stato determinante, ma non indolore. Infatti, complessivamente il 58,0% ha riscontrato difficoltà nell'utilizzo dei dispositivi digitali. In particolare, il 55,3% nella partecipazione ai meeting online e il 46,1% con la posta elettronica. Sullo smart working i lavoratori italiani si dividono: il 25,1% non vorrebbe farlo, il 32,9% è soddisfatto e vorrebbe proseguire, il 42,0% opterebbe per una soluzione ibrida. Il tempo di lavoro si dilata: il 39,7% degli occupati afferma di non disporre di tempo libero in modo sufficiente (e la percentuale sale al 45,1% tra gli esecutivi), il 23,0% prevede un ulteriore peggioramento nel futuro[21].

Dunque, c'è una propensione generalizzata ad abbracciare un modello *phygital* di organizzazione del lavoro, ma ci sono – soprattutto per i più anziani – delle criticità legate a una parziale alfabetizzazione digitale che a volte rendono difficoltoso aderire pienamente a questo paradigma, e al tempo stesso delle perplessità su quanto questo modello sia effettivamente in grado di garantire la conciliazione dei tempi di vita e di lavoro.

Dall'altro lato ci sono i *Millennial* e la *Generazione Z*, nativi digitali o quasi, che sono per lo più largamente a favore di un modello di organizzazione del lavoro flessibile[22] e che addirittura considerano lo smart working ancora più importante dei programmi aziendali di assistenza sanitaria. Questi dati ci dicono dunque che l'adozione dello smart working può diventare un fattore competitivo per le imprese che vogliono attrarre giovani talenti. Dunque, laddove ci siano progetti concreti in tal senso, è sicuramente vantaggioso comunicarli per conquistare un buon posizionamento rispetto a un target particolarmente appetibile come quello delle nuove generazioni di lavoratori.

Non è un caso che diverse figure apicali di società private[23] ma anche a capitale pubblico[24] abbiano rilasciato interviste nelle quali dichiarano di essere a favore del lavoro agile e di averlo pienamente adottato nelle proprie aziende.

È interessante notare come in queste comunicazioni, chiaramente rivolte a un target di potenziali lavoratori da assumere, lo smart working venga rappresentato come un fattore attrattivo anche più importante di altri elementi tradizionalmente appetibili per un neoassunto come salario, stabilità occupazionale, possibilità di fare carriera. Segno dei tempi che cambiano:

[21] Censis (2022), *5° Rapporto Censis-Eudaimon sul welfare aziendale*.

[22] Hunters Group (2022), *I giovani preferiscono lo Smart Working alla salute*, 15 febbraio.

[23] Bottero G. (2021), "Pronti alla gara per il Cloud di stato, più smart working per attrarre talenti", intervista a Maximo Ibarra, *La Stampa*, 30 novembre.

[24] Querzè R. (2022), "Certificati e hi tech, 80 assunzioni a pagoPA e lavoro flessibile", *Corriere della Sera*, 22 luglio.

nell'epoca delle grandi dimissioni[25], fenomeno globale di cui anche l'Italia ha risentito, seppur in misura molto più contenuta rispetto ad altri Paesi, per i giovani la flessibilità dei modelli di organizzazione è un aspetto cruciale che pesa nella scelta del posto di lavoro.

Dunque, le aziende devono essere consapevoli del fatto che, se si ricercano giovani talenti e si vuole risultare appetibili, è quanto mai necessario promuovere concretamente lo smart working e costruire una comunicazione autentica che ne illustri e valorizzi il senso, evitando il più possibile operazioni di facciata. Se smart working deve essere, che smart working sia, senza pericolose ambiguità semantiche.

Quindi per fare una buona comunicazione occorre innanzitutto avere chiaro che tipo di progetto si sta promuovendo, dettagliando il più possibile ciò che si è disposti a offrire, onde evitare il pericoloso effetto overselling e deludere le aspettative del target, con rischi reputazionali da non sottovalutare.

Se per esempio l'azienda adotta un modello di organizzazione del lavoro in cui però è essa stessa a decidere quando e dove il dipendente può lavorare a distanza, non definendo inoltre preventivamente i suoi obiettivi di performance, sarà improprio che questo modello venga definito smart working. Molto meglio optare per un altro tipo di definizione: lavoro ibrido, lavoro *phygital* o qualsiasi altro termine più aderente alla filosofia e al purpose che effettivamente ispira i processi aziendali dell'organizzazione.

Un target fondamentale di cui le aziende non possono non tenere in considerazione, in un ipotetico progetto di comunicazione che voglia mettere al centro del racconto lo smart working, è senza dubbio quello dei lavoratori più anziani e già inseriti in organico, quelli che hanno abbracciato il nuovo modello di lavoro "agile" non senza qualche perplessità, come emerso dalla ricerca del Censis già citata.

Affinché lo storytelling sia convincente è infatti necessario che sia quanto più possibile condiviso dalle linee interne, quelle che potranno poi essere ingaggiate per farsi parte attiva del racconto e rappresentarne le voci, rendendo il progetto credibile anche all'esterno, un po' sulla falsariga di quanto accaduto con la campagna *#Iolavorosmart* di Funzione Pubblica e del Ministero del Lavoro e delle Politiche Sociali.

Insomma, è sempre preferibile sondare le opinioni dei diretti interessati, magari avviando una fase di sperimentazione, al termine della quale i lavoratori (o un campione rappresentativo di essi, soprattutto nelle grandi aziende o multinazionali) siano coinvolti in focus group e siano invitati a fornire una propria opinione sul modello proposto individuandone punti di forza e di debolezza.

[25] Rusconi G. (2022), "Great resignation: perché è un fenomeno in crescita e come rallentarla", *Il Sole 24 Ore*, 20 aprile.

Chiaramente imprescindibile sarà il coinvolgimento delle organizzazioni sindacali che, forti del proprio ruolo, potranno dare un fondamentale contributo di mediazione tra le istanze dei dipendenti e quelle delle aziende.

Mettere in piedi un'efficiente "architettura dell'ascolto"[26] è il primo passo per implementare un modello di smart working che sia realmente a misura dei lavoratori, correggendo le diverse criticità che dovessero emergere nella fase di sperimentazione. Una volta testato il gradimento dei lavoratori e corrette le criticità, si potrà successivamente pensare a un piano di comunicazione dalle dimensioni più ampie che parta dall'ingaggio della community dei dipendenti e si allarghi, in un grande racconto corale, verso l'esterno sui media o su altri canali earned.

Dando per assodato che ormai nella platform society in cui siamo immersi la comunicazione non appare più univoca ma si configura come un processo condiviso e partecipato[27], è di primaria importanza che l'innovazione dei modelli di organizzazione del lavoro sia preventivamente accettata dai lavoratori e che essi stessi siano coinvolti in un racconto che valorizzi quest'esperienza e li renda protagonisti, facendo magari leva sull'employer branding, a oggi una delle armi più potenti per rafforzare il brand delle aziende e contribuire anche a renderle attrattive all'esterno. In che modo? Diventando essi stessi testimonial dell'organizzazione per la quale lavorano, magari postando testimonianze e racconti sui propri profili LinkedIn, utili in particolare per il personal branding, Facebook, Twitter o Instagram.

Il piano di comunicazione dovrebbe quindi poter contare su una coesa community di lavoratori, magari appositamente ingaggiati, che raccontino in prima persona che cosa significhi concretamente per loro aver aderito al modello di lavoro agile della propria azienda, mettendo in evidenza come questo abbia migliorato la propria carriera e le proprie abitudini di vita, il proprio rapporto con i colleghi, senza ovviamente esagerazioni o toni forzatamente enfatici che potrebbero risultare poco autentici e dunque meno credibili.

Le storie personali, quando appaiono autentiche, risultano infatti un buon vettore di ingaggio per gli utenti e possono successivamente anche avere, in alcuni casi, la forza di diventare materia notiziabile per giornali, radio e TV.

La strategia da adottare non potrà che essere multipiattaforma: alternando un racconto sui canali online, a cominciare dal sito dell'azienda e dai profili social aziendali, nonché dagli account personali dei dipendenti che intendo-

[26] Macnamara J.R. (2014), "Organisational Listening: A Vital Missing Element in Public Communication and the Public Sphere", *Asia Pacific Public Relations Journal*, 15, pp. 89-108.

[27] Chieffi D., a cura di (2018), *Comunicare digitale*, Centro di Documentazione Giornalistica, Roma.

no diventare "voci" di questo racconto, e una narrazione sui canali offline con uscite pianificate sui media, attraverso cui vengano illustrati gli impatti dello smart working da più punti di vista, quello dei lavoratori *in primis*, andando così ad agire sulla leva del rafforzamento della reputazione.

Dunque, in estrema sintesi, la dimensione della comunicazione ha un ruolo molto importante e non può certamente essere trascurata da qualsiasi ente o azienda che intenda realmente innovare con successo i propri modelli di organizzazione del lavoro e creare consenso attorno a essi.

Solo attraverso una comunicazione che metta realmente al centro il lavoratore[28], valorizzando le sue esigenze, la sua narrazione personale, in ultima analisi la sua soddisfazione, sarà possibile creare uno storytelling positivo dello smart working con effetti duraturi nel tempo che rafforzi l'appartenenza aziendale dei dipendenti già in organico e contribuisca al tempo stesso a rappresentare il modello di organizzazione del lavoro adottato dall'azienda come una best practice anche all'esterno, in grado di esercitare attrattiva sui giovani talenti.

È ora, insomma, di cominciare a cambiare gli hashtag: da *#Iolavorosmart* a *#Iolavorohappy*.

[28] Nel 2020 un report di Gallup (*What Is Employee Engagement and How Do You Improve It?*) ha confermato come l'engagement dei lavoratori sia un fattore estremamente rilevante. Secondo i dati della ricerca, la produttività aumenta del 17% e la qualità superiore del lavoro dei dipendenti comporta un incremento della soddisfazione del cliente del 10%. Un maggior engagement dei lavoratori significa un aumento del 21% della profittabilità aziendale.

10 La dimensione della sicurezza cibernetica

di Edoardo Limone

Il termine "hacker" è nato intorno agli anni '90 ed era usato per identificare informatici particolarmente esperti, in grado di accedere ad aree riservate di sistemi e applicativi con finalità che, generalmente, non erano dolose bensì etiche e non arrecavano danni alle infrastrutture informatiche[1]. Nel corso degli anni, lo scenario tecnologico ha aumentato la sua complessità, comportando la nascita di sottoculture legate a pratiche specifiche e identificate con nomi appropriati. Il termine "hacker" ha quindi subìto una fisiologica trasformazione e oggi è usato nella sua forma più generica per identificare l'autore di una violazione informatica e attribuendo a essa un'accezione prevalentemente negativa.

L'agenzia governativa americana CISA (Cybersecurity & Infrastructure Security Agency) ha esplicitato molto bene questo passaggio nella pagina "Cyber Threat Source Descriptions"[2], in cui ha chiarito che, con l'aumentare della popolazione degli hacker, aumenta anche la probabilità che un hacker eccezionalmente qualificato e malintenzionato tenti di, e riesca a, portare a termine un attacco doloso ai danni di infrastrutture informatiche. Lo stesso Garante Europeo nelle *Guidelines 01/2021 on Examples regarding Data Breach Notification*[3] adotta la parola "hacker" per identificare un soggetto autore di azioni dolose. La situazione si è quindi letteralmente invertita rispetto al passato e ciò implica la necessità di specificare quando l'hacker agisce per finalità etiche e non dannose (*ethical hacking*); il verbo inglese *to hack* oggi ha assunto un si-

[1] Himanen P. (2010), *The Hacker Ethic*, Random House, New York.

[2] Cybersecurity & Infrastructure Security Agency (*s.d.*), *Cyber Threat Source Descriptions*.

[3] European Data Protection Board (2021), *Guidelines on Examples regarding Data Breach Notification*, adopted on 14 January 2021, Version 1.0.

gnificato che il Cambridge Dictionary spiega con "to use a computer to illegally get into someone else's computer system", la cui traduzione è "l'uso di un computer per accedere illegalmente nel sistema informatico di qualcun altro".

Il 9 gennaio 2022, pochi giorni dopo l'inizio dell'anno, sette organizzazioni italiane avevano già subito attacchi hacker. Tra queste vi erano realtà pubbliche e private, aziende che non trattavano *dati particolari*, ma anche aziende sanitarie che, invece, ne fanno il loro core business. La pandemia da Covid-19 ha portato con sé l'obbligo di rivedere le modalità con cui i professionisti e le aziende si rapportano alla sfera lavorativa: le dinamiche di distanziamento sociale non sono state attuate solo nelle situazioni di convivialità, ma anche in quelle lavorative, dando vita a quello che ormai tutti noi conosciamo come smart working. Eppure, nonostante la tecnologia ci abbia assistito durante questa transizione, molte realtà organizzative hanno avvicinato questo cambiamento con poca attenzione ai risvolti della sicurezza informatica: l'assenza di una strategia consolidata, di una formazione adeguata da parte dei dipendenti e di una conoscenza specifica della gestione remota del lavoro è stata la causa di numerosi problemi a livello di cyber security. In tal senso forse il caso più eclatante è stato il data breach nei confronti della Regione Lazio operato dal gruppo RansomExx[4].

Lo è stato per molte ragioni: per l'incapacità della Regione di gestire correttamente la comunicazione per quasi quattro giorni dopo l'attacco[5], per i commenti che si sono susseguiti da parte di dipendenti e dirigenti della Regione stessa, spesso in contrasto tra loro, per l'inosservanza di alcune regole che avrebbero protetto i dati in modo molto più efficace. Ma, in fondo, che cosa c'entra tutto questo con lo smart working? Il 6 agosto 2021, pochi giorni dopo l'attacco, il *Corriere della Sera*[6] raggiunge il dipendente della Regione Lazio che è stato il punto di accesso dell'attacco informatico. Durante l'intervista il dipendente dichiara: "Lo smart working però è vulnerabile, la rete di casa è più fragile di quella aziendale".

Questa dichiarazione è una delle ragioni per le quali il caso della Regione Lazio è stato al centro di numerose polemiche. Se nemmeno il personale tecnico di una realtà pubblica, importante e centrale come quella di una regione riesce a proteggere i dati, come possono farlo i dipendenti di una piccola

[4] Il gruppo RansomExx aveva in origine un altro nome, Defray, ed era noto per aver colpito bersagli istituzionali molto importanti in altri Paesi, tra cui la rete del governo brasiliano, il Dipartimento dei trasporti del Texas (TxDOT), Konica Minolta, IPG Photonics e la CNT dell'Ecuador.

[5] Giustozzi C. (2021), "Comunicare la cybersecurity in tempo di crisi: lo si sta facendo male", *CyberSecurity Italia*, 6 agosto.

[6] Caccia F. (2021), "Nicola, il dipendente dal cui pc sono passati gli hacker del Lazio: «Porno? Macché, al massimo ascolto Califano su YouTube»", *Corriere della Sera*, 6 agosto.

azienda? Lo smart working è veramente un problema per la sicurezza dei dati e delle informazioni?

Chiaramente, la risposta a queste domande prevede una spiegazione ma, sinteticamente, possiamo affermare che lo smart working non rappresenta un problema di sicurezza se correttamente implementato. Iniziamo quindi a chiarire alcuni concetti semplici di sicurezza informatica che, generalmente, sono tenuti in considerazione dai tecnici quando gestiscono il traffico dati aziendale. Un'organizzazione, dal punto di vista della cyber security, si trova a gestire il traffico dati di due "mondi", altresì chiamati *domini*: il primo è il dominio interno all'azienda, ossia lo scambio di dati tra dipendenti, dirigenti e appartenenti all'organizzazione. Questo dominio, la rete interna della realtà organizzativa in questione, si chiama *intranet.* Poi vi è un secondo dominio, esterno all'azienda, rappresentato da tutti i contatti che l'organizzazione ha con fornitori esterni, clienti, referenti. Generalmente, questo scambio dati avviene per posta elettronica e prevede l'invio di file e documenti e per operare questo scambio si esce dal dominio protetto aziendale e si va sulla rete che tutti noi conosciamo come *Internet.* Il dominio esterno prende per l'appunto il nome di *extranet.*

L'azienda, di per sé, è un mondo protetto: difficilmente subisce minacce provenienti dall'interno. Ci possono essere guasti agli apparati, atti di sabotaggio o l'inserimento di supporti di memoria infetti, ma è chiaro che, al netto di questo, la rete intranet viene percepita come più sicura rispetto alla extranet. I tecnici informatici sanno, tuttavia, che, benché la dimensione interna sia sicura, essa dovrebbe comunque essere assoggettata a regole di controllo del traffico dati. Certamente tali regole saranno più blande rispetto a quelle usate per controllare il traffico dal dominio esterno, ma comunque è buona prassi che anche tale traffico interno venga verificato.

Lo smart working ha creato, in molti casi, una problematica di gestione della sicurezza. Il traffico del dipendente in smart working, infatti, inizia dall'esterno del perimetro aziendale. Inizia nella extranet e, proprio per questo, dovrebbe subire rigidi controlli di sicurezza che in molti casi sono stati semplicemente ignorati. L'attivazione dei protocolli di rete necessari a garantire lo smart working ha, invece, provocato effetti negativi perché è stata realizzata con approssimazione e senza le dovute cautele. Facciamo qualche esempio per chiarire meglio il concetto: all'inizio del 2021 molte aziende avevano attivato l'accesso remoto alle postazioni di lavoro e tale accesso avveniva mediante un protocollo di rete chiamato RDP (Remote Desktop Protocol). Spesso, tuttavia, l'attivazione di questo protocollo non è stata eseguita secondo criteri di sicurezza adeguati ma in modo superficiale, permettendo al dipendente di creare un canale diretto tra la sua postazione remota, per esempio il computer di casa, e i dati contenuti nel perimetro organizzativo. Vi era quindi un collegamento diretto tra il dominio esterno (extranet) e quello interno (intranet), ma senza le dovute garanzie di sicurezza.

Il protocollo RDP, usato in larga parte perché di facile attivazione, non subiva configurazioni adeguate spesso per pigrizia da parte degli stessi tecnici, i quali però hanno ignorato il fatto che questo canale di comunicazione avrebbe potuto portare minacce informatiche direttamente dentro ai server dell'organizzazione. Questo è quello che è successo nella maggioranza dei casi esaminati da molte agenzie di sicurezza informatica. L'azienda Bitdefender, nota per le sue soluzioni di protezione contro virus e accessi abusivi, pubblicò nell'ormai lontano 2019 un report denominato *RDP Abuse and Swiss Army Knife Tool Used to Pillage, Encrypt and Manipulate Data*, nel quale si spiegava come l'impiego del protocollo RDP, destinato all'accesso remoto, fosse un vettore di minacce alla sicurezza informatica se non correttamente implementato. Sulla stessa linea si sono orientate istituzioni governative di tutto il mondo, tra cui la NCSC (National Cyber Security Centre) dell'Irlanda, che ha dedicato a questa potenziale falla di sicurezza una parte del suo portale web[7].

Ecco quindi che, nell'implementazione dello smart working, non ci si può limitare ad "attivare" le soluzioni che consentono la connessione remota tra la postazione privata del dipendente e i sistemi aziendali, ma è necessario progettare e attuare una strategia di sicurezza completa ed efficace. Tale strategia, che per le pubbliche amministrazioni è riassunta in una serie di regole riportate nella circolare n. 2/2017 recante "Misure minime di sicurezza ICT per le pubbliche amministrazioni" di AgID, prevede meccanismi di controllo del traffico dati e delle informazioni memorizzate all'interno dei data center. Beninteso, queste regole, che per il settore pubblico dovrebbero essere obbligatorie, potrebbero essere adottate anche dalle aziende private, garantendo così adeguati livelli di sicurezza.

La minaccia più diffusa attualmente nel panorama della cyber security è il ransomware: un virus deputato a rendere inaccessibili i file dell'organizzazione a meno che questa non paghi un riscatto agli hacker. I ransomware possono garantire l'inaccessibilità dei file in vari modi: il più diffuso è la crittazione delle informazioni e la cancellazione degli originali. Tuttavia, ci sono stati casi di cancellazione ricorsiva dei file senza alcuna crittazione e la ricorsività ha impedito il recupero dei file eliminati. In entrambi i casi os-

[7] National Cyber Security Centre (*s.d.*), *Internet Accessible MS-RDPEUDP Service*.

servati, il risultato finale è il medesimo: l'utente perde il controllo sui propri file e il diritto di accesso. Vi è, inoltre, un altro aspetto legato all'azione dei ransomware, che nel tempo ha preso il nome di *esfiltrazione*. I dati, prima di essere resi inaccessibili, vengono trasferiti dall'organizzazione agli hacker mediante complessi algoritmi di compressione e trasferimento. Pertanto, le vittime di un ransomware si ritrovano in una situazione in cui gli hacker possiedono una copia di tutte le informazioni rese successivamente inaccessibili; e quando in queste informazioni sono presenti, per esempio, i dati sanitari degli utenti, la problematica diventa di difficile gestione.

I dati hanno *in primis* un valore economico, poiché è grazie ai dati che le organizzazioni lavorano. I dati hanno però anche un valore sociale perché, per esempio, lo stato di salute di un soggetto, se reso pubblico, può essere causa di emarginazione o di ripercussioni sul piano lavorativo. A gennaio 2022 fu attaccata l'AULSS 6 Euganea (Azienda Unità Locale Socio-Sanitaria) di Padova: mentre i giorni di festa passavano, gli addetti alla sicurezza informatica monitoravano il conto alla rovescia imposto dagli hacker per il pagamento del riscatto.

Il mancato pagamento avrebbe comportato la pubblicazione di tutti i dati trafugati dagli hacker con la conseguente potenziale esposizione di dati sanitari appartenenti ai pazienti dell'AULSS 6. I ransomware hanno obbligato le organizzazioni a guardare i dati da un altro punto di vista: quello legato al controllo delle informazioni. Un'organizzazione colpita da ransomware può permettersi di non pagare un riscatto esclusivamente se detiene una copia accessibile delle informazioni trafugate, in caso contrario rischia di perdere il valore rappresentato da quei dati.

Nell'ambito dello smart working vi è una complessità maggiore: il valore dei dati percepito dall'utente finale potrebbe non essere uguale a quello dei dati infettati dal ransomware. Immaginiamo che un dipendente contragga un'infezione ransomware e la trasmetta al server aziendale durante lo smart working. Sebbene l'utente abbia un accesso limitato a file e cartelle, il virus tenterà di diffondersi su più fronti: proverà ad accedere a cartelle differenti tentando di rendere inaccessibili più dati possibile e tenterà contemporaneamente di trasferirsi su altri dispositivi di rete quali computer, supporti di memorizzazione e qualunque altro dispositivo con cui riesca a interagire. Nella condizione di smart working, il monitoraggio dei server, così come quello dei dati, deve essere quindi rivisto per consentire ai tecnici di operare da remoto ed effettuare procedure di salvataggio e ripristino dei dati in modo rapido ed efficace.

Esaminati i rischi e le conseguenze derivanti da un'impropria configurazione dello smart working e dalle infezioni ransomware, ormai largamente diffuse sulla rete, è opportuno cercare di spiegare come mai il fenomeno dello smart working abbia avuto realizzazioni eterogenee e non sempre all'altezza dei dati contenuti nei sistemi. Essenzialmente lo smart working è stato realizzato seguendo due paradigmi: il primo è stato quello basato sull'economicità e il riuso, mentre il secondo si è basato sulla strutturazione di nuove architetture informatiche progettate e realizzate esplicitamente per la dimensione del lavoro da remoto. Contrariamente a quello che si potrebbe pensare, entrambe le strade sono valide per la gestione dello smart working e la prima, quella basata sul riuso, è per certi versi una strada obbligata per la pubblica amministrazione. È infatti necessario ricordare che il Codice dell'Amministrazione Digitale (CAD), in vigore dal 2006, afferma al capo VI, art. 68, che:

> Le pubbliche amministrazioni acquisiscono programmi informatici o parti di essi nel rispetto dei principi di economicità e di efficienza, tutela degli investimenti, riuso e neutralità tecnologica, a seguito di una valutazione comparativa di tipo tecnico ed economico tra le seguenti soluzioni disponibili sul mercato.

Si tratta quindi di una condizione particolarmente vincolante che porta la PA a dover garantire lo smart working convertendo le risorse di cui è già in possesso, ma che potrebbero non essere completamente idonee per supportare questa tipologia di lavoro. La vetustà di un sistema informativo o particolari condizioni tecnico-architetturali possono rappresentare vincoli rilevanti nell'adozione di soluzioni di smart working. Tuttavia, il CAD prevede che in condizioni di indubbia necessità si possa attuare una scelta orientata all'acquisizione di soluzioni architetturali completamente nuove e non legate alla logica del riuso: chiaramente questa scelta deve essere motivata da condizioni oggettive e indiscutibili quali, per esempio, l'impossibilità di garantire la sicurezza per la mancanza di aggiornamenti di sistema a causa dell'anzianità dello stesso. La seconda strada, quella che prevede la creazione di soluzioni nuove e non basate sul riuso, non è però esente da rischi.

Ammettendo di acquisire licenze software e sistemi di ultima generazione, se la configurazione finale non dovesse tenere conto di una solida strategia di contrasto alle minacce, anche questa strada potrebbe facilmente determinare scenari di rischio. Ciononostante, l'utilizzo di software di ultima generazione tende a rendere più facile la difesa contro le minacce comuni, anche perché i software installati spesso offrono configurazioni già avanzate in termini di sicurezza. Questo significa che il lavoro dei tecnici per implementare la nuova soluzione viene reso più semplice e rapido e che l'impatto sull'utente finale sarà minore.

Ed è proprio l'utente finale uno degli anelli deboli della catena di messa in sicurezza dello scenario di smart working. Quando la pandemia da Covid-19 è arrivata al mondo del lavoro, molte aziende hanno richiesto agli utenti di adottare i dispositivi personali per svolgere il lavoro aziendale: computer, tablet, smartphone con dati e configurazioni "domestiche" venivano utilizzati per realizzare attività "professionali". Il caso più comune prevedeva che il computer di casa non possedesse gli adeguati software di protezione in termini di antivirus e firewall e che l'azienda, non avendo ancora adottato una chiara politica interna, non concedesse licenze di questi software all'utente finale.

L'impiego delle risorse personali del dipendente per un periodo di tempo fondamentalmente non definito ha portato gli attori sindacali a intervenire su più fronti: dal consumo delle risorse energetiche e tecnologiche di proprietà del dipendente, al relativo mancato risarcimento da parte delle aziende. Per il tecnico informatico deputato a garantire la sicurezza si era certamente aperta una nuova sfida, che si sarebbe potuta tradurre con una domanda: come si può garantire la sicurezza informatica di un sistema che non si controlla direttamente, che non è di proprietà dell'organizzazione e che può essere usato da più persone anche per scopi differenti da quelli istituzionali?

La risposta a questa domanda è nel paradigma di riorganizzazione delle informazioni: molti tecnici hanno compreso che l'unico modo utile per tutelare i dati era quello di riorganizzarli cambiando le modalità con cui questi venivano resi disponibili ai dipendenti. Sono state quindi adottate soluzioni di trasferimento basate, per esempio, su protocolli che non potessero essere completamente sfruttati dalle minacce ransomware. Protocolli che, per loro natura, non potessero eseguire taluni comandi o che limitassero l'azione dannosa del virus. Le politiche di salvataggio dei dati, che generalmente si orientavano sul mantenere un certo numero di versioni dello stesso file, hanno subito modifiche per essere regolate in base al numero dei giorni e non più solo in base al numero di versioni salvate. In questo modo è stato possibile evitare la perdita di dati procurata dalla scrittura ricorsiva operata dai ransomware.

Se un file fosse stato sovrascritto cento volte in un'ora dal virus, queste cento volte sarebbero corrisposte a cento versioni differenti e avrebbero sostituito le ultime cento versioni leggibili nelle unità di backup con quelle illeggibili. In tal senso c'è stata una maggiore diffusione della regola del "3... 2... 1... Backup!" che enuncia quanto segue: di un dato è necessario mantenere almeno le ultime tre versioni, memorizzate su almeno due supporti di memorizzazione differenti tra loro e di cui almeno uno venga mantenuto offline rispetto alla rete dei dati per non subire modifiche causate da minacce informatiche.

Un'altra contromisura che è stata adottata per arginare i fenomeni di attacco ai dati aziendali è stata quella di segmentare maggiormente le reti interne delle aziende, quelle che precedentemente abbiamo definito intranet. Se tutti i dipendenti, infatti, accedessero alla stessa intranet, ci sarebbero maggiori probabilità di conseguenze qualora uno di loro trasmettesse il contagio. L'idea di segmentare internamente le reti, rendendole isolate l'una dall'altra seguendo la logica dei reparti o degli uffici, mitiga il rischio che una minaccia possa estendersi a tutti i sistemi connessi. La segmentazione della rete, da tempo nota ai tecnici come soluzione per un'organizzazione ottimale dei flussi di traffico dati, è divenuta una contromisura molto efficace contro i ransomware soprattutto nel contesto di smart working. Di seguito viene riportato uno schema esemplificativo di segmentazione della rete.

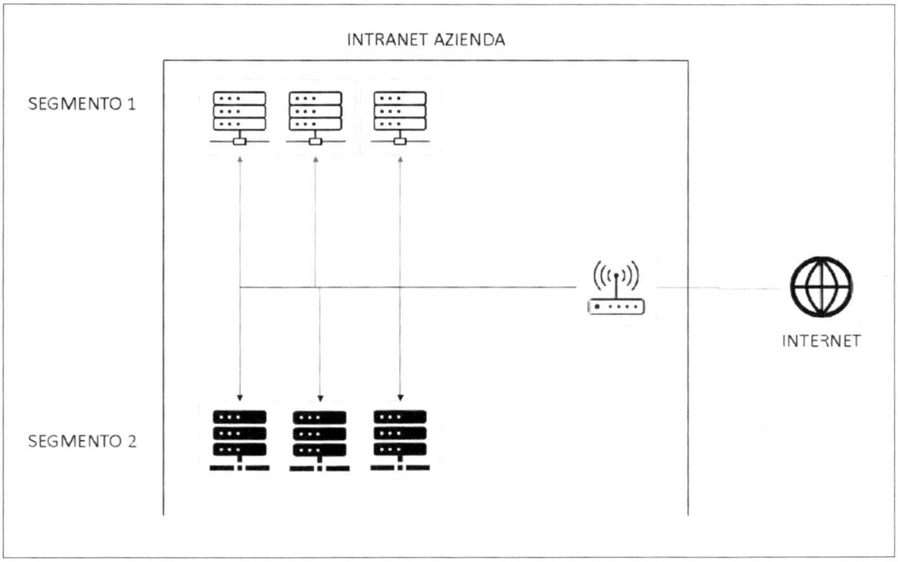

Esemplificazione di segmentazione della rete

Come è possibile notare, partendo da destra (da Internet), l'informazione viaggia ed entra all'interno del dominio aziendale ma viene successivamente smistata in uno dei due segmenti di rete destinatari dell'informazione. La segmentazione impedisce all'altro segmento di essere coinvolto nella consegna del messaggio e nelle eventuali conseguenze che potrebbero esservi. Per esempio, un virus diffuso nel segmento 2 difficilmente riuscirà a raggiungere il segmento 1 corrompendone i dati, perché la divisione che c'è tra i due segmenti è paragonabile a due mondi assolutamente indipendenti e separati tra loro.

Il portale dell'ISACA, un'associazione professionale internazionale incentrata sul governo dei sistemi IT, contiene molte pubblicazioni in merito alla segmentazione delle reti, tra cui una denominata "Using Network Segmentation to Combat Ransomware"[8]. In questa pubblicazione l'autore sostiene che, benché tale modalità difensiva venga considerata la più efficace per mitigare i rischi da contagio, essa raramente viene implementata per mancanza di consapevolezza, capacità e tempo da parte dei tecnici e delle aziende.

Lo smart working ha poi obbligato le organizzazioni a reagire diversamente agli incidenti informatici, favorendo una comunicazione interna più rapida e specifica, unita al tentativo di formare il personale in merito alle minacce più comuni e alle buone prassi da osservare durante l'orario di lavoro. Nel 2020 un'organizzazione che supporta le aziende farmaceutiche interessate nella ricerca del vaccino per il Covid-19 cambiò radicalmente le proprie politiche interne per supportare al meglio lo smart working. La preoccupazione della dirigenza, lungimirante in tal senso, era che le politiche non fossero abbastanza sicure per mitigare gli effetti di un attacco hacker finalizzato a carpire segreti industriali legati alla ricerca farmaceutica. Qualche mese dopo alcuni hacker hanno tentato di trafugare la documentazione che l'azienda Pfizer aveva inviato all'EMA (European Medicines Agency); i documenti contenevano informazioni su quello che sarebbe stato il vaccino di Pfizer-BionTech. Il tentativo di accesso abusivo da parte degli hacker fu condotto direttamente sui server dell'EMA, la quale però, grazie all'adeguato livello di sicurezza, riuscì a evitare la fuga di dati.

È quindi importante comprendere che, accanto alle procedure tecnologiche necessarie per il mantenimento della coerenza e dell'accessibilità del dato, vi sono anche le procedure organizzative. Queste ultime, non meno importanti, hanno lo scopo di rafforzare le contromisure nei confronti di tutti quegli aspetti tecnici meno sicuri o potenzialmente esposti a un rischio maggiore. L'aspetto organizzativo è cruciale per la riuscita della messa in sicurezza dei dati nello smart working, anche perché il dipendente che opera dalla sua abitazione non ha più a disposizione lo staff tecnico che può venire in suo soccorso. Anche per questa ragione, assieme allo smart working molte aziende hanno implementato percorsi di formazione che potessero sensibilizzare l'attenzione verso potenziali minacce e problemi informatici. La formazione è stata spesso realizzata sotto forma di webinar formativi, di comunicazioni inviate via e-mail e di consigli molto semplici e pratici.

La consapevolezza nei confronti della sicurezza dei dati nello smart wor-

[8] Mahmood F. (2020), "Using Network Segmentation to Combat Ransomware", *ISACA Now Blog*.

king è stata oggetto di analisi e di azioni anche in termini giuridici. Il Garante della Privacy, durante l'audizione del 13 maggio 2020[9], ha affermato che:

> Il diffuso ricorso allo smart working generalmente necessitato e improvvisato, da parte tanto datoriale quanto dei lavoratori, ha catapultato una quota significativa della popolazione in una dimensione delle cui implicazioni non sempre si ha la piena consapevolezza e di cui va impedito ogni uso improprio.

L'Autorità stava chiaramente facendo riferimento a un fenomeno che, nascendo sull'onda della necessità emergenziale, stava trascurando tutta una serie di aspetti rilevanti e riguardanti la corretta gestione del dato e dei diritti dei lavoratori.

Vi è infatti un altro aspetto che afferisce al dominio della sicurezza: ossia quello che riguarda il rapporto tra dipendente e organizzazione. Molte realtà imprenditoriali, non potendo contare sulla presenza fisica dei dipendenti in sede, hanno cercato di mantenere il controllo della produttività attraverso soluzioni tecnologiche tese al monitoraggio delle attività svolte dai dipendenti. Alcune di queste soluzioni, portate agli occhi del Garante dai sindacati e dai diretti interessati, si sono mostrate palesemente eccessive.

> Il ricorso intensivo alle nuove tecnologie per rendere la prestazione lavorativa non può, allora, rappresentare l'occasione per il monitoraggio sistematico e ubiquitario del lavoratore, ma deve avvenire nel pieno rispetto delle garanzie sancite dallo Statuto a tutela dell'autodeterminazione, che presuppone anzitutto un'adeguata formazione e informazione del lavoratore in ordine al trattamento cui i suoi dati saranno soggetti.

Con l'ordinanza del 28 ottobre 2021 nei confronti del Trasporto Passeggeri Emilia-Romagna SpA[10], per esempio, il Garante della Privacy ha evidenziato come l'organizzazione eccedesse nell'attività di monitoraggio del personale, mantenendo in memoria alcune telefonate registrate con i clienti oltre il tempo limite.

> All'esito degli accertamenti, è stato accertato che nel database [erano] conservate le meta informazioni delle telefonate registrate, anche successivamente ai 90 giorni,

[9] Garante per la Protezione dei Dati Personali (2020), *Audizione del Presidente del Garante per la protezione dei dati personali* sull'affare assegnato atto n. 453 relativo al tema di Ricadute occupazionali dell'epidemia da Covid-19, azioni idonee a fronteggiare le situazioni di crisi e necessità di garantire la sicurezza sanitaria nei luoghi di lavoro.

[10] Garante per la Protezione dei Dati Personali (2021), *Ordinanza ingiunzione* nei confronti di TPER Trasporto Passeggeri Emilia Romagna S.p.A.

e che tali meta informazioni comprendono il nome dell'operatore, la data e l'ora della chiamata e il numero di telefono chiamante.

Infine, è opportuno citare un altro caso di scarsa consapevolezza dei rischi: quella in cui i protagonisti non sono i dipendenti dell'organizzazione ma gli amministratori di sistema e il personale tecnico. In più occasioni, infatti, il Garante della Privacy ha ribadito[11] la preoccupazione con la quale alcune ispezioni avevano rilevato personale non opportunamente preparato, deputato all'amministrazione di sistemi e reti.

Le ispezioni effettuate in questi anni dall'Autorità hanno permesso di mettere in luce in diversi casi una scarsa consapevolezza da parte di organizzazioni grandi e piccole del ruolo svolto dagli amministratori di sistema. I gravi casi verificatisi negli ultimi anni hanno evidenziato una preoccupante sottovalutazione dei rischi che possono derivare quando l'attività di questi esperti sia svolta senza il necessario controllo.

L'azione degli amministratori di sistema deve essere necessariamente sempre molto consapevole rispetto alle minacce che, potenzialmente, potrebbero impattare sull'infrastruttura informatica. Al contempo gli amministratori di sistema devono essere oggetto di un monitoraggio più stringente rispetto a quello adottato per i dipendenti, in quanto i livelli di operatività e di accesso ai dati sono potenzialmente illimitati.

Adozione di sistemi di controllo che consentano la registrazione degli accessi effettuati dagli amministratori di sistema ai sistemi di elaborazione e agli archivi elettronici. Le registrazioni devono comprendere i riferimenti temporali e la descrizione dell'evento che le ha generate e devono essere conservate per un congruo periodo, non inferiore a sei mesi.

Ma il Garante si spinge oltre la mera verifica formale dell'operato mediante registrazione degli accessi e interviene coinvolgendo i titolari del trattamento dei dati come valutatori dell'operato degli amministratori di sistema.

Verifica almeno annuale da parte dei titolari del trattamento sulla rispondenza dell'operato degli amministratori di sistema alle misure organizzative, tecniche e di sicurezza previste dalla legge per i trattamenti di dati personali.

[11] Garante per la Protezione dei Dati Personali (2008), *Amministratori di sistema: occorre massima trasparenza sul loro operato. Il Garante fissa i criteri, quattro mesi per mettersi in regola.*

Ecco, quindi, che è possibile cominciare a chiudere il cerchio intorno al tema della sicurezza in ambito smart working. Non si tratta di mere soluzioni tecniche ma anche organizzative, che coinvolgono sia il personale dipendente sia quello tecnico-amministrativo impegnato nella predisposizione della sicurezza dei dati e nel garantire il giusto trattamento da parte dell'organizzazione. Le recenti misure varate dal governo e legate al Piano Nazionale di Ripresa e Resilienza (PNRR) prevedono una massiccia digitalizzazione della pubblica amministrazione e un ruolo più centrale dello smart working anche attraverso un processo di riorganizzazione della PA che non passa esclusivamente dall'innovazione tecnologica ma anche (o soprattutto) da una rivisitazione dei processi in ottica di reingegnerizzazione e informatizzazione.

La conclusione che si può trarre dal rapporto tra smart working e sicurezza informatica è piuttosto semplice. Lo smart working può essere sicuro al pari del lavoro in presenza, *se non addirittura più sicuro* considerando le politiche di sicurezza attuabili su reti e sistemi. Questo a patto che l'organizzazione investa correttamente risorse e tempo per progettare l'ambiente di smart working in modo corretto, evitando quegli atteggiamenti scomposti e improvvisati menzionati anche dal Garante della Privacy.

Le politiche tecniche di tutela delle informazioni nello smart working non sono necessariamente innovative o specifiche di questo ambito ma appartenenti al mondo dell'informatica da molto tempo: la segmentazione delle reti di cui leggiamo nello standard IEEE 802.1Q-2014 "Bridges and Bridged Networks" è datata 18 dicembre 2012. Le tecnologie si sono evolute e ci consentono un controllo maggiore del traffico dati a vantaggio di una protezione più semplice da implementare, ma spetta agli amministratori di sistema e alle organizzazioni studiare la strategia di implementazione.

Lo smart working dovrebbe essere inteso come una reale opportunità per operare una serie di cambiamenti a livello sociale e professionale. Abbiamo la tecnologia che ci permette di renderlo sicuro, veloce, efficiente, da qualsiasi parte del mondo e con qualsiasi dispositivo, ma nessuna delle contromisure sopra riportate potrà funzionare adeguatamente se non vi sarà la volontà di attuare procedure digitali e ben organizzate assieme a contromisure tecniche adeguate alla gestione remota del dato.

11 La dimensione della privacy

di Diego Dimalta

L'estensione del perimetro aziendale

Come molti sapranno, la materia della protezione dei dati è, nell'Unione Europea, ormai da tempo disciplinata dal Regolamento n. 679 del 2016, anche noto con l'acronimo GDPR. Questa normativa, che ha avuto impatti importanti a livello mondiale in ogni settore economico, si fonda, tra l'altro, su un importante presupposto: il rischio zero non esiste. Ciò naturalmente non deve essere letto come un tentativo di scoraggiare chiunque si affacci alla tematica della protezione dei dati ma, al contrario, deve essere visto come un incentivo a tutte le imprese e alle pubbliche amministrazioni al fine di cercare di migliorarsi sempre.

In tal senso, a parere di chi scrive, uno dei passaggi più interessanti dell'intero regolamento è rintracciabile nel primo comma dell'art. 32, il quale recita:

1. Tenendo conto dello stato dell'arte e dei costi di attuazione, nonché della natura, dell'oggetto, del contesto e delle finalità del trattamento, come anche del rischio di varia probabilità e gravità per i diritti e le libertà delle persone fisiche, il titolare del trattamento e il responsabile del trattamento mettono in atto misure tecniche e organizzative adeguate per garantire un livello di sicurezza adeguato al rischio, che comprendono, tra le altre, se del caso:
   a. la pseudonimizzazione e la cifratura dei dati personali;
   b. la capacità di assicurare su base permanente la riservatezza, l'integrità, la disponibilità e la resilienza dei sistemi e dei servizi di trattamento;
   c. la capacità di ripristinare tempestivamente la disponibilità e l'accesso dei dati personali in caso di incidente fisico o tecnico;
   d. una procedura per testare, verificare e valutare regolarmente l'efficacia delle misure tecniche e organizzative al fine di garantire la sicurezza del trattamento.

Un lettore attento noterà come il legislatore europeo abbia deciso di utilizzare parametri fortemente soggettivi, circostanza questa piuttosto rara in un atto normativo. Stato dell'arte, costi di attuazione e natura del rischio sono elementi che ci aiutano a capire che quando si parla di protezione dei dati non esistono misure adeguate in senso assoluto ma esistono soluzioni adeguate al caso concreto. Del resto, sarebbe sciocco chiedere a una piccola-media impresa di garantire un livello di sicurezza simile a quello di una "Big Tech". A ogni impresa e pubblica amministrazione viene quindi chiesto di parametrare le attività di abbattimento del rischio a quella che è la propria situazione concreta, facendo *in primis* riferimento al costo delle misure utili all'abbattimento del rischio.

A ogni ente pubblico e impresa, europea e non, è quindi chiesto di compiere tutta una serie di valutazioni strategiche in modo da ridurre al minimo il rischio derivante dal trattamento. Assunto, questo, che si collega al concetto di accountability, principio fondamentale del GDPR che, se da un lato esalta la fiducia prestata dal legislatore *in primis* alle imprese, dall'altro evidenzia, come contraltare, la grande responsabilità che grava su di esse, in quanto, in caso di inadempimento, potrebbero essere chiamate a risponderne nella misura del 4% del fatturato globale.

All'atto pratico, tutto ciò si traduce nell'analisi dei rischi insiti nei trattamenti di dati di un'impresa e di un ente pubblico, così da poter garantire la sicurezza dell'intero perimetro aziendale. In sostanza, alle società e agli enti è stato chiesto di effettuare accurate valutazioni dei rischi, individuando le falle dei propri sistemi e delle proprie procedure. Si tratta di un'attività che i più solerti hanno svolto da molto tempo e che, in generale, ormai tutte le realtà europee e straniere (qualora offrano servizi a utenti europei) dovrebbero avere ultimato. La procedura di adeguamento è piuttosto complessa e non è questo il luogo per illustrarla nel dettaglio; basti sapere che solitamente si parte analizzando i processi, si prosegue osservando i ruoli e le responsabilità dei soggetti aziendali, poi si valutano gli strumenti e, infine, si effettua quella che viene chiamata *gap analysis*, la quale dovrebbe fornire contezza del divario tra la situazione attuale dell'azienda e quello che è l'obiettivo di adeguatezza individuato. Questa operazione è molto importante in quanto, una volta ultimata, permette all'imprenditore o alla PA di avere una visione complessiva della situazione della propria realtà e di programmare i piani di remediation in modo da ridurre lo scarto tra la situazione effettiva e quella ottimale.

Seguendo alla lettera la norma, le aziende e le pubbliche amministrazioni dovrebbero, pertanto, essere quantomeno in grado di conoscere e governare i punti critici dei propri asset. È in un simile scenario che si è andato a insinuare il fenomeno dello smart working, scombinando letteralmente le carte in tavola di un numero elevatissimo di realtà in tutto il mondo. Sia chiaro, l'idea di lavoro agile, come sappiamo, non nasce nel 2020, ma è in quest'anno che, con il dilagare della pandemia da Covid-19, conosce innegabilmente un'esplosione. Questa diffusione dello smart working, come molti avranno avuto modo di vivere sulla propria pelle, inizialmente è stata più subita che governata dalle aziende e dalle pubbliche amministrazioni, circostanza questa che ha fatto venire meno le poche certezze esistenti in tema di abbattimento del rischio aziendale.

Per capire bene di che cosa stiamo parlando, occorre fare un rapido salto indietro con la mente. Siamo nel gennaio 2020. L'azienda Alpha ha appena completato la sua attività di adeguamento e conosce esattamente il numero dei device in uso presso la sua realtà, il tipo di sistema operativo e, infine, il tipo di sistemi di sicurezza adottati. Tutto sembra perfetto se non fosse che, come noto, 30 giorni dopo il mondo cambia totalmente, obbligando tutti a casa e rendendo necessario il ricorso massivo allo smart working. Il risultato è che, se prima erano note tutte le caratteristiche degli strumenti utilizzati dai lavoratori, ora il titolare (del trattamento, in base alla definizione del GDPR) non ha contezza di alcunché.

Computer fino al giorno prima usati dai propri figli per navigare su siti non meglio precisati vengono ora utilizzati per scambiare importanti informazioni di lavoro, magari contenenti dati particolarmente sensibili, con il risultato che il livello di sicurezza è diminuito drasticamente lasciando gioco facile ai criminali informatici di tutto il mondo. Non è del resto un caso se secondo Clusit[1] gli attacchi cyber noti nel 2021 sono stati 2.049, in crescita del +9,3% rispetto al 2020, risultando in crescita anche la gravità degli attacchi in quanto, se nel 2020 gli attacchi gravi erano pari al 49% del totale, nel 2021 gli stessi hanno rappresentato una quota pari al 79% del totale.

Come è potuto succedere? Come agire in modo corretto? A tali quesiti cercheremo di rispondere nelle prossime pagine, dedicate alla dimensione privacy dello smart working.

Privacy e data protection, ma di chi?

Prima di addentrarci nell'esame della dimensione privacy, è necessario definire correttamente l'oggetto della nostra disamina. La parola "privacy" è, del resto, spesso utilizzata come sinonimo del concetto di data protection

[1] *Rapporto Clusit 2022 – Edizione di marzo 2022.*

anche se, in realtà, entrambi costituiscono due facce diverse di una medesima medaglia. Se con privacy si intende il diritto a essere lasciati soli, nella propria sfera di riservatezza, con il termine "data protection" ci si riferisce a un fatto che è conseguenza dell'esistenza di un passaggio di dati, più o meno diretto, che ha portato un'informazione dalle mani di una persona – che il GDPR definisce come "interessato" – a quelle di un professionista/azienda/PA – definito "titolare del trattamento" – il quale, una volta ricevuta l'informazione, è tenuto a trattarla in modo diligente, così da garantire la sicurezza di tali dati. Si capisce quindi che si tratta di concetti giuridici molto differenti in quanto il primo è un diritto naturale insito in ogni individuo dal momento della nascita mentre il secondo è il risultato delle interazioni sociali che gli individui generano reciprocamente.

Guardando alla dimensione dello smart working, possiamo osservare come entrino sicuramente in gioco la protezione dei dati dei soggetti che hanno fornito i propri dati all'azienda o ente titolare del trattamento, ma non solo. Esiste difatti un altro soggetto la cui sfera di riservatezza entra in gioco e tale soggetto è il lavoratore connesso da remoto. Ci troviamo quindi a dover analizzare due posizioni giuridiche: quella che impone di proteggere i dati dei clienti/utenti del titolare del trattamento e quella che impone di non invadere la riservatezza di colui che è connesso da casa al fine di eseguire la propria prestazione lavorativa. Così, mentre da un lato ci concentreremo sul rischio derivante dall'estensione del perimetro aziendale, come più sopra illustrato, dall'altro avremo cura di evidenziare le esigenze di riservatezza del lavoratore, analiticamente tutelate per legge.

La tutela dell'interessato e l'importanza dell'accordo

La Legge n. 81/2017 è l'atto normativo che per primo ha disciplinato in modo organico il lavoro agile in Italia individuando tre caratteristiche capaci di attribuire agilità al rapporto di lavoro: flessibilità di orari; flessibilità dei luoghi; flessibilità dei giorni lavorativi.

A un primo sguardo, lo smart working potrebbe così sembrare una mera modalità di erogazione della prestazione lavorativa, ma non è così. L'art. 18 della Legge n. 81/2017, nei suoi primi due commi, pone difatti importanti confini a questa flessibilità:

1. Le disposizioni del presente capo, allo scopo di incrementare la competitività e agevolare la conciliazione dei tempi di vita e di lavoro, promuovono il lavoro agile quale modalità di esecuzione del rapporto di lavoro subordinato stabilita

mediante accordo tra le parti, anche con forme di organizzazione per fasi, cicli e obiettivi e senza precisi vincoli di orario o di luogo di lavoro, con il possibile utilizzo di strumenti tecnologici per lo svolgimento dell'attività lavorativa. La prestazione lavorativa viene eseguita, in parte all'interno di locali aziendali e in parte all'esterno senza una postazione fissa, entro i soli limiti di durata massima dell'orario di lavoro giornaliero e settimanale, derivanti dalla legge e dalla contrattazione collettiva.
2. Il datore di lavoro è responsabile della sicurezza e del buon funzionamento degli strumenti tecnologici assegnati al lavoratore per lo svolgimento dell'attività lavorativa.

Dalla semplice lettura di questi primi due commi dell'art. 18 vediamo come, in realtà, il lavoro agile non si traduca in un lavoro senza regole, tutt'altro. Esso si fonda difatti sulla presenza di un accordo tra le parti (anche detto accordo di smart working) in cui il datore e il lavoratore disciplinano tutta una serie di aspetti che incideranno sulle modalità di prestazione del lavoro.

In tal senso l'art. 19 della medesima legge prevede che l'accordo relativo alla modalità di lavoro agile sia stipulato per iscritto ai fini della regolarità amministrativa e della prova, dovendo tra l'altro disciplinare l'esecuzione della prestazione lavorativa svolta all'esterno dei locali aziendali, anche con riguardo alle forme di esercizio del potere direttivo del datore di lavoro e agli strumenti utilizzati dal lavoratore. È nell'accordo poi che trova dimora il diritto alla disconnessione, di cui parleremo approfonditamente *infra* e che serve per tutelare il diritto del lavoratore a non essere disturbato fuori dall'orario di lavoro.

L'accordo di smart working, a norma dell'art. 19 della Legge n. 81/2017, può essere a termine o a tempo indeterminato; in tale ultimo caso, il recesso può avvenire con un preavviso non inferiore a trenta giorni. Nel caso di lavoratori disabili ai sensi dell'art. 1 della Legge 12 marzo 1999, n. 68, il termine di preavviso del recesso da parte del datore di lavoro non può essere inferiore a novanta giorni, al fine di consentire un'adeguata riorganizzazione dei percorsi di lavoro rispetto alle esigenze di vita e di cura del lavoratore. Tuttavia, in presenza di un giustificato motivo, ciascuno dei contraenti può recedere prima della scadenza del termine nel caso di accordo a tempo determinato, o senza preavviso nel caso di accordo a tempo indeterminato.

Occorre a questo punto evidenziare come l'accordo di smart working sia uno degli elementi la cui obbligatorietà è stata sospesa dal legislatore nel corso dell'emergenza pandemica. Il motivo è da rinvenire nel fatto che la presenza di un accordo implica l'esistenza di una trattativa tra le parti, cosa non sempre di veloce attuazione. Per questo motivo, in un momento concitato come quello dei primi anni di pandemia, non risultava possibile attendere il perfezionarsi di negoziazioni che, come sappiamo bene, in Italia in alcuni casi proseguono anche per anni. Per queste ragioni il legislatore ha deciso di sospendere l'obbligo dell'accordo tra le parti. Ciò, se da un lato ha velocizzato sensibilmente il ricorso allo smart working, dall'altro ha creato non pochi problemi in quanto i rapporti tra datore di lavoro e lavoratore non sono stati correttamente disciplinati, circostanza questa che ha inciso anche sulla tutela del dato.

Già, perché l'accordo, come abbiamo visto, non ha solo lo scopo di decidere se ricorrere al lavoro agile e a che prezzo, ma ha anche lo scopo di disciplinare aspetti quali: luogo dell'esecuzione della prestazione lavorativa; forme di esercizio del potere direttivo; strumenti utilizzati dal lavoratore; misure di sicurezza ecc.

Del resto, ai sensi dell'art. 18 della legge in esame, il datore è responsabile della sicurezza e del buon funzionamento degli strumenti tecnologici assegnati al lavoratore per lo svolgimento dell'attività lavorativa, aspetto di cui è responsabile anche alla luce del GDPR, il quale prevede che sia il titolare del trattamento a dover garantire per la sicurezza della propria organizzazione. In tal senso, anche in caso di sospensione dell'efficacia del comma 2 dell'art. 18 della Legge n. 81/2017, il GDPR imporrebbe comunque al datore di farsi carico della sicurezza dei dati e dei sistemi informatici, non potendosi quindi in alcun modo ignorare tale aspetto (come invece fatto dal legislatore nel periodo emergenziale). La sicurezza del dato e dei sistemi va oltre le semplificazioni apportate nel periodo di picco dell'epidemia, dovendo essere quindi garantita a prescindere dalla sospensione o meno degli obblighi di cui al citato art. 18 della Legge sul lavoro agile.

In linea con quanto detto, si evidenzia come, nel momento in cui si scrivono queste righe, la Commissione permanente XI Lavoro pubblico e privato della Camera dei deputati ha approvato (dovendosi comunque ancora completare l'iter legislativo) la nuova proposta di legge sullo smart working la quale, secondo indiscrezioni, potrebbe in qualche modo incidere sul ruolo centrale dell'accordo di lavoro agile, circostanza questa che, come visto, potrebbe in qualche modo far propendere, erroneamente, per un via libera generalizzato sui modi e tempi del trattamento dei dati in circostanza di smart working. Bisogna però ribadire che così non è in quanto, pur essendo l'accordo in questione molto importante – se non altro quale strumento di trasparenza capace di mettere nero su bianco le condizioni di ingaggio –, una sua eventuale sospensione non farebbe venire meno gli obblighi di sicurezza delle informazioni di cui al GDPR. A prescindere quindi dal destino dell'accordo, è importante che agli imprenditori e ai lavoratori sia chiaro che il lavoro da remoto non può essere usato come il tappeto sotto cui nascondere le mancanze in termini di sicurezza informatica ma, anzi, deve essere considerato come un tema ulteriore da affrontare e risolvere al fine di garantire il livello di protezione dei dati imposto dalla normativa europea.

Smart working e compliance

Alla luce di quanto sin qui esposto è evidente che, pur in mancanza di un accordo, il datore dovrà prodigarsi per garantire la regolare gestione di taluni aspetti. In tal senso, anche senza addivenire a una vera e propria intesa, potrebbe essere consigliabile emanare quantomeno un disciplinare, ove individuare ciò che è consentito e ciò che è invece vietato per il lavoratore. Ma quali aspetti considerare in un simile disciplinare? A parere di chi scrive, sotto il profilo data protection il datore dovrebbe quantomeno imporre limitazioni su: luogo del lavoro; utilizzo dei sistemi; scelta dei device (BYOD); disconnessione.

Mentre degli ultimi due aspetti parleremo approfonditamente *infra*, quello che preme qui evidenziare è che l'esistenza di chiare indicazioni sul luogo ove svolgere (e non svolgere) l'attività lavorativa e sul come utilizzare i device è quantomeno fondamentale.

Facciamo qualche esempio, tenendo sempre in considerazione la dimensione di cui stiamo trattando: la privacy/data protection.

In caso di smart working è tendenzialmente vero che il lavoratore possa scegliere il proprio luogo di lavoro; tuttavia, è chiaro che alcuni luoghi non sono idonei a garantire la protezione delle informazioni. In azienda, del resto, la protezione dei dati è garantita con misure organizzative, quali la divisione del luogo ove si trattano i dati da quello ove può accedere il pubblico, l'esistenza di sistemi di sicurezza volti a presidiare il perimetro e a evitare, tra l'altro, furti degli asset, e così via.

Per questo, non è ragionevole pensare che siccome si sta lavorando in smart working allora tutto diventa legittimo. Il luogo di lavoro, anche da remoto, deve garantire ben determinati livelli di sicurezza che il datore dovrà individuare nell'accordo ovvero nella policy a ciò adibita. In questo modo potrebbe essere vietato, per esempio, lavorare da spiagge, bar affollati e da altri luoghi che per la loro conformità non possono garantire né la protezione dei dati né la riservatezza.

Del resto, lavorando da un bar, in caso di conference call (magari anche senza auricolari), le persone al tavolo accanto potrebbero apprendere informazioni personali riservate; potrebbe poi accadere che, qualora il lavoratore perdesse di vista il proprio device, qualcuno potrebbe approfittarne per sottrarlo furtivamente. In entrambi i casi, il rischio è che si concretizzino gli estremi di un data breach, con obbligo di notifica al Garante della Privacy entro 72 ore.

Si tratta dell'evento più grave in ambito di protezione dei dati, motivo per cui gli sforzi del datore e del lavoratore devono necessariamente essere tesi a evitare un simile scenario che potrebbe portare a: sanzioni del Garante della Privacy; richieste di risarcimento danni da parte degli interessati; danno di immagine; obbligo di acquisto di nuovi device ecc. Al medesimo catastrofico risultato si potrebbe giungere anche qualora non si gestisse l'utilizzo corretto degli strumenti di lavoro in caso di lavoro da remoto.

Lavorando da casa è possibile che si creino dinamiche che rendono difficile comprendere le sottili linee di confine tra che cosa è possibile fare con il device e che cosa invece non è possibile fare, ma anche chi può usare il device e chi invece no. Come è noto[2], la Regione Lazio nell'estate 2021 ha subito un importante data breach che, secondo le ricostruzioni dei media[3], è stato causato dal fatto che il figlio del dipendente regionale avrebbe utilizzato il device cliccando su un link che avrebbe poi fatto installare un malware il quale, in pochi minuti, è dilagato in tutto il sistema con gravi conseguenze per tutta la sanità regionale.

Ora, una simile situazione si sarebbe potuta evitare semplicemente ricordando al lavoratore che il device utilizzato per fare smart working non deve essere utilizzato da altri soggetti, compresi i familiari. E se il device fosse stato del ragazzo? In quel caso sarebbe comunque opportuno evidenziare la necessità di suddividere l'ambiente virtuale di lavoro da quello dedicato alla vita domestica, per esempio creando due partizioni nel medesimo PC oppure due differenti account di cui uno dedicato alla famiglia e uno dedicato al lavoro. Con questo semplice accorgimento, il familiare non avrebbe cliccato sulla e-mail ricevuta dal lavoratore, evitando così il verificarsi dello scenario di cui abbiamo letto sui quotidiani di tutta Italia nell'estate del 2021.

Da ultimo, con riferimento alle misure volte a limitare le criticità del lavoro agile, non possiamo non ricordare che, tanto in presenza di un accordo quanto in sua assenza, sarà comunque fondamentale avviare percorsi formativi a favore di tutti i lavoratori. È noto che un numero molto elevato di violazioni informatiche si verifica a causa di un errore umano, risultando il lavoratore il vero e proprio anello debole della catena di sicurezza del dato. In tal senso, la gestione del rapporto di lavoro, ancor di più in caso di ricorso allo smart working, non può prescindere da una periodica formazione del personale finaliz-

[2] *Cfr.* Capitolo 10 "La dimensione della sicurezza cibernetica".

[3] Sacchettoni I. (2021), "Attacco hacker: il pc usato dal figlio dell'impiegato in smart working", *Corriere della Sera*, 5 agosto.

zata non solo a far comprendere l'utilizzo di informative e di altri documenti, ma soprattutto a far comprendere l'importanza della protezione dei dati in ogni fase del rapporto di lavoro, sia esso in presenza o da remoto.

BYOD – Bring Your Own Device

In uno scenario ideale, l'imprenditore che intenda avviare un progetto di lavoro agile si doterebbe di una serie di device da assegnare a ogni singolo lavoratore. Ciò, difatti, consentirebbe al datore di validare la sicurezza del device, scegliendo per esempio un computer dotato di sistema operativo aggiornato, installando solo programmi sicuri e dotando il device di ogni sistema di protezione necessaria. Tuttavia, come abbiamo visto, ciò non è sempre possibile, motivo per cui sempre più spesso si chiede al lavoratore di utilizzare i propri device domestici per finalità lavorative.

Il Bring Your Own Device (letteralmente: "porta il tuo device di casa") non nasce per far fronte a un'esigenza del datore, tutt'altro: nasce come modo per rendere il lavoratore più confidente, a suo agio, con gli strumenti utilizzati in ufficio. L'idea era che, utilizzando il proprio computer di casa, il lavoratore avrebbe vissuto meglio l'esperienza lavorativa, rendendo il distacco tra casa e ufficio meno violento.

Con il tempo, tuttavia, il BYOD è diventato qualcosa di necessario, soprattutto in periodo pandemico quando, da un giorno all'altro, miliardi di persone si sono ritrovate a casa senza la possibilità di uscire anche solo per recuperare il PC aziendale e portarlo a casa. In questo scenario è evidente che un numero enorme di aziende e PA abbia dovuto chiedere ai propri lavoratori di utilizzare i device domestici per poter in qualche modo proseguire l'attività lavorativa.

Ebbene, in un simile contesto è chiaro che si sia data priorità alla continuità della prestazione; tuttavia, una volta divenuta l'emergenza il nuovo status quo, è stato necessario regolarizzare la situazione cercando di allineare il livello di sicurezza degli home computer a quello dei device aziendali. Ma come procedere?

In primo luogo, come prevedono tutti i principali framework di sicurezza al mondo[4], è necessario effettuare un inventario dei device in dotazione ai lavoratori. Non è difatti possibile compiere operazioni di assessment su

[4] Tra gli altri, Angelini M., Ciccotelli C., Franchina L., Marchetti Spaccamela A., Querzoni L. (2019), *Framework Nazionale per la Cybersecurity e la Data Protection*, CIS Sapienza, Roma.

device di cui non si conosce l'esistenza. Non solo, nella fase di inventario si dovrebbero raccogliere altresì i dati quantomeno sulla tipologia di sistema operativo utilizzato, sull'esistenza di sistemi di sicurezza (antivirus e simili) e su eventuali collegamenti a server aziendali o a server cloud.

Ottenute queste informazioni, per l'azienda sarà necessario individuare un parametro che indichi il livello di sicurezza minimo accettabile e uno che indichi il livello di sicurezza ottimale da raggiungere. In tal senso, a partire dal "giorno zero" tutti i device utilizzati dai lavoratori, compresi i BYOD, dovranno garantire il livello minimo accettabile, risultando poi necessario progettare un percorso, più o meno lungo, in cui i responsabili IT con l'aiuto del Data Protection Officer (DPO) dovranno aiutare i lavoratori e l'azienda a raggiungere il livello di sicurezza ottimale individuato.

L'utilizzo di strumenti domestici per motivi di lavoro pone del resto quesiti in parte già affrontati e relativi all'uso promiscuo di simili strumenti per finalità lavorative e domestiche. Ciò può difatti portare al concretizzarsi di criticità quali, per esempio: la pubblicazione involontaria di documenti aziendali sui social network privati; l'accesso ai documenti aziendali da parte dei parenti del lavoratore; l'utilizzo di programmi aziendali per finalità domestiche ecc.

Per tutte queste ragioni sarà necessario per il datore di lavoro disciplinare ogni singolo aspetto relativo al ricorso dei device personali del lavoratore, cercando di ridurre al minimo il rischio per le informazioni aziendali e per i dati personali trattati in forza del proprio ruolo e ciò, ancora una volta, a prescindere dalla futura esistenza o meno di un obbligo legale relativo alla stipula dell'accordo di smart working.

Disconnessione e diritti del lavoratore

Secondo le stime del Parlamento europeo, durante i primi anni di pandemia da Covid-19 il 27% delle persone ha lavorato anche oltre il proprio orario lavorativo. A parere di chi scrive si tratta di una cifra quantomeno arrotondata al ribasso che, in ogni caso, restituisce un dato importante: quasi un lavoratore su tre ha lavorato anche fuori dal proprio orario di lavoro. Ciò, nel tempo, ha portato al diffondersi di stati di depressione diffusa e di quello che viene chiamato "tecnostress", motivo per cui il 21 gennaio 2021 il Parlamento ha formalizzato la richiesta alla Commissione europea[5] volta

[5] *Risoluzione del Parlamento europeo del 21 gennaio 2021* recante raccomandazioni alla Commissione sul diritto alla disconnessione (2019/2181(INL)).

a proporre una legge che permetta ai lavoratori di disconnettersi al di fuori dell'orario lavorativo senza conseguenze e che stabilisca degli standard di base da rispettare per il lavoro da remoto.

In tal senso, per una volta, l'Italia si è dimostrata all'avanguardia avendo già da tempo previsto il diritto alla disconnessione del lavoratore disciplinato dalla legge sul lavoro agile, la quale all'art. 19 recita: "[...] L'accordo individua altresì i tempi di riposo del lavoratore nonché le misure tecniche e organizzative necessarie per assicurare la disconnessione del lavoratore dalle strumentazioni tecnologiche di lavoro".

Ancora una volta, tale circostanza ci rammenta l'importanza di un accordo tra le parti o, quantomeno, di regole chiare che disciplinino in modo adeguato le modalità concrete di esecuzione della prestazione lavorativa.

Ciò anche perché, come noto, il trattamento di un dato deve avere come proprio presupposto quella che viene chiamata base giuridica. In assenza di essa, il trattamento è illecito. Ebbene, nei rapporti tra datore e lavoratore la base giuridica è l'adempimento di obblighi derivanti dal diritto del lavoro non essendo, per esempio, ammesso il ricorso a basi giuridiche quali il consenso. Questo significa che, fuori da quella che è la prestazione lavorativa, il datore non potrebbe trattare i dati del lavoratore.

Il ragionamento ci conduce quindi a porci quesiti in merito alla legittimità giuridica del trattamento dei dati del lavoratore, per esempio per contattarlo ripetutamente, fuori dall'orario di lavoro. A rigor di logica, difatti, essendo un simile contatto da considerarsi non legittimo, è da ritenersi che anche il relativo trattamento dei dati lo sia, motivo per cui si potrebbe incorrere anche in sanzioni fondate sul GDRP oltreché a contenziosi di natura giuslavoristica.

L'idea di un diritto alla disconnessione è poi fortemente collegata al diritto del lavoratore a non essere controllato dal proprio datore. In tal senso il Garante della Privacy, all'epoca Antonello Soro, ha avuto modo di precisare:

> La tecnologia ci è indubbiamente venuta in soccorso colmando con la connessione le distanze fisiche e ricreando, nello spazio digitale, luoghi di confronto, di dialogo, che la protezione dati può rendere ambienti non anomici ma rispettosi della persona nella sua posizione particolare di lavoratore, studente, docente, grazie alla regolazione leggera, ma completa, che può offrire. La traslazione on-line di pressoché tutte le nostre attività non è, infatti, un processo neutro, ma comporta, se non assistito da adeguate garanzie, l'esposizione a inattese vulnerabilità in termini non solo di sicurezza informatica ma anche di soggezione a ingerenze e controlli spesso più insidiosi, perché meno percettibili, di quelli tradizionali[6].

[6] Garante per la Protezione dei Dati Personali (2020), *Audizione del Presidente del Ga-*

Ma come tutelare il diritto del lavoratore a non essere controllato e come ciò può incidere sulla dimensione privacy dello stesso? L'art. 21 della Legge n. 81/2017 ci dice che al lavoratore in smart working devono essere garantiti i diritti di cui all'art. 4 dello Statuto dei Lavoratori, il quale recita:

1. Gli impianti audiovisivi e gli altri strumenti dai quali derivi anche la possibilità di controllo a distanza dell'attività dei lavoratori possono essere impiegati esclusivamente per esigenze organizzative e produttive, per la sicurezza del lavoro e per la tutela del patrimonio aziendale e possono essere installati previo accordo collettivo stipulato dalla rappresentanza sindacale unitaria o dalle rappresentanze sindacali aziendali. In alternativa, nel caso di imprese con unità produttive ubicate in diverse province della stessa regione ovvero in più regioni, tale accordo può essere stipulato dalle associazioni sindacali comparativamente più rappresentative sul piano nazionale. In mancanza di accordo, gli impianti e gli strumenti di cui al primo periodo possono essere installati previa autorizzazione della sede territoriale dell'Ispettorato nazionale del lavoro o, in alternativa, nel caso di imprese con unità produttive dislocate negli ambiti di competenza di più sedi territoriali, della sede centrale dell'Ispettorato nazionale del lavoro. I provvedimenti di cui al terzo periodo sono definitivi.
2. La disposizione di cui al comma 1 non si applica agli strumenti utilizzati dal lavoratore per rendere la prestazione lavorativa e agli strumenti di registrazione degli accessi e delle presenze.
3. Le informazioni raccolte ai sensi dei commi 1 e 2 sono utilizzabili a tutti i fini connessi al rapporto di lavoro a condizione che sia data al lavoratore adeguata informazione delle modalità d'uso degli strumenti e di effettuazione dei controlli e nel rispetto di quanto disposto dal decreto legislativo 30 giugno 2003, n. 196.

In sostanza, questo articolo ricorda al lavoratore che il potere di controllo mediante strumenti elettronici può essere esercitato solo al ricorrere di talune condizioni come, per esempio, la presenza di un accordo con le Rappresentanze Sindacali ovvero la presenza di un'autorizzazione da parte della sede territoriale dell'Ispettorato nazionale del lavoro. Non solo, la norma precisa che, in alcune situazioni, tali autorizzazioni non sono necessarie nei limiti in cui il controllo riguarda gli strumenti usati per la prestazione lavorativa.

Ma quando uno strumento è usato per la prestazione lavorativa? Si tratta di un quesito fondamentale a cui solo in parte si è riusciti a fornire risposta chiara. Sul punto, tra gli altri, la circolare n. 2 del 7 novembre 2016 dell'Ispettorato na-

rante per la protezione dei dati personali sull'affare assegnato atto n. 453 relativo al tema di Ricadute occupazionali dell'epidemia da Covid-19, azioni idonee a fronteggiare le situazioni di crisi e necessità di garantire la sicurezza sanitaria nei luoghi di lavoro.

zionale del lavoro[7] afferma che "l'interpretazione letterale del disposto normativo porta a considerare quali strumenti di lavoro quegli apparecchi, dispositivi, apparati e congegni che costituiscono il mezzo indispensabile al lavoratore per adempiere la prestazione lavorativa dedotta in contratto, e che per tale finalità siano stati posti in uso e messi a sua disposizione".

Anche il Garante della Privacy, con decisione dell'8 marzo 2018[8], è intervenuto sulla questione precisando che "strumenti di lavoro sono dispositivi utilizzati in via primaria ed essenziale per l'esecuzione dell'attività lavorativa", ovvero "direttamente preordinati all'esecuzione della prestazione lavorativa".

Ciò, tuttavia, non dirime i dubbi e, anzi, ne fa sorgere di nuovi: il computer in dotazione al lavoratore in smart working può rientrare in questa categoria oppure no? E fino a dove possono spingersi i poteri di controllo?

Sul punto, purtroppo non c'è ancora uniformità, passando dal provvedimento del 2007 del Garante della Privacy che riconosce valore assoluto alla segretezza delle comunicazioni via posta elettronica, alla Cassazione 22662 dell'8 novembre 2016, che ha invece esteso i poteri del datore autorizzando i controlli entro certi limiti, sino al Tribunale di Roma il quale, con Sentenza del 13 giugno 2018, ha affermato che i controlli del datore possono essere anche non limitati a esigenze di difesa interpretate in senso stretto.

Come comportarsi quindi? A parere di chi scrive è necessario seguire quantomeno le indicazioni comuni a tutti gli orientamenti citati, nel pieno rispetto, in particolare, del comma 3 del citato art. 4 dello Statuto dei Lavoratori, che prevede un importante obbligo di trasparenza a carico del datore di lavoro. In tal senso, riprendendo le parole del Garante della Privacy, grava indubbiamente sul datore di lavoro l'onere di indicare in ogni caso, chiaramente e in modo particolareggiato, quali siano le modalità di utilizzo degli strumenti messi a disposizione ritenute corrette e in che misura e con quali modalità vengano effettuati controlli.

Non può quindi ritenersi consentito il controllo che ha come effetto:

- la lettura e la registrazione sistematica dei messaggi di posta elettronica ovvero dei relativi metadati derivanti dall'utilizzo di tali sistemi, al di là di quanto tecnicamente necessario per svolgere il servizio e-mail;

[7] Ispettorato nazionale del lavoro (2016), *Circolare n. 2* recante "indicazioni operative sull'utilizzazione di impianti GPS ai sensi dell'art. 4, commi 1 e 2, L. n. 300/1970".

[8] Garante per la Protezione dei Dati Personali (2020), *Trattamento dei dati personali dei dipendenti di un call center.*

- la riproduzione ed eventuale memorizzazione delle pagine web visualizzate dal lavoratore;
- la lettura e la registrazione dei caratteri inseriti tramite la tastiera o analogo dispositivo;
- l'analisi occulta di computer portatili affidati in uso.

In ogni caso, al fine di fugare ogni eventuale dubbio residuo, al datore è comunque sempre richiesta la necessità di individuare in modo preventivo i limiti della sua attività di controllo, in modo da agire con trasparenza, orientando le proprie scelte al principio di necessità. Differentemente, la raccolta e l'utilizzo dei dati derivanti dall'attività di controllo risulteranno illeciti e quindi inutilizzabili, anche per fini difensivi.

12 La dimensione della responsabilità

di Gaia Morelli

La posizione di garanzia del datore di lavoro

Il presente capitolo si propone di fare luce su alcuni dei profili più problematici – e forse, ancora oggi più sottovalutati – connessi allo svolgimento del rapporto di lavoro in modalità smart working.

Occorre preliminarmente chiarire la nozione di *posizione di garanzia* del datore di lavoro, intesa come l'obbligo – posto in capo a tale soggetto in virtù del combinato disposto tra gli artt. 40, comma 2, del codice penale e 2087 del codice civile[1] – di adottare tutte le misure idonee a evitare qualsivoglia lesione della integrità fisica e della personalità morale dei lavoratori.

La cosiddetta *clausola di equivalenza* di cui al citato art. 40, co. 2 c.p. (a tenore del quale "non impedire un evento, che si ha l'obbligo giuridico di impedire, equivale a cagionarlo") è dunque foriera di responsabilità penale in capo al datore di lavoro nell'ipotesi in cui questi non abbia adottato tutte le opportune misure prevenzionistiche, e laddove tale omissione abbia poi cagionato un danno all'integrità psico-fisica del singolo lavoratore (ciò che andrà accertato mediante una successiva verifica circa la ricorrenza, nel singolo caso preso in esame, del *nesso di causalità*).

Secondo quanto sancito dal D.Lgs. 9 aprile 2008, n. 81 ("Testo Unico sulla Salute e Sicurezza sul Lavoro", d'ora in poi TUSL) il datore di lavoro, da intendersi quale soggetto posto in posizione di garanzia, deve adempiere ai seguenti obblighi, non potendoli peraltro delegare ad altro soggetto: a) la valutazione dei rischi e l'elaborazione del Documento di Valutazione dei Ri-

[1] "L'imprenditore è tenuto ad adottare nell'esercizio dell'impresa le misure che, secondo la particolarità del lavoro, l'esperienza e la tecnica, sono necessarie a tutelare l'integrità fisica e la personalità morale dei prestatori di lavoro".

schi (DVR); b) la designazione del Responsabile del Servizio di Prevenzione e Protezione (RSPP).

Peraltro, l'apparato sanzionatorio connesso al mancato espletamento dei predetti obblighi non si esaurisce solo nella sfera personale del datore di lavoro (per il quale l'art. 55 TUSL prevede – nei casi appena citati – le pene dell'arresto da 3 a 6 mesi o dell'ammenda da € 3.071,27 a € 7.862,44) ma può altresì interessare l'intero complesso aziendale, mediante l'applicazione delle sanzioni pecuniarie e/o interdittive previste dal D.Lgs. 8 giugno 2001, n. 231 in materia di responsabilità penale degli enti.

Vero è, tuttavia, che il venir meno della stabilità del luogo in cui il lavoratore offre la propria prestazione lavorativa non può comportare, secondo la dottrina, la responsabilità penale del datore di lavoro per la gestione dei rischi presenti nell'ambiente di lavoro che non è tenuto a conoscere o di cui non abbia il diretto controllo[2].

Ora, la Legge 22 maggio 2017, n. 81 contiene una previsione alquanto ridotta per quanto riguarda la tutela della salute e la sicurezza del lavoratore agile; questo perché il legislatore ha voluto facilitare al datore di lavoro la gestione degli adempimenti per la sicurezza[3], rispetto a quanto previsto dalla disciplina del telelavoro.

Sempre in questa ottica di semplificazione degli adempimenti per la sicurezza a carico dei datori di lavoro, il D.P.C.M. 1° marzo 2020, in attuazione del D.L. 23 febbraio 2020, n. 6, recante "Misure urgenti in materia di contenimento e gestione dell'emergenza epidemiologica da Covid-19", ha previsto che gli obblighi di informativa, di cui all'art. 22 della Legge 22 maggio 2017, n. 81, possano essere assolti in via telematica.

Diventa difficile, infatti, delimitare i confini della disciplina della tutela della salute e della sicurezza applicabile al lavoratore agile, in quanto non regolamentati i vincoli di luogo e di orario di svolgimento della prestazione lavorativa (flessibilità spazio-temporale)[4].

Ora, è indiscusso che nello smart working il datore di lavoro, non avendo il controllo diretto dell'ambiente di lavoro e, conseguentemente, dei rischi legati alla prestazione lavorativa, non possa incidere direttamente sul comportamento del lavoratore.

Infatti, è per tale ragione che il lavoratore agile deve, necessariamen-

[2] Pelusi L.M. (2017), "La disciplina di salute e sicurezza applicabile al lavoro agile", *Diritto delle Relazioni Industriali*, n. 4, pp. 1041 ss.

[3] Dagnino E., Menegotto M., Pelusi L.M., Tiraboschi M. (2017), *Guida pratica al lavoro agile dopo la legge n. 81/2017*, ADAPT University Press, Modena, p. 69.

[4] Pelusi L.M., *op. cit.*

te, realizzare una cooperazione all'attuazione delle specifiche misure di prevenzione predisposte dal datore di lavoro per fronteggiare i rischi derivanti dall'esecuzione della prestazione lavorativa al di fuori dei locali aziendali.

La stessa dottrina ha rilevato, a riguardo, che "il profilo più critico della normativa sul lavoro agile attiene agli obblighi di sicurezza sul lavoro, sia per l'assenza di riferimenti spazio-temporali della prestazione, sia per la presenza di una normativa eccessivamente generica (con implicito rinvio agli accordi individuali o collettivi)"[5].

Obblighi di cooperazione in capo al lavoratore

Svolte tali considerazioni di carattere generale, occorre dunque focalizzarsi sugli esatti confini della posizione di garanzia allorquando la modalità prescelta per lo svolgimento del lavoro sia quella dello smart working.

Fondamentale, in tal senso, è la disposizione di cui all'art. 22, comma 1 della Legge n. 81/2017, con cui viene introdotto l'obbligo, per il datore di lavoro, di consegnare ai lavoratori e al Rappresentante dei Lavoratori per la Sicurezza (RLS), con cadenza almeno annuale, un'informativa scritta "nella quale sono individuati i rischi generali e i rischi specifici connessi alla particolare modalità di esecuzione del rapporto di lavoro".

Il datore di lavoro sarà onerato, poi, di fornire i dispositivi di protezione individuali in relazione alle effettive mansioni assegnate al lavoratore e, nel caso in cui fornisca le attrezzature, verificare che siano conformi ai requisiti di sicurezza indicati nel titolo III del TUSL. Il D.Lgs. n. 81/2008 disciplina, inoltre, l'obbligo del datore di lavoro di impartire ai lavoratori e alle loro rappresentanze una formazione specifica in materia di salute e sicurezza sul lavoro.

La Legge n. 81/2017 pone, poi, un obbligo a carico del lavoratore di cooperare all'attuazione delle specifiche misure di prevenzione predisposte dal datore di lavoro per fronteggiare i rischi connessi all'esecuzione della prestazione al di fuori dei locali aziendali (art. 22, comma 2). La dottrina, al riguardo, ha rilevato che "l'obbligo di collaborazione del lavoratore agile vada oltre l'uso corretto degli strumenti tecnologici assegnati (pc, tablet,

[5] Pessi R., Fabozzi R. (2018), *Gli obblighi del datore di lavoro in materia di salute e sicurezza*, in Fiorillo L., Perulli A., a cura di, *Il jobs act del lavoro autonomo e del lavoro agile*, Giappichelli, Torino, p. 234.

smartphone) e si concretizzi nella scelta del luogo di lavoro esterno ai locali aziendali secondo criteri di ragionevolezza"[6].

Per semplificare i compiti del datore di lavoro, l'INAIL ha predisposto un apposito modello[7] contenente disposizioni generali sugli obblighi dello smart worker, nonché indicazioni relative allo svolgimento di attività lavorativa in ambienti outdoor e indoor privati, all'utilizzo dei dispositivi di lavoro nonché al rischio incendio.

Il burnout digitale

Il ricorso al lavoro agile, laddove non correttamente gestito e regolamentato all'interno della specifica realtà produttiva, può avere effetti estremamente negativi sulla salute dei lavoratori. Tra questi, grande attenzione merita il tema del cosiddetto *burnout da smart working*, inteso come uno stato di esaurimento mentale e fisico dovuto all'incapacità o impossibilità di disconnettersi dal lavoro, ovvero all'incapacità o impossibilità di avere orari precisi di attività lavorativa, come in ufficio.

Il termine "burnout" (inteso letteralmente come "bruciarsi" o "esaurirsi") venne per la prima volta utilizzato – con riferimento a episodi relativi alla sfera lavorativa – negli anni '70, allorquando il fenomeno dello stress occupazionale venne per la prima volta osservato nell'ambito delle cosiddette *helping professions* (o "professioni di aiuto", le quali implicano un contatto continuo con soggetti in situazioni di bisogno ovvero nella gestione delle emergenze). Ma è proprio con lo sviluppo delle tecnologie e con il crescente ricorso allo smart working che il fenomeno ha avuto una consistente e preoccupante impennata, a tal punto che, a far data dal 2019, esso viene classificato dall'Organizzazione Mondiale della Sanità come "sindrome".

Essendosi peraltro osservato come la giornata lavorativa in smart working duri in media da 1 a 3 ore in più[8], ne deriva che il tema del burnout da smart

[6] Malzani F. (2018), "Il lavoro agile tra opportunità e nuovi rischi per il lavoratore", *Diritti Lavori Mercati*, n. 1, p. 25.

[7] https://www.inail.it/cs/internet/docs/avviso-coronavirus-informativa-allegato-1.docx.

[8] Uno studio realizzato da alcuni ricercatori della Harvard Business School e della New York University, che hanno analizzato i dati di oltre tre milioni di lavoratori in 16 città sparse nel mondo, ha dimostrato che in media ogni utente coinvolto nello studio ha lavorato 48,5 minuti in più ogni giorno da quando è in smart working, con un incremento medio dell'8.2% sul monte ore. *Cfr.* DeFilippis E. *et al.* (2020), "Collaborating During Coronavirus: The Impact of COVID-19 on the Nature of Work", *National Bureau of Economic Research Working Paper Series*, n. 27612.

working debba essere tenuto in stretta correlazione rispetto al cosiddetto *diritto alla disconnessione*: in proposito, giova qui menzionare il Considerando E alla Risoluzione del Parlamento europeo del 21 gennaio 2021 sul diritto alla disconnessione, laddove si afferma che:

> l'uso eccessivo dei dispositivi tecnologici può aggravare fenomeni quali l'isolamento, la dipendenza dalle tecnologie, la privazione del sonno, l'esaurimento emotivo, l'ansia e il burnout; che, secondo l'OMS, oltre 300 milioni di persone nel mondo soffrono di depressione e disturbi mentali comuni legati al lavoro e che ogni anno il 38,2% della popolazione dell'Unione soffre di un disturbo mentale[9].

Il tema non sembra essere neppure estraneo alla Legge n. 81/2017, laddove all'art. 19 essa fa espresso riferimento al diritto alla disconnessione, prevedendo che "l'accordo [relativo alla modalità di lavoro agile] individua altresì i tempi di riposo del lavoratore nonché le misure tecniche e organizzative necessarie per assicurare la disconnessione del lavoratore dalle strumentazioni tecnologiche di lavoro".

In altre parole, la Legge n. 81/2017, che ha per prima regolato e disciplinato nel nostro ordinamento il ricorso al lavoro agile, si preoccupa di apprestare un rimedio idoneo al fenomeno del burnout, al preciso scopo di scongiurare i rischi connessi al superamento dei limiti di durata della prestazione lavorativa. Tale rimedio consiste, per l'appunto, nell'accordo tra il datore di lavoro e il lavoratore per l'esecuzione del rapporto nelle forme del lavoro agile; accordo che dovrà espressamente prevedere i tempi di riposo del lavoratore, nonché recare l'indicazione delle misure organizzative idonee a garantire il diritto del lavoratore alla disconnessione.

La norma precisa che il dipendente ha l'obbligo di osservare nell'esercizio della prestazione di smart working le direttive aziendali, anche in relazione ai tempi di riposo e alle misure tecniche e organizzative attuate per garantire il diritto alla disconnessione.

Come è stato osservato, nell'ordinamento nazionale il diritto alla disconnessione rileva quindi "come strumento per assicurare la salute del lavoratore contro i rischi di overworking e della costante connessione al lavoro"[10].

Venendo ora ai profili penalistici del rischio da burnout e del mancato rispetto del diritto alla disconnessione da parte del datore di lavoro, giova

[9] *Risoluzione del Parlamento europeo del 21 gennaio 2021* recante raccomandazioni alla Commissione sul diritto alla disconnessione (2019/2181(INL)).

[10] Timellini C. (2021), "Il diritto alla disconnessione nella normativa italiana sul lavoro agile e nella legislazione emergenziale", *Lavoro e Diritti Europa*, n. 4.

partire dalla nozione di “salute” contenuta nell’art. 2, lett. o) TUSL, intesa come uno “stato di completo benessere fisico, mentale e sociale, non consistente solo in un’assenza di malattia o d’infermità”. Stante dunque la parificazione della salute mentale rispetto a quella fisica, ne deriva che – specie nelle aziende che facciano un massiccio ricorso allo smart working – il burnout dovrà necessariamente formare oggetto specifico della Valutazione dei Rischi demandata al datore di lavoro in forza degli artt. 17 e 28 TUSL, con la consequenziale adozione di tutte le misure idonee a prevenirlo (in mancanza, come sopra visto, il datore di lavoro sarà esposto alle sanzioni di cui all’art. 55 TUSL).

Conclusioni

di Roberto Reale

Il senso di questo libro è provare a fotografare una fase di grande trasformazione del mercato del lavoro. Il mondo che è emerso dalla pandemia da Covid-19 è evidentemente un mondo diverso da quello che conoscevamo, è un mondo "accelerato" come ha scritto Harari[1]. Non sempre lo scarto rispetto al "prima" è immediatamente evidente, anzi molto spesso i mutamenti sono più sotterranei e profondi di quanto non sembri a prima vista.

Guardiamo il lavoro. A un livello più immediato, l'urgenza di far fronte alla contingenza della pandemia ha reso chiaro a tutti che gli strumenti sia tecnici sia organizzativi per strutturare in modo diverso il nostro rapporto con il lavoro erano già tutti disponibili: bastava applicarli. A un livello più profondo, però, è successo qualcosa di diverso.

Lo smart working è diventato terreno di rinegoziazione, di rivendicazione di nuovi spazi e nuovi modi di vivere il rapporto non soltanto con l'organizzazione del lavoro, ma con il territorio, con la famiglia, con la sfera privata.

In questo strappo con il passato resta una questione di fondo: la tutela. Non dei posti di lavoro in quanto tali (certe professioni e certi modi di lavorare verranno spazzati via, inutile farsi illusioni, e un sostegno pubblico a oltranza non è sostenibile), ma dei lavoratori e delle aziende.

I lavoratori hanno bisogno di essere sostenuti e accompagnati nei momenti di transizione, e soprattutto hanno bisogno di scelte politiche in grado di governare bene il cambiamento. Alle aziende, come alle pubbliche amministrazioni, serve la diffusione di una cultura manageriale in grado di cogliere l'opportunità che lo smart working offre in termini di ridisegno organizzativo, di competitività, di attrattività per i talenti su un mercato del lavoro sempre più internazionale.

[1] Harari Y.N. (2020), "The world after coronavirus", *Financial Times*, 20 marzo.

La trasformazione digitale e l'innovazione offrono strumenti potentissimi (e metafore concettuali) per abilitare il cambiamento, ma, come scrivevo tempo fa, quanto più imponente è lo spazio che il digitale si conquista nella nostra economia e nelle nostre vite tanto più cresce la precarietà dell'infrastruttura umana in cui quello stesso mondo digitale affonda le proprie radici.

I servizi digitalizzabili si reggono in buona parte su servizi non digitalizzabili, spesso perché non conviene, e i lavoratori che vi sono impiegati non possono reggere da soli il peso di un evidente svantaggio competitivo. Il nostro compito è progettare e implementare tutele adeguate affinché il progresso non faccia crescere le disuguaglianze.

Postfazione
Esperienze di applicazione del lavoro agile presso la Presidenza del Consiglio dei Ministri

di Marco Carlomagno

L'introduzione del lavoro agile a Palazzo Chigi

La Presidenza del Consiglio dei Ministri, in attuazione della Riforma Madia (Legge n. 124 del 2015), che ha previsto la sperimentazione di nuove modalità spazio-temporali di esecuzione della prestazione lavorativa per almeno il 10% del personale, con lo scopo di favorire la conciliazione vita-lavoro, ha introdotto, su base volontaria, il lavoro agile per i propri dipendenti, già a decorrere dal 2017.

Dopo una prima fase pilota che ha riguardato soltanto quattro dipartimenti, la sperimentazione è stata estesa a tutta la PCM a partire dal 1° ottobre 2018 prevedendo un contingente massimo di 315 unità di personale (pari al 10% del personale in servizio presso la PCM).

Al termine delle sperimentazioni, con il decreto del Segretario Generale 2 maggio 2019, è stata adottata la direttiva per la disciplina, a regime, delle modalità di attuazione del lavoro agile all'interno della PCM, prevedendo una cadenza semestrale dei bandi e la definizione di un contingente ammissibile in misura comunque non inferiore al 10% del personale in servizio.

Per effetto dei due bandi emanati nel 2019, già prima della pandemia, 536 unità di personale adibite ad attività compatibili con il lavoro agile, pari al 16% del personale in servizio, avevano sottoscritto a decorrere dal 1° gennaio 2020 un accordo individuale semestrale.

A seguito dell'emergenza sanitaria, al 31 dicembre 2020, su 3.396 dipendenti in servizio, risultavano in lavoro agile 2.660 unità di personale, pari al 92,6% dei lavoratori adibiti ad attività compatibili con tale modalità di lavoro[1].

[1] Dati assoluti rilevati a seguito della ricognizione effettuata in attuazione del D.S.G. 28 luglio 2020 su un totale di 3.284 dipendenti in servizio presso le strutture rispondenti (54 rispon-

Tale percentuale è addirittura cresciuta nel 2021, per il perdurare delle disposizioni che hanno consentito il lavoro agile semplificato (in assenza di accordi individuali). Infatti, pur tenendo conto e attuando gli interventi normativi che hanno imposto un graduale ritorno in presenza del personale, nel 2021 su 3.496 dipendenti in servizio, hanno fruito di almeno una giornata di lavoro agile 2.766 unità di personale, pari al 96,3% dei dipendenti in grado di poter prestare l'attività lavorativa in modalità agile[2].

Attualmente, pertanto, la disciplina del lavoro agile presso la PCM è contenuta nelle seguenti direttive:

- D.S.G. 2 maggio 2019, che ha regolamentato il lavoro agile all'interno della PCM in esito alle sperimentazioni maturate prima del periodo emergenziale legato all'epidemia da Covid-19;
- D.S.G. 20 dicembre 2021, che ha revisionato parzialmente la direttiva del 2 maggio 2019, definendo le nuove misure organizzative per il superamento delle modalità emergenziali di attuazione del lavoro agile e prevedendo, tra l'altro, l'eliminazione del contingente massimo di potenziali lavoratori agili, l'ampliamento del numero massimo di giornate di lavoro agile fruibili (fino a due giorni di lavoro agile a settimana) e una nuova procedura di accesso, gestione e monitoraggio del lavoro agile supportata da un applicativo gestionale realizzato *ad hoc*.
- D.S.G. 7 gennaio 2022, che ha adeguato le prescrizioni contenute nella direttiva del 20 dicembre 2021 alla mutata situazione epidemiologica, consentendo che la condizionalità della prevalenza dell'esecuzione della prestazione lavorativa in presenza potesse essere soddisfatta dai dipendenti ammessi al lavoro agile su base semestrale anche prescindendo dal limite di due giorni di lavoro agile a settimana.

Partendo dal presupposto che il lavoro agile rappresenta una vera rivoluzione culturale, organizzativa e di processo, che va a scardinare consuetudini e approcci consolidati propri del mondo del lavoro subordinato, promuovendo la collaborazione, la programmazione e una cultura orientata ai risultati, che punta sulla valorizzazione delle persone e sulla valutazione della performance per obiettivi e risultati, le strategie adottate dalla Presidenza del Consiglio dei Ministri per promuovere e sviluppare il lavoro agile, già con

denti su 56 totali per complessive 3.315 unità di personale). Il valore percentuale è calcolato, invece, su un numero totale di 2.872 dipendenti adibiti ad attività compatibili con il lavoro agile.

[2] La percentuale è stata calcolata considerando il numero di lavoratori adibiti ad attività compatibili con il lavoro agile rilevato a settembre 2020 (2.872 unità) e non sul complesso dei lavoratori della PCM.

il Piano Organizzativo del Lavoro Agile (POLA) 2021-2023[3], hanno puntato sulle seguenti leve:

- investimento sulle persone;
- investimento sulla cultura del risultato e, quindi, sulla formazione/sensibilizzazione;
- accelerazione della trasformazione digitale;
- riorganizzazione degli spazi;
- revisione di alcune misure organizzative.

La strategia di sviluppo del lavoro agile all'interno dell'amministrazione è stata incentrata sui seguenti punti:

- definire obiettivi di performance organizzativa necessari per completare il percorso di effettiva attivazione delle condizioni abilitanti il lavoro agile;
- migliorare lo stato di salute delle risorse (organizzative, professionali, economico-finanziarie e digitali) dell'amministrazione.

Come evidenziato anche nel PIAO della Presidenza del Consiglio dei Ministri 2022-2024[4]:

> Il lavoro agile, quale strumento organizzativo innovativo, rappresenta un'importante leva strategica in grado di incidere sulla cultura e sulla produttività delle organizzazioni.
>
> Affinché esso diventi un catalizzatore del cambiamento e dei processi di innovazione, deve essere supportato dalla presenza di condizioni e fattori abilitanti in grado di contribuire a creare valore pubblico.
>
> Il lavoro agile, infatti, deve essere abilitato da risorse organizzative, tecnologiche e culturali e per rinnovare i modelli di organizzazione e di lavoro pubblico occorre investire proprio su di esse.

Il lavoro agile consente, inoltre, di rimettere al centro delle strategie della pubblica amministrazione le persone. La diffusione e il consolidamento del

[3] *Cfr.* il *Piano Organizzativo del Lavoro Agile (POLA) della Presidenza del Consiglio dei Ministri per il triennio 2021-2023*, dove sono state definite le condizioni abilitanti per lo sviluppo e l'implementazione dell'istituto, ivi comprese le misure organizzative per il cambiamento della cultura del risultato, i requisiti tecnologici, i percorsi formativi del personale, anche dirigenziale, e gli strumenti di rilevazione e di verifica periodica dei risultati conseguiti, in termini di miglioramento dell'efficacia e dell'efficienza dell'azione amministrativa e della digitalizzazione dei processi e dei servizi.

[4] *Piano Integrato di Attività e Organizzazione (PIAO) della Presidenza del Consiglio dei Ministri per il triennio 2022-2024.*

lavoro agile passano, infatti, attraverso un processo di cambiamento dei modelli organizzativi, realizzabile non solo attraverso la revisione dei processi di lavoro, la digitalizzazione, il ripensamento e l'adeguamento dei sistemi di programmazione e misurazione dei risultati, ma soprattutto puntando sull'empowerment del capitale umano.

Nel mese di giugno 2022 la Presidenza del Consiglio dei Ministri ha presentato nella riunione del gruppo di monitoraggio sul lavoro agile, costituito con decreto del Segretario Generale del 4 ottobre 2017, una relazione sui risultati dell'applicazione del lavoro agile ordinario, nel periodo gennaio-aprile 2022, in tutte le strutture della PCM. La relazione ha evidenziato i seguenti risultati.

- A decorrere dal 1° gennaio 2022, è attiva una specifica app, denominata "Lavoro agile", che consente l'invio di una proposta, l'approvazione e la sottoscrizione degli accordi di lavoro agile.
- Grazie alla raccolta sistematizzata dei dati consentita dall'utilizzo della app, è stato possibile elaborare alcuni dati di sintesi, dettagliati anche per singola struttura:
  - numero di accordi sottoscritti;
  - quota percentuale di lavoratori agili;
  - durata media degli accordi (in mesi);
  - ripartizione dell'articolazione delle giornate di lavoro agile (un giorno a settimana, due giorni a settimana o pianificazione delle singole giornate).
- La quota lavoratori agili rispetto a quelli in servizio in PCM nel periodo gennaio-aprile 2022 è stata pari al 66% (riferito al complesso delle strutture) e scende sotto questo valore medio soltanto nelle strutture di diretta collaborazione e nelle strutture di missione.

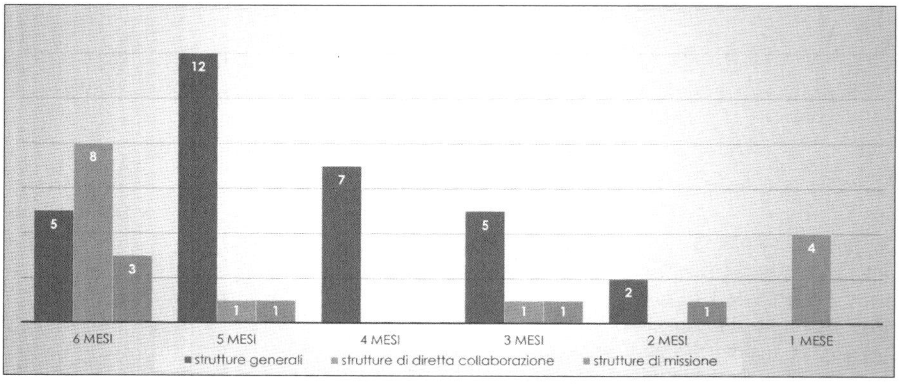

Durata media degli accordi ripartita per strutture (gennaio-aprile 2022)

- La durata media degli accordi riferita al complesso delle strutture (51 strutture) è di 4,33 mesi, con una media di 4 mesi nelle strutture di diretta collaborazione (14 strutture) e di 4,66 mesi nelle strutture di missione (6 strutture). Per quanto riguarda l'articolazione delle giornate di lavoro agile, l'83% degli accordi vigenti prevede 2 giorni a settimana di lavoro agile o una pianificazione strutturata da calendario, con possibilità quindi di superare anche tale limite massimo settimanale. Soltanto una struttura di diretta collaborazione ha accordi interamente pianificati per 1 giorno a settimana. A eccezione di una struttura di missione e di una struttura periferica, tutte le altre strutture hanno accordi pianificati con prevalenza di 2 giorni a settimana o con giornate prescelte da calendario.

Contributi al miglioramento della performance

Tra gli strumenti organizzativi finalizzati a promuovere l'attuazione del lavoro agile, la misurazione e valutazione della performance riveste un ruolo centrale in quanto, da un lato, ne garantisce la corretta attuazione, e dall'altro concorre all'evoluzione delle pratiche e della cultura organizzativa e, in particolare, dei sistemi di performance management.

Soltanto grazie alla misurazione del lavoro agile si potrà realmente comprendere come lo stesso sia in grado di innovare i comportamenti delle persone, gli stili direzionali e, quindi, la produttività delle amministrazioni, sia a livello individuale sia organizzativo.

Per misurare la concreta applicazione del lavoro agile all'interno della Presidenza del Consiglio dei Ministri sono stati selezionati appositi set di indicatori atti a determinare la performance nelle sue due dimensioni della performance organizzativa e della performance individuale[5].

I risultati della misurazione hanno evidenziato una netta crescita degli indicatori prescelti, anche rispetto al target programmato nell'ambito del piano di sviluppo del precedente POLA per l'anno 2021.

Dal momento che il lavoro agile non si limita a contribuire al miglioramento della *performance* organizzativa e di quella individuale, ma può avere degli *impatti* (positivi e negativi) sia *all'interno dell'amministrazione* (sul livello di salute, sulla struttura dell'amministrazione e sul personale), sia *all'esterno dell'amministrazione* (minore impatto ambientale, migliori condizioni di pari opportunità nella gestione del rapporto tra tempi di vita e di

[5] *Piano Organizzativo del Lavoro Agile (POLA) della Presidenza del Consiglio dei Ministri per il triennio 2021-2023.*

lavoro, accresciuto benessere), è stata svolta la prima indagine sull'impatto del lavoro agile e sul clima organizzativo mai realizzata in PCM ed effettuata per la prima volta nel corso del 2021, che ha preso le mosse dall'esigenza di:

- migliorare le politiche di sviluppo del personale;
- sperimentare strumenti per il monitoraggio dell'impatto del lavoro agile come previsto dal POLA adottato a inizio anno.

Con questi scopi e in ragione di un contesto di emergenza sanitaria che andava ridimensionandosi, il 17 settembre 2021 il Dipartimento per il personale, in collaborazione con la School of Management del Politecnico di Milano, nell'ambito del *Tavolo di lavoro Smart Working nella PA*, ha lanciato la prima indagine sull'impatto del lavoro agile e sul clima organizzativo della PCM.

I dati raccolti hanno consentito di:

- misurare l'impatto del lavoro da remoto in termini di benefici, esigenze, modalità di lavoro attuali;
- raccogliere i punti di vista dei lavoratori per ripensare l'evoluzione del lavoro flessibile;
- sondare, per la prima volta, alcuni aspetti relativi al clima organizzativo.

Tra i risultati più rilevanti emersi dall'indagine[6], si segnalano:

a. la stima dell'impatto ambientale in termini di emissioni di CO_2;
b. l'esperienza di lavoro da remoto in emergenza;
c. il livello di engagement e di legame con l'organizzazione;
d. il livello di iperconnessione e di tecnostress.

In dettaglio:

Riguardo al punto a, è risultato che, in termini di trasferimento casa-ufficio, i lavoratori della PCM distano in media 24 km dalla propria sede di lavoro e impiegano mediamente 49 minuti per raggiungerla, usando prevalentemente i mezzi pubblici (il 45% dei rispondenti). In base a questa specifica combinazione di *commuting* (distanza, tempistica e mezzo utilizzato), ipotizzando un modello di lavoro di 2,4 giorni di smart working alla settimana per poco meno della metà dei lavoratori che utilizzano i mezzi a motore, potrebbero essere risparmiate 255 tonnellate annue di emissioni di

[6] *Cfr.* il *Piano Integrato di Attività e Organizzazione (PIAO) della Presidenza del Consiglio dei Ministri 2022-2024.*

CO_2, corrispondenti all'anidride carbonica assorbita in un anno da 7.300 alberi, che, a loro volta, corrispondono a una superficie di 360.000 m^2 equivalenti a 107 volte la superficie del nostro Colosseo.

Riguardo al punto b, sono state rilevate percezioni positive in tutti gli ambiti indagati riguardanti l'esperienza di lavoro da remoto. Particolarmente marcate sono le percezioni di netto miglioramento della "conciliazione vita privata e lavorativa" e della "qualità di vita" segnalato da oltre l'80% dei lavoratori. Seguono, con quote tra il 60 e il 75% dei lavoratori, le segnalazioni di miglioramento delle dimensioni di "flessibilità nella gestione delle attività lavorative", di "programmazione/organizzazione delle attività lavorative" e di "supporto all'innovazione". Complessivamente, l'opinione circa la possibilità di lavorare da remoto su base volontaria in un contesto di *new normal* è pressoché ottima per tutti i lavoratori, compresi i loro responsabili.

Riguardo al punto c, è risultato che il 17% dei lavoratori della PCM è pienamente ingaggiato laddove la media italiana è del 7% e il legame con l'amministrazione è forte per quasi il 60% di essi.

Riguardo al punto d, i lavoratori della PCM presentano un livello di iperconnessione perfettamente in linea con la media italiana pari al 13% dei lavoratori. Il livello di tecnostress emerso dall'indagine si attesta sul 24% dei lavoratori ed è inferiore alla media italiana pari al 25%. Risultano infine migliorate le digital soft skill (competenze di tipo relazionale e comportamentale che consentono alle persone di utilizzare efficacemente i nuovi strumenti digitali) della quasi totalità dei dipendenti.

Bibliografia

Fonti normative[1]

Direttiva (UE) 2019/1158 del Parlamento europeo e del Consiglio, del 20 giugno 2019, relativa all'equilibrio tra attività professionale e vita familiare per i genitori e i prestatori di assistenza e che abroga la direttiva 2010/18/UE del Consiglio.

Legge 16 giugno 1998, n. 191, recante "Modifiche ed integrazioni alle leggi 15 marzo 1997, n. 59, e 15 maggio 1997, n. 127, nonché norme in materia di formazione del personale dipendente e di lavoro a distanza nelle pubbliche amministrazioni. Disposizioni in materia di edilizia scolastica".

Legge 7 agosto 2015, n. 124, recante "Deleghe al Governo in materia di riorganizzazione delle amministrazioni pubbliche".

Legge 22 maggio 2017, n. 81, recante "Misure per la tutela del lavoro autonomo non imprenditoriale e misure volte a favorire l'articolazione flessibile nei tempi e nei luoghi del lavoro subordinato".

Decreto legislativo 8 giugno 2001, n. 231, recante "Disciplina della responsabilità amministrativa delle persone giuridiche, delle società e delle associazioni anche prive di personalità giuridica, a norma dell'articolo 11 della legge 29 settembre 2000, n. 300".

Decreto legislativo 7 marzo 2005, n. 82, recante "Codice dell'amministrazione digitale", e ss.mm.ii.

Decreto legislativo 9 aprile 2008, n. 81, recante "Attuazione dell'articolo 1 della legge 3 agosto 2007, n. 123, in materia di tutela della salute e della sicurezza nei luoghi di lavoro", e ss.mm.ii. ("Testo Unico sulla Salute e Sicurezza sul Lavoro", TUSL).

Decreto-legge 23 febbraio 2020, n. 6, convertito con modificazioni dalla L. 5 marzo 2020, n. 13.

Decreto-legge 19 maggio 2020, n. 34, convertito con modificazioni dalla L. 17 luglio 2020, n. 77.

[1] Trattandosi di materia in rapida evoluzione, la raccolta di fonti normative di seguito elencate non è da intendersi esaustiva.

Decreto-legge 9 giugno 2021, n. 80, convertito con modificazioni dalla L. 6 agosto 2021, n. 113.

Decreto del Presidente della Repubblica 24 giugno 2022, n. 81, recante "Regolamento recante individuazione degli adempimenti relativi ai Piani assorbiti dal Piano integrato di attività e organizzazione".

Decreto del Presidente del Consiglio dei Ministri 23 febbraio 2020.

Decreto del Presidente del Consiglio dei Ministri 25 febbraio 2020.

Decreto del Presidente del Consiglio dei Ministri 1° marzo 2020.

Decreto del Presidente del Consiglio dei Ministri 22 marzo 2020.

Decreto del Presidente del Consiglio dei Ministri 23 settembre 2021.

Decreto del Ministro per la Pubblica Amministrazione 8 ottobre 2021.

Decreto del Ministro per la Pubblica Amministrazione di concerto con il Ministro dell'economia e delle finanze 24 giugno 2022 (c.d. "D.M. PIAO").

Direttiva del Presidente del Consiglio dei Ministri recante indirizzi per l'attuazione dei commi 1 e 2 dell'articolo 14 della Legge 7 agosto 2015, n. 124, e linee guida contenenti regole inerenti all'organizzazione del lavoro finalizzate a promuovere la conciliazione dei tempi di vita e di lavoro dei dipendenti.

Direttiva n. 3 del 2017 del Dipartimento della Funzione Pubblica in materia di lavoro agile.

Direttiva n. 2 del 2019 del Dipartimento della Funzione Pubblica recante "Misure per promuovere le pari opportunità e rafforzare il ruolo dei Comitati Unici di Garanzia nelle amministrazioni pubbliche".

Parere del Consiglio di Stato, Sezione Consultiva per gli Atti Normativi, Adunanza di Sezione del 24 maggio 2022, numero affare 00604/2022.

Risoluzione del Parlamento europeo del 13 settembre 2016 sulla creazione di condizioni del mercato del lavoro favorevoli all'equilibrio tra vita privata e vita professionale (2016/2017(INI)).

Risoluzione del Parlamento europeo del 16 febbraio 2017 recante raccomandazioni alla Commissione concernenti norme di diritto civile sulla robotica (2015/2103(INL)).

Risoluzione del Parlamento europeo del 21 gennaio 2021 recante raccomandazioni alla Commissione sul diritto alla disconnessione (2019/2181(INL)).

Comunicazione della Commissione europea al Parlamento, al Consiglio, al Comitato Economico e Sociale Europeo e al comitato delle Regioni. Iniziativa per sostenere l'equilibrio tra attività professionale e vita familiare per genitori prestatori di assistenza, COM(2017) 252 final.

Relazione sull'attività svolta dalla Commissione parlamentare di inchiesta sul livello di digitalizzazione e innovazione delle pubbliche amministrazioni e sugli investimenti complessivi riguardanti il settore delle tecnologie e della comunicazione, relatrice on. Vincenza Bruno Bossio, 2017.

Agenzia per l'Italia Digitale (2017), *Circolare n. 2* recante "Misure minime di sicurezza ICT per le pubbliche amministrazioni".

Agenzia per l'Italia Digitale (2021), *Piano triennale per l'informatica nella PA – Aggiornamento 2021-2023.*

Presidenza del Consiglio dei Ministri (2020), *Linee Guida sul Piano Organizzativo del Lavoro Agile (POLA) e indicatori di performance*.
Presidenza del Consiglio dei Ministri (2021), *Piano Nazionale di Ripresa e Resilienza*, https://italiadomani.gov.it/.
Presidenza del Consiglio dei Ministri, Dipartimento della Funzione Pubblica (2017), *Linee guida in materia di lavoro agile nelle amministrazioni pubbliche*.
Presidenza del Consiglio dei Ministri, Dipartimento della Funzione Pubblica (2017), *Linee guida per il Sistema di Misurazione e Valutazione della performance*.
Presidenza del Consiglio dei Ministri, Dipartimento della Funzione Pubblica (2020), *Monitoraggio sull'attuazione del lavoro agile nelle pubbliche amministrazioni nel periodo gennaio-aprile 2020*.
Presidenza del Consiglio dei Ministri, Dipartimento della Funzione Pubblica (2021), *Piano Organizzativo del Lavoro Agile (POLA)*.
European Data Protection Board (2021), *Guidelines on Examples regarding Data Breach Notification*, adopted on 14 January 2021, Version 1.0.
Garante per la Protezione dei Dati Personali (2008), *Amministratori di sistema: occorre massima trasparenza sul loro operato. Il Garante fissa i criteri, quattro mesi per mettersi in regola*.
Garante per la Protezione dei Dati Personali (2020), *Trattamento dei dati personali dei dipendenti di un call center*.
Garante per la Protezione dei Dati Personali (2020), *Audizione del Presidente del Garante per la protezione dei dati personali* sull'affare assegnato atto n. 453 relativo al tema di Ricadute occupazionali dell'epidemia da Covid-19, azioni idonee a fronteggiare le situazioni di crisi e necessità di garantire la sicurezza sanitaria nei luoghi di lavoro.
Garante per la Protezione dei Dati Personali (2021), *Ordinanza ingiunzione* nei confronti di TPER Trasporto Passeggeri Emilia Romagna S.p.A.
Ispettorato nazionale del lavoro (2016), *Circolare n. 2* recante "indicazioni operative sull'utilizzazione di impianti GPS ai sensi dell'art. 4, commi 1 e 2, L. n. 300/1970".

Monografie, saggi e articoli

Addati L., Cattaneo U., Esquivel V., Valarino I. (2018), *Care Work and Care Jobs for the Future of Decent Work*, ILO, Geneva.
Agenzia delle Entrate (2020), *L'Esperienza di Lavoro in Modalità Agile nell'Agenzia delle Entrate*, Roma.
Albergoni M. (2021), *Future of Work 2021: LinkedIn e i professionisti italiani tra ritorno in ufficio, nuovi stili di vita e prospettive di carriera*, LinkedIn.
Alessandrini G., a cura di (2016), *Smart working. Nuove Skills e Competenze*, Pensa Multimedia, Lecce.
Alessi C., Barbera M., Guaglianone L., a cura di (2019), *Impresa, lavoro e non lavoro nell'economia digitale*, Cacucci, Bari.
Ales E., Curzi Y., Fabbri T., Rymkevich O., Senatori I., Solinas G., eds. (2018),

Working in Digital and Smart Organizations. Legal, Economic and Organizational Perspectives on the Digitalization of Labour Relations, Palgrave Macmillan, London.
Alessi C., Barbera M., Guaglianone L., a cura di (2019), *Impresa, lavoro e non lavoro nell'economia digitale*, Cacucci, Bari.
Aliperto D. (2020), "Smart working, favorevole il 94% dei dipendenti pubblici italiani", *Corcom.it*, 3 giugno.
AlmaLaurea (2021), *Le indagini AlmaLaurea*.
Aloisi A., De Stefano V. (2020), *Il tuo capo è un algoritmo. Contro il lavoro disumano*, Laterza, Roma-Bari.
Altman E.J., Kiron D., Jones R., Schwartz J. (2022), *Orchestrating Workforce Ecosystems: Strategically Managing Work Across and Beyond Organizational Boundaries*, MIT Sloan Management Review and Deloitte.
Angelini M., Ciccotelli C., Franchina L., Marchetti Spaccamela A., Querzoni L. (2019), *Framework Nazionale per la Cybersecurity e la Data Protection*, CIS Sapienza, Roma.
ANPAL Servizi (2018), *Il lavoro agile o smart working nella Pubblica Amministrazione*.
ANPAL Servizi (2018), *Il lavoro agile o smart working nel settore privato*.
ANSA (2021), "La parità di genere? La pandemia peggiora il traguardo, ora ci vorranno 135 anni", *lifestyle*, 14 aprile.
Antezza V. (2020), "Lo smart working nelle PA", *Diritto.it*, 25 febbraio.
Atkinson R. (2020), *Alpha City. How London was captured by the super-rich*, Verso, London.
Balducci A., Chiffi D., Curci F., eds. (2020), *Risk and Resilience. Socio-Spatial and Environmental Challenges*, PoliMI Springer Briefs, Milano.
Baldwin R. (2019), *The Globotics Upheaval. Globalisation, Robotics and the Future of Work*, Weidenfeld & Nicolson, London.
Banca d'Italia (2021), *L'organizzazione del lavoro nella nuova modalità*.
Barnes Y., Tostevin P., Tikhnenko V. (2016), *Around the world in dollars and cents*, Savills World Research, London.
Bentivogli M. (2019), *Contrordine compagni. Manuale di resistenza alla tecnofobia per la riscossa del lavoro e dell'Italia*, Rizzoli, Milano.
Bentivogli M. (2020), *Indipendenti. Guida allo smart working*, Rubbettino, Soveria Mannelli.
Bergamante F., Canal T., Mandrone E., Zucaro R. (2021), "Il lavoro da remoto. Le modalità attuative, gli strumenti e il punto di vista dei lavoratori", *Inapp Policy Brief*, n. 26, Inapp.
Bianco M., Lotti F., Zizza R. (2013), "Le donne e l'economia italiana", *Questioni di Economia e Finanza*, Occasional papers, n. 171.
Bitdefender (2019), *RDP Abuse and Swiss Army Knife Tool Used to Pillage, Encrypt and Manipulate Data*.
Boeri T., Caiumi A. (2020), "Lavori che possiamo continuare a svolgere", *lavoce.info*, 24 marzo.

Bogost I. (2013), "Hyperemployment, or the Exhausting Work of the Technology User", *The Atlantic*, 8 novembre.

Bolocan Goldstein M. (2020), "Spazialità contese in una congiuntura critica. Ripensare il nesso tra città e territori", *Pandora Rivista*, 2, pp. 204-209.

Bologna S., Iudicone F. (2017), "Il lavoro agile e il telelavoro nello scenario europeo e comparato: dinamiche emergenti, effetti sulla qualità del lavoro e strumenti di regolazione", *Quaderni di Rassegna Sindacale*, n. 3, pp.113-128.

Bonacci I. (2018), *Lo smart Working: la dimensione innovative del lavoro*, Universitas Studiorum, Mantova.

Bortolotti A. (2021), *Gli effetti Covid-19 sul mercato immobiliare milanese: l'ascesa dello sviluppatore specializzato*, Background Papers Urban@it, Bologna.

Botteri T., Cremonesi G. (2017), *Smart working & smart workers: Guida per gestire e valorizzare i nuovi nomadi*, FrancoAngeli, Milano.

Bottero G. (2021), "Pronti alla gara per il Cloud di stato, più smart working per attrarre talenti", intervista a Maximo Ibarra, *La Stampa*, 30 novembre.

Bottini A., Morosini V. (2017), "Smart working, accordi non sempre validi. A partire dall'orario di lavoro", *Il Sole 24 Ore*, 25 settembre.

Brenner N. (2004), *New State Spaces. Urban Governance and the Rescaling of Statehood*, Oxford University Press, Oxford (trad. it.: *Stato, Spazio, Urbanizzazione*, Guerini, Milano, 2016).

Bruner J. (1991), *La costruzione narrativa della realtà*, in Ammaniti M., Stern D., a cura di, *Rappresentazioni e narrazioni*, Laterza, Roma-Bari.

Burdett R., Sudjic D., eds. (2007), *The endless city. The urban age project*, Phaidon, London.

Butera F. (2020), "Le condizioni organizzative e professionali dello smart working dopo l'emergenza. Progettare il lavoro ubiquo fatto di ruoli aperti e di professioni a larga banda", *Studi organizzativi*, n. 1, pp. 142-165.

Butera F., Dente B. (2009), *Change management nelle pubbliche amministrazioni: una proposta*, FrancoAngeli, Milano.

Byung-Chul H. (2015), *The Burnout Society*, Stanford University Press, Stanford (trad. it.: *La società della stanchezza*, Nottetempo, Roma, 2020).

Caccia F. (2021), "Nicola, il dipendente dal cui pc sono passati gli hacker del Lazio: «Porno? Macché, al massimo ascolto Califano su YouTube»", *Corriere della Sera*, 6 agosto.

Camera dei deputati (2022), *Documentazione parlamentare – Lavoro agile*, https://temi.camera.it/leg18/temi/lavoro-agile.html.

Canal T. (2012), "Paternità e cura familiare", *Osservatorio Isfol*, II, n. 1, pp. 95-111.

Canal T., Gualtieri V. (2017), "Genitorialità e work life balance. Non solo questioni di genere", *Sinappsi – Rivista quadrimestrale dell'Inapp*, VII, n. 1, pp. 35-69.

Canal T., Gualtieri V., Zuccaro R. (2022), *Il lavoro agile emergenziale in Inapp. Evidenze da un'indagine in un Ente Pubblico di Ricerca*, Inapp, Roma.

Candiani S. (2018), "PA digitale, Candiani (Microsoft) Ecco cosa fare per cambiare davvero l'Italia", *Agenda Digitale*, 27 luglio.

Canducci M. (2021), *Vite Aumentate. Le tecnologie e il futuro che ci aspetta*, FrancoAngeli, Milano.
Cannon P.F. (2011), *Louis Sullivan. Creating a new American architecture*, Pomegranate Communications, Portland.
Cardinali V. (2021), *Dalla fase 1 alla fase 2: quale transizione per uomini e donne? Sintesi survey. Il lavoro di donne e uomini ai tempi di Covid. Una prospettiva di genere*, Inapp Working Paper n. 56, Inapp, Roma.
Carlomagno M. (2021), "Non basta tornare in presenza per far funzionare gli uffici", *Il Sole 24 Ore*, 13 settembre.
Carlomagno M. (2021), "I dipendenti pubblici tornano in presenza: addio digitalizzazione, benvenuta demagogia", *Il Fatto Quotidiano*, 9 ottobre.
Castells M. (2004), *La città delle reti*, Marsilio, Venezia.
Castells M. (2009), *Communication Power*, Oxford University Press, Oxford.
Castro L. N. (2022), *Remote Effective. La metodologia per uno smart working vincente*, FrancoAngeli, Milano.
Celli P. L. (2021), *La vita non è uno smart working. Ma le imprese possono imparare a non perdere l'occasione*, ESTE, Milano.
Celli P. L. (2022), *Organizzazioni sull'orlo di una crisi di identità. Sul perché sia indispensabile tornare a generare storie e recuperare valori manageriali dispersi*, ESTE, Milano.
Censis (2022), *5° Rapporto Censis-Eudaimon sul welfare aziendale.*
Centro nazionale di documentazione e analisi per l'infanzia e l'adolescenza (2022), *Stereotipi di genere e materie Stem, ricerca Save the Children.*
Charalampous M., Grant C.A., Tramontano C., Michailidis E. (2019), "Systematically reviewing remote e-workers' well-being at work. A multidimensional approach", *European Journal of Work and Organizational Psychology*, 28, n. 1, pp. 51-73.
Chartered Institute of Personnel and Development (2008), *Smart working. The impact of work organisation and job design.*
Chartered Institute of Personnel and Development (2014), *HR: getting smart about agile working.*
Chiaro G., Prati G., Zocca M. (2015), "Smart working: dal lavoro flessibile al lavoro agile", *Sociologia del lavoro*, 138, pp 69-87.
Chieffi D., a cura di (2018), *Comunicare digitale*, Centro di Documentazione Giornalistica, Roma.
Chiriatti M. (2021), *Incoscienza artificiale*, Luiss University Press, Roma.
Chouinard Y. (2016), *Let My People Go Surfing: The Education of a Reluctant Businessman*, Penguin Books, London (trad. it.: *Let my people go surfing. La filosofia di un imprenditore ribelle*, Ediciclo, Portogruaro, 2018).
Ciavarella F., Giardetti A., Giardetti M. (2017), *Jobs Act del lavoro autonomo e Smart Working*, Giuffrè Francis Lefebvre, Milano.
Cinque P., Falzetti P., Le Rose G. (2020), "Smart working ed emergenza sanitaria. Una lettura prospettica a partire dall'esperienza dell'Invalsi del Covid-19", *Rivista Italiana di Public Management*, vol. 3, n. 2, pp. 259-274.

Clapperton G., Vanhoutte P. (2014), *Il manifesto dello smarter working. Quando, dove e come lavorate meglio*, ESTE, Milano.

Clusit (2022), *Rapporto Clusit 2022 sulla sicurezza ICT in Italia.*

Cogo G. (2019), "Smart working, così attecchirà nella PA nel 2019: come fare", *Agenda Digitale*, 8 gennaio.

Commissione europea (2022), *The Digital Economy and Society Index (DESI).*

Comune di Milano (2020), *Milan 2020. Adaptation Strategy. Open document to the city's contribution.*

Corso M., Crespi F., Scacco A.C. (2017), *Smart working. Modelli organizzativi e tecnologie. Spazi e normativa*, Pubblicazioni Il Sole 24 Ore.

Corso M., Crespi F. (2018), "Smart Working, che cos'è in Italia e in altri Paesi europei", *Agenda Digitale*, 1° febbraio.

Costa G., Gubitta P., Pittino D. (2008), *Organizzazione aziendale. Mercati, gerarchie e convenzioni*, McGraw-Hill, Milano.

Crespi F. (2019), "Smart Working: cosa significa e perché è così importante?", *Blog degli Osservatori Digital Innovation del Politecnico di Milano*, 9 gennaio.

Curzio P. (2021), *Relazione sull'amministrazione della giustizia nell'anno 2021*, Corte Suprema di Cassazione.

Cybersecurity & Infrastructure Security Agency (*s.d.*), *Cyber Threat Source Descriptions.*

Dagnino E., Tomasseti P., Tourres C., Tiraboschi M. (responsabile scientifico) (2016), "Il lavoro agile nella contrattazione collettiva oggi", *ADAPT Working Paper*, n. 2.

Dagnino E., Menegotto M., Pelusi L.M., Tiraboschi M. (2017), *Guida pratica al lavoro agile dopo la legge n. 81/2017*, ADAPT University Press, Modena.

Davis A., Jackson B., Sutcliffe-Braithwaite F., eds. (2021), *The Neoliberal Age? Britain since the 1970s*, UCL Press, London.

DeFilippis E. *et al.* (2020), "Collaborating During Coronavirus: The Impact of COVID-19 on the Nature of Work", *National Bureau of Economic Research Working Paper Series*, n. 27612.

Del Boca D., Oggero N., Profeta P., Rossi M. (2020), "Women's Work, Housework and Childcare, before and during COVID-19", *Review of Economics of the Household*, 18, pp.1001-1017.

Della Ratta-Rinaldi F., Gallo F., Sabbatini A. (2021), "Il lavoro da remoto. Potenzialità e pratica prima e durante la pandemia da Covid-19", *Rassegna Italiana di Sociologia*, n. 2, pp. 487-520.

Dell Technologies (2020), *La nuova era del lavoro remoto: tendenze nella forza lavoro distribuita.*

De Masi D. (2020), *Smart working. La rivoluzione del lavoro intelligente*, Marsilio, Venezia.

de Waal M., Poell T., Van Dijck J. (2018), *The Platform Society. Public Values in a Connective World*, Oxford University Press, Oxford

Donadio A. (2018), *Smarting up! La smart organization: una nuova relazione tra persona e organizzazione*, FrancoAngeli, Milano.

Dunn W. (2021), "CEOs are hugely expensive – why not automate them?", *New Statesman*, 26 aprile.

Epstein G. (1992), "A political economy model of comparative central banking", *Review of Radical Political Economics*, Vol. 24.

Esposito M. (2020), *Smart work e pubblico impiego. Patti chiari, agilità lunga*, in Martone M., a cura di, *Il lavoro da remoto. Per una riforma dello smart work oltre l'emergenza*, La Tribuna, Piacenza.

Eurofound and the International Labour Office (2017), *Working anytime, anywhere: The effects on the world of work, Publications Office of the European Union*, Luxembourg-Geneva.

Eurofound (2020), *Living, working and COVID-19*, COVID-19 series, Publications Office of the European Union, Luxembourg.

European Women on Boards (2021), *Gender Diversity Index of Women on Boards and in Corporate Leadership*.

Eurostat (2020), *Girls and women among ICT students: what do we know?*

Ferraris M. (2021), *Post-Coronial Studies*, Einaudi, Torino.

Fetscherin M. (2015), "The CEO branding mix", *Journal of Business Strategy*, Vol. 36, n. 6, pp. 22-28.

Fiertler G. (2019), "Smart working. Le imprese italiane sono davvero pronte per la rivoluzione culturale dello smart working?", *Industria Italiana*, 13 novembre.

Fink L. (2022), *Lettera ai CEO 2022*, BlackRock.

Florida R. (2008), *Who's Your City? How the Creative Economy Is Making Where to Live the Most Important Decision of Your Life*, Basic Books, New York.

Floridi L., ed. (2014), *The Onlife Manifesto. Being Human in a Hyperconnected Era*, Springer, Cham.

Floridi L., Cabitza F. (2021), *L'intelligenza artificiale. L'uso delle nuove macchine*, Bompiani, Milano.

Fuggetta A. (2018), *Cittadini ai tempi di Internet*, FrancoAngeli, Milano.

Gagliardi G., Gregori L., Suozzi A. (2020), "L'impatto emotivo della comunicazione istituzionale durante la pandemia di Covid-19: uno studio di Twitter Sentiment Analysis", *Proceedings of the Seventh Italian Conference on Computational Linguistics CLiC-it 2020: Bologna, Italy, March 1-3, 2021*, Accademia University Press, Torino.

Gallup (2020), *What Is Employee Engagement and How Do You Improve It?*.

Gamba C. (2016), "Addio telelavoro, debutta lo smart working. Lavorare da casa aumenta la produttività?", *Il Sole 24 Ore*, 29 gennaio.

Garante per la Protezione dei Dati Personali (2009), *Amministratori di sistema: occorre massima trasparenza sul loro operato. Il Garante fissa i criteri, quattro mesi per mettersi in regola*.

Garcia-Alonso J., Krentz M., Lovich D., Quickenden S. (2019), *Lightening the Mental Load That Holds Women Back*, Boston Consulting Group.

Genin É. (2016), "Proposal for a Theorethical Framework for the Analysis of Time Porosity", *International Journal of Comparative Labour Law and Industrial Relations*, 32, n. 3, pp. 280-300.

Giustozzi C. (2021), "Comunicare la cybersecurity in tempo di crisi: lo si sta facendo male", *CyberSecurity Italia*, 6 agosto.
Giuzio W., Rizzica L. (2021), "Il lavoro da remoto in Italia durante la pandemia. Le amministrazioni Pubbliche", *Note Covid-19*, 22 gennaio, Banca d'Italia, Roma.
GPT-3 (2022), "Questo articolo è stato scritto da un robot, GPT-3: il primo su un giornale italiano", *Senza Filtro*, 21 giugno.
Greimas A.J. (1976), *Maupassant. La sémiotique du texte, exercices pratiques*, Seuil, Paris (trad. it.: *Maupassant. La semiotica del testo: esercizi pratici*, Centro Scientifico Editore, Torino, 1995).
Hansen M.T. (2018), *Great at Work. How Top Performers do Less, Work Better and Achieve More*, Simon & Schuster, New York.
Harari Y.N. (2020), "The world after coronavirus", *Financial Times*, 20 marzo.
Harinarayan V. *et al.* (1971), *Hybrid machine/human computing arrangement (U.S. Patent No. 7,197,459 B1)*, U.S. Patent and Trademark Office.
Harvey D. (1985), *The urbanization of capital*, John Hopkins University Press, Baltimore.
Harvey D. (2001), *Spaces of Capital. Towards a Critical Geography*, Routledge, London.
Het Nationale Theater (2022), *Curriculum Veto*, Den Haag.
Himanen P. (2010), *The Hacker Ethic*, Random House, New York.
Hunters Group (2022), *I giovani preferiscono lo Smart Working alla salute*, 15 febbraio.
Iabichino P. (2021), *#Ibridocene. La Nuova Era del tempo sospeso*, Hoepli, Milano.
Iacono N. (2018), "Perché nella PA è necessario il lavoro agile by default", *Agenda Digitale*, 12 dicembre.
International Labour Organization (2019), *Women in leadership bring better business performance*.
International Labour Organization (2021), *Working from home. From invisibility to decent work*, Geneva.
Inapp (2020), "Lavoratori a rischio di contagio da COVID-19 e misure di contenimento dell'epidemia", *Inapp Policy Brief*, n. 16.
Indovina F. (1990), "La Città diffusa", in Indovina F., Matassoni F., Savino M., Sernini M., Torres M.,Vettoretto L., *La città diffusa*, Daest-IUAV, quaderno n. 1, pp. 21-43, 1990.
INPS (2021), *Rapporto di Ricerca. Indagine sullo Smart Working*, n. 2/2021, Direzione Centrale Studi e Ricerche, Roma.
INPS (2022), *Rapporto di Ricerca. Analisi indagine smart working 2021*, n. 4/2022, Direzione centrale Studi e Ricerche, Roma.
ISMEL – Istituto per la Memoria e la Cultura del Lavoro dell'Impresa e dei Diritti Sociali (*s.d.*), *Smart working. Una bibliografia ragionata al tempo del COVID-19*.
Istat (2021), *RAPPORTO BES 2021: il benessere equo e sostenibile in Italia*.
Istat (2022), *Rapporto annuale 2022 – La situazione del Paese*.
Jacobs J. (1984), *Cities and the Wealth of Nations. Principles of economic life*, Random House, New York.

Klein T., Ratier D., édité par (2021), *L'impact des TIC sur les conditions de travail*, Centre d'Analyse stratégique – Direction générale du Travail.

Koolhaas R. (2006), *Junkspace. Per un ripensamento radicale dello spazio urbano*, Quodlibet, Macerata.

Krippner G. (2005), "The financialization of the American economy", *Socio-Economic Review*, Vol. 3.

Kuttappa S. (2020), "The rise of decision intelligence: AI that optimizes decision-making", *Journey to AI Blog*, 7 giugno, IBM.

Lai M. (2017), "Tecnologia e tutela del lavoro: smart working e crown working", *Diritto delle Relazioni Industriali*, n. 4.

Lake A. (2013), *Smart Flexibility. Moving Smart and Flexible Working from Theory to Practice*, Gower Publishing, Aldershot.

Lefebvre H. (1974), *La production de l'espace*, Anthropos, Paris.

Lorusso S. (2022), *What did I do all day?!?*, https://www.instagram.com/p/CfTVElpI_as/.

Macnamara J.R. (2014), "Organisational Listening: A Vital Missing Element in Public Communication and the Public Sphere", *Asia Pacific Public Relations Journal*, 15, pp. 89-108.

Madini E. (2014), "I 5 passi per sviluppare un progetto di Smart Working", *Agenda Digitale*, 21 maggio.

Maggiore G. (2014), *Il valore strategico dell'information technology. L'innovazione come fonte di vantaggio competitivo*, il Mulino, Bologna.

Mahmood F. (2020), "Using Network Segmentation to Combat Ransomware", *ISACA Now Blog*.

Maifreda G. (2022), *L'organizzazione del lavoro. Dalla rivoluzione industriale allo smart working*, Pearson, Torino.

Maino F., a cura di (2018), *Lavoro e lavoratori/trici "smart"*, Quaderni FMV Corporate Family Responsibility, Fondazione Marco Vigorelli, Milano.

Malik A., Rosenberger P.J., Fitzgerald M., Houlcroft L. (2016), "Factors affecting smart working: evidence from Australia", *International Journal of Manpower*, Vol. 37 No. 6, pp. 1042-1066.

Malzani F. (2018), "Il lavoro agile tra opportunità e nuovi rischi per il lavoratore", *Diritti Lavori Mercati*, n. 1, p. 25.

Manacorda F. (2020), "Starace (Enel): Già tra noi la rivoluzione digitale. Lo Stato ne approfitti", *la Repubblica*, 26 maggio.

Marrucci M. (2017), "Smart working, la flessibilità lavorativa spazio temporale di nuova generazione", *Guida al Lavoro del Sole 24 Ore*, n. 26, 23 giugno.

Massi E., Camera R. (2017), "Il Lavoro Agile dopo la riforma", *Diritto & Pratica del Lavoro*, n. 26.

Mazzucato M. (2019), *Governing Missions: Governing Missions in the European Union*, European Commission.

Mazzucato M. (2020), *Non sprechiamo questa crisi*, Laterza, Roma-Bari.

Meyer E., Hastings R. (2020), *No Rules Rules. Netflix and the Culture of Reinvention*, Ebury Publishing, London (trad. it.: *L'unica regola è che non ci sono regole. Netflix e la cultura della reinvenzione*, Garzanti, Milano, 2020).

Mill J.S. (1848 [1929]), *Principles of Political Economy*, edited by W.J. Ashley, Longmans, Green and Co., London.
Ministero del Lavoro e delle Politiche Sociali (2020), *Parte la campagna social #Iolavorosmart, storie di smart working nell'era del Coronavirus*.
Ministero del Lavoro e delle Politiche Sociali (2020), *#iolavorosmart: in dieci giorni, 135mila visualizzazioni e oltre 4.300 interazioni per la campagna lanciata dai Ministeri del Lavoro e della Pubblica Amministrazione*.
Ministero del Lavoro e delle Politiche Sociali (2020), *#iolavorosmart*, https://twitter.com/i/events/1243479588589756419.
Ministero del Lavoro e delle Politiche Sociali (2021), "Il rilancio dell'occupazione femminile nel PNRR", *ClicLavoro Blog*, 3 agosto.
Ministero del Lavoro e delle Politiche Sociali (2021), *Relazione del gruppo di studio lavoro agile*.
Ministero dell'Università e della Ricerca (2020), *Indicatori nazionali per il Bilancio di Genere degli Atenei*.
Mokyr J., Vickers C., Ziebarth N.L. (2015), "The History of Technological Anxiety and the Future of Economic Growth: Is This Time Different?", *Journal of Economic Perspectives*, Vol. 29, n. 3, Summer, pp. 31-50.
Morcellini M. (2020), *Antivirus. Una società senza sistemi immunitari alla sfida del Covid-19*, Castelvecchi, Roma.
Moreno C. (2020), *Droit de cité: De la "ville-monde" à la "ville du quart d'heure"*, L'Observatoire, Paris.
Mottola M., Coatney M.D. (2021), *The Human Cloud. How Today's Changemakers Use Artificial Intelligence and the Freelance Economy to Transform Work*, HarperCollins, New York.
Naddeo A. (2020), "Lo Smart working: dall'emergenza COVID19 a leva per il cambiamento della P.A.", *Il diario del lavoro*, 5 maggio.
Nasi F. (2022), "La tecnologia doveva farci lavorare 3 ore al giorno e invece siamo ormai tutti schiavi del lavoro", *The Vision*, 15 giugno.
National Cyber Security Centre (*s.d.*), *Internet Accessible MS-RDPEUDP Service*.
Neri M., a cura di (2017), *Smart working: una prospettiva critica*, TAO Digital Library, Bologna.
Ninci A. (2017), *Smart working per una nuova organizzazione del lavoro pubblico*, Forum PA, Roma.
Osservatorio Smart Working del Politecnico di Milano (*s.d.*), *Il vero significato di Smart Working*.
Osservatorio Smart Working del Politecnico di Milano (2018), *Smart Working: continua la crescita tra le grandi aziende*.
Osservatorio Smart Working del Politecnico di Milano (2021), *Smart Working in Italia: dati, numeri e trend post-pandemia*.
Pacelli L., Pasqua S., Villosio C. (2013), "Labor Market Penalties for Mothers in Italy", *J. Labor Res.*, 34, pp. 408-432.
Pasqui G. (2022), *Coping with the Pandemic in Fragile Cities*, PoliMI Springer Briefs, Milano.

Pelagalli F. (2020), "L'emergenza Coronavirus cambia il lavoro?", *Human data, Il Sole 24 Ore*, 12 marzo.
Pelusi L.M. (2017), "La disciplina di salute e sicurezza applicabile al lavoro agile", *Diritto delle Relazioni Industriali*, n. 4, pp. 1041 ss.
Penna M., Felici B., Roberto R., Rao M., Zini A. (2020), *Il tempo dello Smart Working. La PA tra conciliazione, valorizzazione del lavoro e dell'ambiente. Primi risultati dell'indagine nazionale su lavoro agile e telelavoro nel settore pubblico*, Enea, Roma.
Pesenti L., Scansani G. (2021), *Smart Working Reloaded. Una nuova organizzazione del lavoro oltre le utopie*, Vita e Pensiero, Milano.
Pessi R., Fabozzi R. (2018), *Gli obblighi del datore di lavoro in materia di salute e sicurezza*, in Fiorillo L., Perulli A., a cura di, *Il jobs act del lavoro autonomo e del lavoro agile*, Giappichelli, Torino.
Presidenza del Consiglio dei Ministri, Dipartimento per le Pari Opportunità (*s.d.*), *Lavoro Agile per il futuro della PA*, https://www.amministrazioneagile.it/.
Querzè R. (2022), "Certificati e hi tech, 80 assunzioni a pagoPA e lavoro flessibile", *Corriere della Sera*, 22 luglio.
Quintarelli S. (2019), *Capitalismo immateriale. Le tecnologie digitali e il nuovo conflitto sociale*, Bollati Boringhieri, Torino.
Quintarelli S. (2019), "Direttiva copyright, ecco perché serve un meccanismo di 'redress by design' per l'AI", *Agenda Digitale*, 6 maggio.
Ragioneria Generale dello Stato (2020), *Bilancio di genere 2020*.
Reale E., Fabrizio S., Spinello A.O. (2020), *Il lavoro agile negli enti pubblici di ricerca*, CNR-IRCrES Working Paper n.1, CNR-IRCrES, Torino.
Redazione FPA (2018), "Smart working, un cambiamento organizzativo e culturale", *Forum PA*, 9 gennaio.
Reuschke D., Ekinsmyth C. (2021), "New spatialities of work in the city", *Urban Studies*, Vol. 58, Issue 11, pp. 2177-2187.
Reuschke D., Felstead A. (2020), "Changing workplace geographies in the COVID-19 crisis", *Dialogues in Human Geography*, Vol. 10, Issue 2, pp. 208-212.
Rowe C., Koetter F. (1978), *Collage City*, The MIT Press, Cambridge (MA).
Rusconi G. (2022), "Great resignation: perché è un fenomeno in crescita e come rallentarla", *Il Sole 24 Ore*, 20 aprile.
Sacchettoni I. (2021), "Attacco hacker: il pc usato dal figlio dell'impiegato in smart working", *Corriere della Sera*, 5 agosto.
Santoro-Passarelli G. (2017), "Il lavoro eterorganizzato, coordinato, agile e telelavoro: un puzzle non facile da comporre in un'impresa in via di trasformazione", *Diritto delle Relazioni industriali*, n. 3/2017.
Santucci U. (2017), *Dodici passi per fare smart working*, FrancoAngeli, Milano.
Sassen S. (1999), "Global Financial Centers", *Foreign Affairs*, Vol. 78/1.
Sassen S. (2001), *The Global City. New York, London, Tokyo*, Princeton University Press, Woodstock.
Sassen S. (2006), *Why Cities Matter*, in Burdett R., eds., *Cities. Architecture and Society, exhibition catalogue of the 10. Architecture Biennale Venice*, Marsilio, Venezia.

Sassen S. (2014), *Expulsions. Brutality and Complexity in the Global Economy*, Harvard University Press, Cambridge.
Sassen S. (2015), "Who owns the city?", *the Urban Age project*, LSE Cities, November, London.
Sassen S. (2016), *Global capital and urban land*, in Burdett R., ed., *Urban Age Shaping Cities Conference*, LSE Cities, London.
Sassen S. (2018), "Is High-Finance an Extractive Sector?", *Indiana Journal of Global Legal Studies*, Vol. 25/2, pp. 583-593.
Schön D.A. (1973, ©1971), *Beyond the Stable State*, Norton, New York.
Schwab K. (2017), *The Fourth Industrial Revolution*, Portfolio, London (trad. it.: *La quarta rivoluzione industriale*, FrancoAngeli, Milano, 2016).
Secchi B. (2000), *Prima lezione di urbanistica*, Laterza, Roma-Bari.
Sena B., a cura di (2015), *La gestione delle risorse umane nell'era digitale*, FrancoAngeli, Milano.
Shearmur R. (2021), "Conceptualising and measuring the location of work: Work location as a probability space", *Urban Studies*, Vol. 58, Issue 11, pp. 2188-2206.
Spinelli C. (2018), "Il lavoro agile nelle pubbliche amministrazioni", *Rivista Giuridica del Lavoro e della Previdenza Sociale*, n. 1, pp. 127-140.
Spinelli C. (2020), "Le potenzialità del lavoro agile nelle pubbliche amministrazioni. Da modalità ordinaria di gestione dell'emergenza a volano per l'innovazione?", *Il lavoro nelle pubbliche amministrazioni*, n. 2, pp. 21-34.
Spolverato G. (2017), *Il futuro al lavoro. L'Italia al tempo dello smart working tra conservatori, vittime e innovatori*, Guerini, Milano.
Stentella M. (2021), "Smart working: cos'è, come funziona, la normativa e i vantaggi per le PA", *Forum PA*, 3 dicembre.
Steuart J. (1767), *An Inquiry into the Principles of Political Economy*, Printed for A. Millar, and T. Cadell, London.
Straniero Sergio B., Stratta G. (2021), *RI-eVOLUZIONE. Il potere della leadership gentile*, FrancoAngeli, Milano.
Sweezy P.M. (1995), "Economic Reminiscences", *Monthly Review*, 47.
Surfshark (2022), *2021 Digital Quality of Life Index*.
Taylor P.J., Derudder B. (2004), *World City Network. A global urban analysis*, Routledge, London.
Tidd J., Bessant J. (2001), *Managing Innovation: Integrating Technological, Market and Organizational Change*, John Wiley & Sons Inc, Hoboken (NJ).
Timellini C. (2018), "In che modo oggi il lavoro è smart? Sulla definizione di lavoro agile", *Il lavoro nella giurisprudenza*, 26, n. 3, pp. 229-241.
Timellini C. (2021), "Il diritto alla disconnessione nella normativa italiana sul lavoro agile e nella legislazione emergenziale", *Lavoro e Diritti Europa*, n. 4.
Tiraboschi M. (2017), "Il lavoro agile tra legge e contrattazione collettiva: la tortuosa via italiana verso la modernizzazione del diritto del lavoro", *Diritto delle relazioni industriali*, n. 27 (4), pp. 921-977.
Tufo M. (2021), "Il lavoro agile emergenziale. Un mosaico difficile da ricomporre

tra poteri datoriali e diritti dei lavoratori", *Rivista giuridica del lavoro e della previdenza sociale: dottrina, giurisprudenza, legislazione*, 72, n. 1, pp. 41-60.
Tulip (*s.d.*), *Augmented Worker. How Digital Technology Can Power Your Workforce*.
Tulip (*s.d.*), *The Connected Worker. A Guide to Connected Worker Platforms*.
UN Economic and Social Council (1997), *Agreed conclusions. UN doc. A/52/3*, 1997/2, Chapter IV, par. 4.
UN Global Compact Network Italia (2020), *Business&SDGs High-Level Meeting Report*.
UN-HABITAT – United Nations Human Settlements Programme (2006), *State of the world's cities 2006/7*, United Nations, New York.
United Nations (2022), *The Sustainable Development Goals Report 2022*.
Unitelma Sapienza (*s.d.*), *Presentazione del Report Smartworking: opportunità e rischi per il lavoro femminile*, registrazione disponibile al link: https://youtu.be/EqMw2Be8Ujs.
Vargas-Llave O., Mandl I., Weber T., Wilkens M. (2020), *Telework and ICT-based mobile work. Flexible working in the digital age*, European Foundation for the Improvement of Living and Working Conditions.
Verbaro F. (2017), "Dal lavoro agile la chance di cambiare «dal basso»", *Il Sole 24 Ore*, 29 maggio.
Villa F. (2017), "Il ruolo delle risorse umane nella nuova legge sul lavoro agile", *Bollettino ADAPT*, n. 27, 17 luglio.
Weber M. (1922), *Wirtschaft und Gesellschaft*, Mohr Siebeck GmbH & Co. KG, Tübingen.
World Economic Forum (2016), *The Future of Jobs Employment, Skills and Workforce Strategy for the Fourth Industrial Revolution*.
World Economic Forum (2022), *6 surprising facts about the global gender pay gap*.
World Economic Forum (2022), *Global Gender Gap Report 2022*.
Zilio Grandi G., Biasi M., a cura di (2018), *Commentario breve allo Statuto del lavoro Agile*, Giappichelli, Torino.
Zoppoli L. (2020), *Dopo la digi-demia. Quale smart working per le pubbliche amministrazioni italiane?*, Working Paper CSDLE "Massimo D'Antona".IT n. 421, CSDLE, Catania.
Zucaro R. (2016), *Lo smart working. Strumento per la conciliazione vita-lavoro e la produttività*, in Alessandrini G., a cura di, *Smart working. Nuove skill e competenze*, Pensa Multimedia, Lecce.
Zucaro R. (2020), "Pubblica amministrazione e smart working, dalla disciplina ordinaria alla deroga emergenziale", *Il lavoro nelle pubbliche amministrazioni*, n. 2, pp. 81-108.
Zucaro R. (2021), "La riorganizzazione del lavoro pubblico. Alla ricerca di una prestazione digitale, smart ed efficiente", *Lavoro Diritti Europa*, n. 4, pp. 1-13.

Gli autori

Roberto Reale

Roberto Reale è manager dell'innovazione con esperienza in trasformazione digitale di settori strategici in ambito nazionale e UE, ha curato progetti di e-government presso la Commissione europea, l'Agenzia per l'Italia digitale, la Camera dei deputati, il Ministero degli Affari Esteri e presso organizzazioni private.

Andrea Emanuele Apostolo

Andrea Emanuele Apostolo, laureato in Economia, già cultore della materia di strategie aziendali presso l'Università LUISS Guido Carli, ha maturato esperienze nel campo dell'organizzazione aziendale presso società di telecomunicazioni e di servizi bancari e finanziari.

Attualmente ricopre l'incarico di Deputy Director della Funzione Organization di doValue S.p.A., gruppo operante nei processi di supporto per la gestione dei crediti e primario attore in Europa meridionale nell'ambito degli NPL e degli UTP.

Associazione EquALL

EquALL è un'associazione che sostiene la parità come elemento fondante del pluralismo democratico e la necessità di politiche basate sulla sostenibilità, anche di genere. Unisce ai fondamenti giuridici per l'inclusività strumenti come la formazione e la valutazione d'impatto, per raggiungere obiettivi misurabili. Si impegna a intercettare punti di coesione tra i diversi obiettivi per un futuro sostenibile, trasformando idee in azione per migliorare il contesto democratico.

Firmano il contributo Eugenia Aguilar, Marinella Baschiera, Luciana De Laurentiis, Patrizia Feletig, Serena Giusti, Luisa Pola, Marina Rallo.

Alberto Bortolotti

Laureato in Architettura e Disegno urbano con una tesi in urbanistica al Politecnico di Milano, è Vicepresidente dell'Ordine degli Architetti, Pianificatori, Paesaggisti e Conservatori della Provincia di Milano. Ha conseguito il proprio apprendistato presso lo studio del City Architect di Seul Seung H-Sang e ha lavorato presso il Parlamento europeo e il Ministero della Cultura. Attualmente svolge attività di ricerca presso il Dipartimento di Architettura e Studi Urbani (DAStU) del Politecnico di Milano e la Fondazione Giangiacomo Feltrinelli. È autore del saggio *"Modello Milano"? Una ricerca su alcune grandi trasformazioni urbane recenti*, edito da Maggioli (2020).

Massimo Canducci

Massimo Canducci è Chief Innovation Officer del Gruppo Engineering. Professore Aggiunto di Gestione dell'Innovazione all'Università di Torino e Pavia, Faculty in Singularity University e membro del Forbes Technology Council.

È in libreria con il suo ultimo saggio *Vite aumentate. Le tecnologie e il futuro che ci aspetta*, edito da FrancoAngeli (2021).

Marco Carlomagno

Marco Carlomagno è giornalista pubblicista e segretario generale della FLP – Federazione Lavoratori Pubblici e Funzioni Pubbliche – in servizio presso l'Agenzia delle Dogane e dei Monopoli. Ha insegnato presso varie Università Diritto tributario, civile e del lavoro in numerosi Master, Corsi di alta formazione e Scuole di specializzazione. È stato componente del Gruppo di Lavoro "Mercato del Lavoro" della Commissione per le Politiche del lavoro e dei Settori Produttivi del CNEL e del Gruppo di monitoraggio della "Sperimentazione del lavoro agile" della Presidenza del Consiglio dei Ministri. È componente del "Comitato unico di garanzia" dell'Agenzia delle Dogane e dei Monopoli, dell'Agenzia delle Entrate e del CNEL.

Diego Dimalta

Avvocato e DPO iscritto all'Ordine degli Avvocati di Milano, opera da più di dieci anni nel settore della data protection; è autore del libro *La privacy nelle istituzioni scolastiche*, edito da Spaggiari (2022). Docente in numerosi corsi di formazione in materia, collabora regolarmente con testate specializzate quali *Agenda Digitale* e *Cybersecurity360*. Co-ideatore della Privacy Week e co-founder di Privacy Network, realtà non profit tra le più conosciute in Italia, nata nel 2018 con lo scopo di divulgare i temi della data protection e dell'intelligenza artificiale in modo semplice a tutti.

Flavia Gamberale

Laureata in Lettere con specializzazione in Giornalismo, da oltre quindici anni lavora nel campo della comunicazione istituzionale e aziendale, ricoprendo ruoli di responsabilità e prestando servizi di consulenza strategica. Negli anni ha lavorato per la Federazione autonoma dei bancari, per la Presidenza del Consiglio dei Ministri e per il Dipartimento del Tesoro. Attualmente è senior media relation manager di Enel Italia. Ha scritto per alcune tra le maggiori testate nazionali: *Il Sole 24 Ore*, *Italia Oggi* e *Corriere della Sera*, per il quale tuttora collabora occupandosi di temi legati all'innovazione, all'economia e ai progetti europei.

Edoardo Limone

Edoardo Limone è consulente direzionale su progetti ICT, con particolare attenzione ai temi di cyber security e digitalizzazione. Ha lavorato per oltre dieci anni al supporto dello Stato Maggiore della Difesa e di altre amministrazioni centrali del Paese (tra cui INPS, INAIL, Ministero di Giustizia). Ha lavorato con le Direzioni Generali Europee su progetti afferenti cyber terrorismo e difesa delle infrastrutture critiche.

Gaia Morelli

Avvocato, è esperta di Diritto Penale e delle Nuove Tecnologie, con particolare interesse al profilo istituzionale. È consulente e nella governance di Enti Pubblici, componente della Commissione Privacy del Consiglio dell'Ordine degli Avvocati di Roma e docente presso la Scuola di Specializzazione delle Camere Penali.

Mara Mucci

Mara Mucci, già parlamentare nella XVII legislatura, Vicepresidente della Commissione parlamentare di inchiesta sul livello di digitalizzazione e innovazione delle pubbliche amministrazioni e sugli investimenti complessivi riguardanti il settore delle tecnologie e della comunicazione, è consulente senior per enti locali ed esperta di digitalizzazione nelle pubbliche amministrazioni e docente di informatica. Scrive per diverse testate online. Ex nuotatrice nazionale, oggi maratoneta.